王成太极论

王　成　著

山东大学出版社

图书在版编目(CIP)数据

王成太极论/王成著. —济南:山东大学出版社,2015.3

ISBN 978-7-5607-5254-9

Ⅰ. ①王… Ⅱ. ①王… Ⅲ. ①太极拳—研究
Ⅳ. ①G852.11

中国版本图书馆 CIP 数据核字(2015)第 061429 号

责任编辑:姜 明
封面设计:梁 勇
美术编辑:张 荔

出版发行: 山东大学出版社
社 址 山东省济南市山大南路 20 号
邮 编 250100
电 话 市场部(0531)88364466
经 销: 山东省新华书店
印 刷: 山东德州新华印务有限责任公司
规 格: 787 毫米×1092 毫米 1/16
15.25 印张 8 插页 348 千字
版 次: 2015 年 3 月第 1 版
印 次: 2015 年 3 月第 1 次印刷
定 价: 98.00 元

無嗔無欲無托靠

隨勢飄移自逍遙

録王成老師聯句 劉勇

德州广场上打太极拳的人们

【中国太极】 中国是一个有着五千年文明历史的古国，在这片广阔神奇的东方土地上，中国古人给人类留下光辉灿烂的文化，也给人类留下了博大精深的健体卫生之道。太极拳作为一项传统的健身运动，受到各国人民的喜爱。

太极拳以东方哲学思想——太极理论为指导，故名“太极拳”。太极又名“元极”、“无极”、“太初”等，它以简洁、对称、形象、旋转的图形表达了复杂、深奥、抽象、基本的人类智慧和知识。

太极拳动作舒展飘逸，浑圆深沉，动中有静，刚柔相济，连绵缠绕，螺旋开合；练习时体松心静，心旷神怡，飘飘若仙。

通过练习太极拳，可得以强壮身体、健康身心，热爱生活、享受人生，达到卫生、愉快、长寿之目的。

张晨光老师

与秘道纯老师合影

洪均生老师

与洪老师和师母的合影

与洪均生老师合影

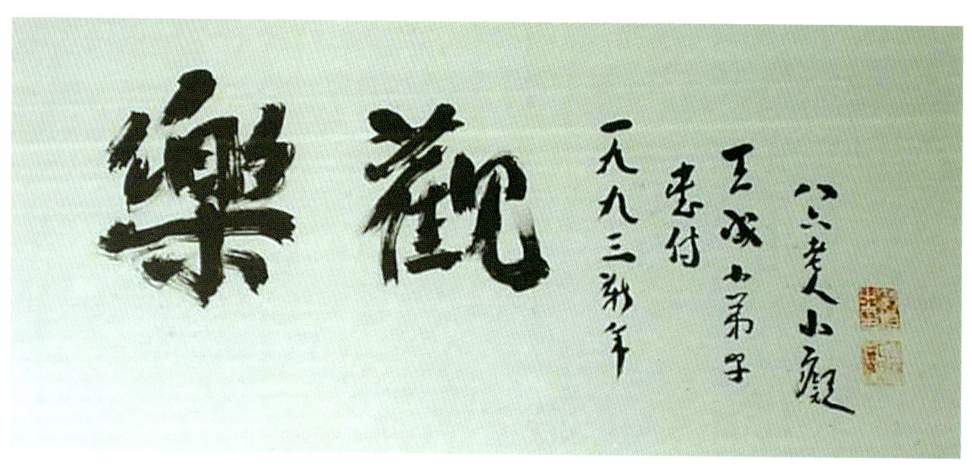

洪均生老师题词："乐观。一九九三新年书付王成小弟子，八六老人小痴"

与冯志强师叔推手

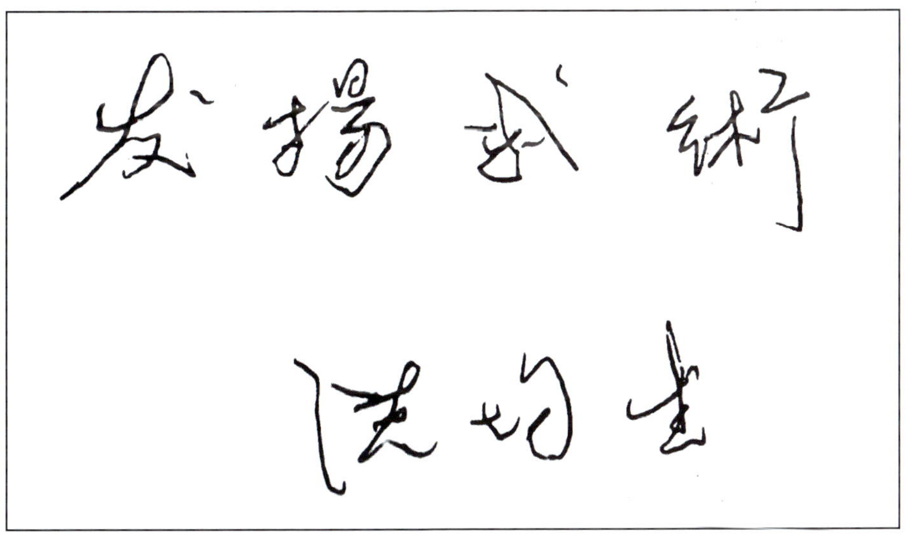

洪均生老师题词

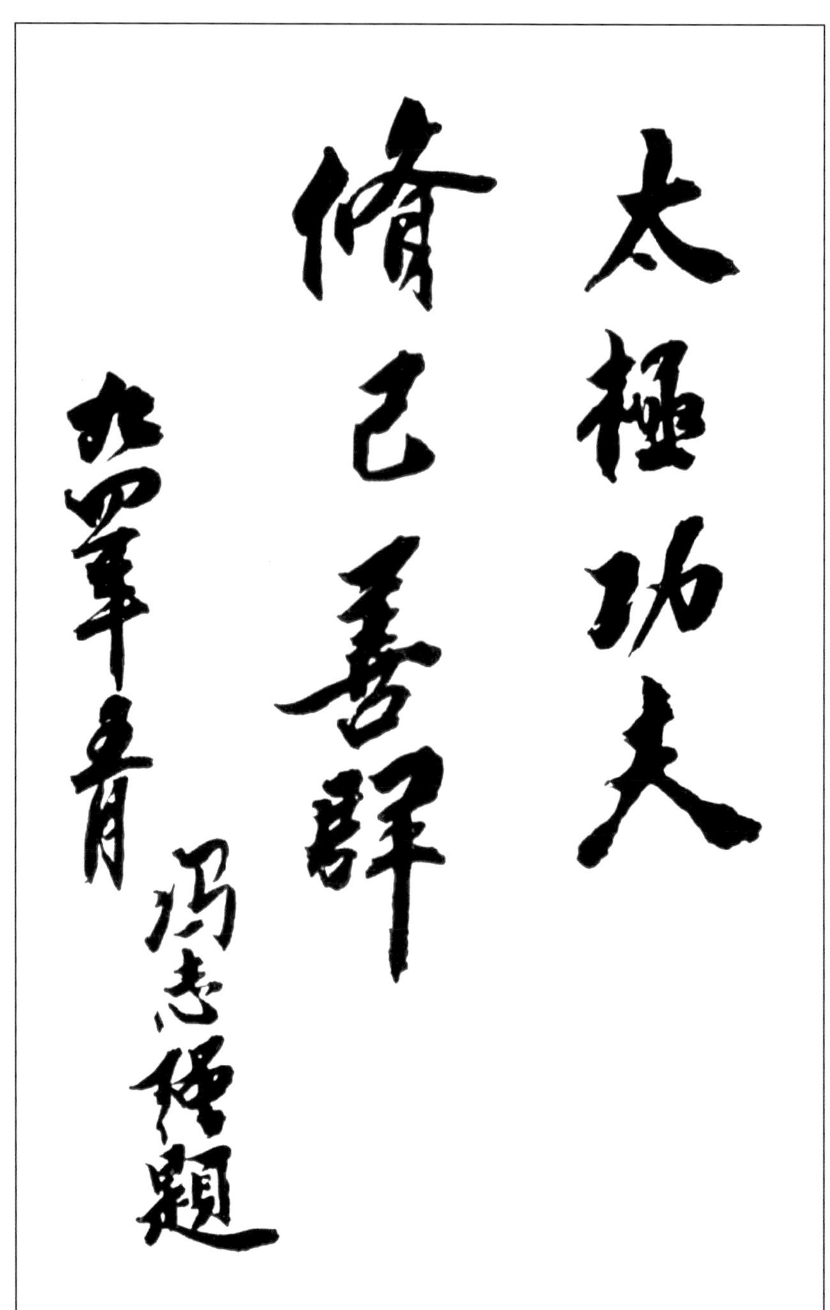

冯志强老师题词

若木鞭

刀

作者在家中接受山东电视台“中华武术”栏目采访

山东电视台“唐三彩”栏目在德州采访

接受太极网“东西南北太极人”栏目采访时合影

北京音像出版社来德州拍摄《二十七式太极拳及对练》时合影

在中国电建集团天津片区举办太极拳讲座

在中国电建集团河南片区举办太极拳讲座

在中国水电基础局作实用健康讲座

在郑州火电一公司传授太极拳

証書

王斌先生：

您的《陈式太极拳传统套路》演示录像被中华太极拳传承谱系工程永久收藏。

中华太极拳传承谱系工程
领导小组办公室
二〇〇九年六月十二日

中华太极拳传承谱系收藏证书

肘底捶——与刘勇

序　言

陈式太极拳历经三百余年，发展创新从未停止。其第六代传人陈长兴，可谓里程碑式的人物，深得太极拳理法精髓，积数十年实践经验，将先祖陈王廷初创的数个套路删减为两路且流传至今。同为第六代传人的陈有本创编出新架，现称“小架”。第七代传人陈清平、杨露禅更有所创。至武禹襄、吴全佑、孙禄堂、陈发科等，名家辈出，他们不论从太极拳的样式上还是内涵上都各有建树。继陈发科宗师之后，有洪公均生的《陈式太极拳实用拳法》及其弟子的《王成太极论》。世代相袭，代有贤才。太极拳也正是在这样的发展过程中，其理论体系不断完善，更加丰富。

《王成太极论》在太极理法上，不仅继承了中国传统哲学思想，同时也融入了当代科学和哲学思维方法，并将这一理论渗透到其太极基本功法、套路、器械、推手、对练、散手，以至于养生修行，力求形成一个较为完整的系统体系。

王成先生习武凡四十余年，师出名门。得张晨光、洪均生等名家悉心传授，又有秘道纯、冯志强等武林前辈的点拨，加之其个人文化品位、悟性皆超常人，尽得太极理法之精髓。

“天下之物莫不有理。”

“拳虽小技，皆本太极正理。”

《王成太极论》论的是“理”，是科学的世界观和自然规律。此为正理。太极拳与任何教派都扯不上关系，至于少数标榜“仙传佛授”者无非是牟取私利，自欺欺人，导致社会上邪教频出，“大师”频现，害人害己。

吴文翰先生明确指出：“太极拳是武术，不是健身术，也不是体操，它离不开武和术。”《王成太极论》深深植根于中国传统武术，其“功法”、“二十七式套路”、“对练”都充分体现出王成先生的技击和实战技巧。在散手实战中，更有太极应对三篇，这是一种武学理念。其中，“作战篇”是武术的根基，是一种长期的养成；“应对篇”是深厚的内在涵养，大家风范必具；“接手篇”是武术的承载，抑或是一种境界，高深莫测。在散手实战中，如何达到此等境界，毋庸置疑，必须潜心修炼。如何修炼？王成先生予学者一捷径，就是“王氏法则”。

“王氏法则”是王成先生在数年散手实战教学和实践中总结、提炼出的各种技击动作，并加以分类，“以图在更深的层面上反映太极拳实战时双方攻防动作发生变化的规律性”。此法则有五，理精法密，练到纯熟(上身)时，便成自然，随遇而安、一触即发。“王氏法则”为太极技击、散手实践的爱好者们提供了一条入门捷径。

有人说，太极拳是“文人拳”、“哲学拳”，或更准确地说是一种“理学拳”。既是“理学拳”就须先明理。陈鑫在学拳须知中这样要求：“学太极拳先学读书，书理明白，学拳自然容易。”王成先生在回答什么是正宗太极拳时说：“只要合乎太极理论的都是正宗。”王宗岳在其《太极拳论》中说：“……虽变化万千，而理唯一贯……”总之，“太极，理也”，“理根太极，故名曰太极拳”。

当今传授和研习太极拳者甚众，是一种可喜的文化现象。然而作为太极文化的传播者，是否能健康地、准确地把太极文化传授给大家，王成先生为我们提供了一个范本，这就是《王成太极论》。

丁大宏

2014 年 9 月于合肥

自　序

余少年好武，幸得张晨光老师精心传授，秘道纯老师时常指点，习练太极拳，后经张师推荐至济南洪均生老师门下，多层面领悟太极，虽经众师谆谆教诲，错爱有加，但余生性愚钝、闲散，又受工作、经济、家庭所限，对太极真谛之领悟未尽如人意，实有愧于恩师之栽培、众师兄弟之厚望。

光阴如驹，累余者拳也，惠余者亦拳，逆顺有时，唯习练未敢懈怠，无论奔走何处，皆不忘习练、思索，并以验证，逐渐于拳理拳法略有管见，陆续将已陋见布之于众，不期竟受众人誉赞。感叹之余，亦觉欣慰。

20 世纪 80 年代末，著成《太极健身实用对练》，洪均生老师大加褒奖，认为该书有独特新颖之处，欣然题词“发扬武术”；冯志强师叔亦认为该书于己于众皆为善事一件，题词“太极功夫，修己善群”。该书于 1994 年在我国内地发行，次年在台湾发行，2004 年由北京电视艺术中心音像出版社发行教学光盘，在太极拳爱好者之间和网络上广泛流传。付梓时，因故删减部分内容。后有些发表在武术杂志上，为爱好者所喜爱珍藏；尤其“王成太极论”部分内容在网上发表后，引起强烈反响，被多家网站转载，有人致电询问，亦有托人转致，望早日出版《王成太极论》。应众督促，工作之余整理稿件，整理后共有 44 篇文章，稍加罗列竟达到五六十万字，这还不包括“若木鞭”、“剑法”、“刀法”、“拳法”、“掌法”、“套路”、“行气”等内容。友人建议，“内容多，现人无暇读，不如缩减，先有简本，而后一项项单独成册，便于阅读”。随即动手缩减，简略后亦有二三百页，基本保留原框架，唯内容简略；所有文章皆为个人心得，不足之处，望众人辨之。

窃以为，本书“太极论”的论述，有清源正本之作用，可直接明心见性，胜于以往拾他人牙慧，然后揣度、臆想的做法。所写“太极应对三篇”，弥补了太极应对理论的缺项，应对太极理论有所贡献；《如何放松》一文，阐释了放松的具体方法，使习者能有的放矢，具有可操作性，比空谈玄虚实际得多；“王氏法则”提炼了运动学的规律，予学者一捷径，对其他运动亦有指导意义；《缠丝劲与螺旋劲》一文定义了多年的模糊概念，使人明确何为“螺旋劲”，何为“缠丝劲”；《行气要旨》指明了太极内里修炼的方法；《太极提纵术》揭示了太极隐形、提纵的功法；“评估体系”为太极拳的评价提供了衡量参考标准。然仁者见仁智者见智，还望方家斧正。

本书整理中，刘勇、蔡文晓、王坤、要学良提供了部分过去的照片、资料，朱成光、郭道雨、李云等人帮助校对，梁勇编图设计，王芳、沈平插图，牛子题写书名，安徽太极名家丁大宏先生撰写序言，出版社朋友姜明先生多次约稿、催报选题，对该书出版起着推动作用，在此向所有提供帮助、建议的朋友一并致谢。

王　成

2013年8月于天津

目　录

第一章　太极概论

第一节　什么是太极

一、太极的源流与形成

太极是中国的哲学理论，太极理论是中国的传统哲学思想。

河南巩义县与温县相邻，是黄河和洛水的交会处，伏羲在此伏看河水，思索事物演化规律，演化出八卦。后，神农氏（炎帝）作“连山”卦，轩辕氏（黄帝）做“归藏”卦，周文王演做复卦，孔子作“十翼”，各自阐发自己对自然规律的认知和理解。从伏羲作八卦到孔子作“十翼”，无不是按照这个哲学思想，对世间万物进行归纳解释。这个理论从中国氏族社会开始，到宋明时期发展到极致，形成完整系统的体系。但是由于受文化普及的限制，加之太极理论的叙述繁琐，能够理解掌握太极理论的人很少，只是局限于士大夫阶层。听济南老辈人说，国民党将领胡宗南为请教易经大师刘子衡先生，舍弃随从车马，步行登门求教，足见其重视程度，也给历史留下一段佳话。

太极这个哲学思想由于它的深奥，也是由于它的表示方法与现代认识的隔膜，致使好多人不能理解它的真正含义。它就像一个触不可及的神秘东西，看不到，摸不着，但又实实在在存在于我们周围。中国的宗教、民俗、艺术、古代科技（天文、历法、医学、算学、乐律、军事学等）、衣食住行、娱乐、婚配、生育、生产活动等等，无不与这个神秘的文化有着密切关系，人们对这个神秘的东西怀着敬畏和好奇。用这个哲学思想作指导的拳术——太极拳，由于它是健身和技击高度统一的结合，力学和生理学的巧妙配合，也给人们一个向往的空间，同时也带有神秘色彩。

从清朝末年以来，太极拳的神秘面目逐渐在人们的面前呈现出来，它的健身与技击高度和谐及完美结合给人们一个崭新的理念，人们对太极有着极大的关注向往。这个巨大的需求也促使一些追逐名利者，改头换面，伪做太极，欺骗世人，以获得自己的私利。这个时期也正是社会动荡时期，每逢社会大的动荡，必定有鬼怪邪祟，乌烟瘴气。从而，对太极拳的神怪附会、臆想猜度、谎话流言纷纷涌现，争先恐后地扯个虎皮树大旗，骗人骗己。这不但给人们的认识造成了混乱，同时也把自己搞得难圆其说，漏洞百出，给太极拳造成不利影响。当然，从另一个方面来看，也说明太极拳的优秀，因为假冒制品都是仿冒好的商品，不好的东西不会有许许多多的假冒货。武松之所以受到人们赞扬是因为其打虎，如果打的是小猫，就不会有人津津乐道地传扬了。

由于这些人没有真正明白太极的道理，没有从根本上理解太极拳的内涵，故而本末倒置，源支不分，逮着正宗不正宗的归属，口战不休。

二、什么是太极

子曰："名不正则言不顺。"

我们先看看什么是太极，知道什么是太极，就可解释所遇到的问题。

太极是道，是万事万物发展变化的道理。

庄子最早提出"太极"一词，说正负无限大的对立统一体就是太极。

"太极"一词最早见于《庄子·大宗师》："在太极之先而不为高，在六极之下而不为深……"

《易辞》说："易有太极，是生两仪，两仪生四象，四象生八卦。"

太者，大也，非常之意；极，指尽头、极点，无限之意；太极即两正负无限大。

《易辞》之中的"太极"是至高无上的存在，指原始宇宙；简而言之，天地混沌未开之前的状态，就是太极。自《系辞》之后，太极成为中国哲学的重要范畴。

北宋哲学家周敦颐著《太极图说》，提出以太极为中心的世界创成说，他说："无极而太极，太极动而生阳，动极而静，静而生阴，静极复动，一动一静互为其根；分阴分阳，两仪立焉。阳变阴合，而生水火金木土，五气顺布，四时行焉。五行一阴阳也，阴阳一太极也，太极本无极也。五行之生也，各一其性。无极之真，二五之化生万物，万物生生变化无穷焉。"

南宋朱熹在太极学说上，建立了一个完整系统的太极理论，他提出："太极，理也。""总天下万物之理，便是太极——太极无方所、无形体、无地位可顿放。""太极之有动静，是天命之流行也。"①

清陈长兴指出："夫物散必有统，分必有合，天地间，四面八方，纷纷者各有所属；千头万绪，攘攘者自有其源。盖一本可散为万殊，而万殊咸归于一本。拳术之学，亦不外此公例。"②

清王宗岳指出："太极者，无极而生，动静之机，阴阳之母也。——虽变化万千，而理唯一贯。"③

从先哲的论述中，我们可得知：太极是万事万物存在、发展、变化的规律；也就是事物发展变化的对立统一的辩证关系。太极是中国古典哲学理论，而把这种理论用于指导拳术练习的就是太极拳。

这里我们知道了太极是变化的道理。

---

① （宋）朱熹：《朱子语类》卷九十四。

② （清）陈长兴：《一理·第一》。

③ （清）王宗岳：《太极拳论》。

三、太极与八卦、五行的关系

太极是事物变化的道理，五行是进行变化的事物或物质，是变化道理的体现物，也就是谁要发生变化。八卦是事物变化的方位即时间和空间，也就是说它表示在什么方向、什么地点发生变化。理、物体和方位（时间、空间）三者构成了世间万物的发展变化。

五行是指金、木、水、火、土。

中国古代人认为这五种物质是原始物质，而这些原始物质生成万物。中国西周末年的史伯说："以土与金、木、水、火杂，以成百物。"①

八卦是指乾、坤、震、巽、坎、离、艮、兑。

文王八卦——后天八卦：震东，兑西，离南，坎北，坤西南，乾西北，巽东南，艮东北。

伏羲八卦——先天八卦：离东，坎西，乾南，坤北，巽西南，艮西北，震东北，兑东南。

先天八卦着眼于静态的宇宙体，后天八卦着眼于天地万物的运行用事。

八卦既配八方也配四时。关于八卦与四时的关系，汉代人有"爻辰"和"卦气"之说。

所谓"爻辰"就是用重卦的爻与地支（也即与月份）相配。一个重爻有六个爻，而每一爻又有阴阳两种可能，六爻共有十二种可能，即六阴爻，六阳爻，正好配十二个月。

"卦气"说是用"震"、"离"、"兑"、"坎"四卦分别配四季。"震"主春，"离"主夏，"兑"主秋，"坎"主冬，然后再以每卦的一爻，主一节气。每卦六爻，四卦共二十四爻，主一年二十四节气。

从上面我们可以看出，五行是指物质，八卦是指方位（时间和空间）。

当具体的事物变化确定后，八卦综合了理、物质和方位（时间和空间）的内容，又可代表具体的物质和事物。如：乾、坤、震、巽、坎、离、艮、兑分别代表天、地、雷、风、水、火、山、泽；作为人体的象征，乾为头，坤为腹，震为足，巽为股，坎为耳，离为目，艮为手，兑为口。

这就是我们的古人解释事物发展变化的表现方式。它的繁琐和复杂给人们尤其是现代人的理解造成困惑，很多人给搞得不知所云，望而却步。

四、太极理论和道教

正如上面所述，太极理论是从中国氏族社会萌生，逐渐在历史的长河里完善的一种哲学思想，是中国古人的一种世界观。人们用这种世界观来对待处理周围所发生的一切事物，诸如宗教、民俗、艺术、古代科技（天文、历法、医学、算学、乐律、军事学等）、衣食住行、娱乐、婚配、生育、生产活动等等。

而中国道教，是产生于中国的一种宗教，源于古代的巫术和方术，一般认为定型于东汉顺帝年间（125～144），以张道陵创立五斗米道为标志，东汉的张角创立太平道，两者为道教的早期两大流派，为农民起义的旗帜。早期道教信奉的主要经典是《老子五千文》和《太平经》。

到两晋时，该教吸收玄学作为自己的理论。东晋葛洪整理并阐述以往的神仙方术理论，撰写《抱朴子内篇》，对后来道教形成丹鼎一派有较大影响。

---

① 《国语·郑语》。

东晋时“五斗米教”改为“天师道”。

南北朝时，北魏崇山道士寇谦之，改革天师道，制定乐章颂戒新法，得到魏太武帝的赞助，创立“新天师道”，流传长江以北，又称“北天师道”。

在南北朝时期，庐山道士张修静整理《三纲经书》，编著斋戒仪范，使道教的礼仪基本完备，他创建的一派称“南天师道”。

唐宋时期道教大盛。因为唐代皇帝李氏家族有外族血统，找个名人认宗，可以平息天下不平，也可以抬高自己的门第，便硬与太上老君李耳攀亲续谱，让1000年前的老子做了他家的老祖宗，并封其为“玄元皇帝”，道教基本成了国教，盛极一时。唐宋时期南北天师道与上清、净土、灵宝等宗派并立，后逐渐合流，至元代归并于以符箓为主的“正一道”中。

金大定七年(1167)，王重阳在山东宁海(今牟平)创立以修炼为主的全真教，王重阳的徒弟丘处机见重于成吉思汗，该派在元代盛极一时。此后道教正式分为“正一”和“全真”两大教派。明、清代以后道教较前为衰。

从修炼方法上分，有丹鼎、符箓两派。前者主张情景修炼，可以归本还原，与道合一，成为神仙；后者相信斋醮、符禁咒，可以禳灾求福，役使鬼神。大抵北派偏重于丹鼎，南派偏重于符箓。

脱胎于太极理论的道教与太极阴阳理论有重合的地方，但是使用太极理论的人不一定是道教教徒，也不一定是道家人物。孔子、朱熹等人对中国太极理论的形成起到了承前启后和完善系统的作用，但他们都不是道教徒和道家人物，他们是儒家代表人物，儒家是把《易经》作为六经之首(六经为《易》《诗》《书》《礼》《乐》《春秋》)。中医使用太极理论进行医病，你不能说中医就是道教徒，或是道家人物；老百姓在日常生活衣食住行、娱乐、婚配、生育、生产等活动中，利用太极理论的世界观，你也不会说他是道教徒，有可能他们还信佛呢。

由此可见，太极理论是中国哲学思想，是人们感知问题、处理问题的世界观和方法论。道教是中国的宗教，两者在某些方面有重合，但绝不能混为一谈，也不能一说起太极理论，就联想到穿着八卦衣、拿着拂尘、画符念咒的道士。

同样，利用太极理论的拳术——太极拳也与道教无多大关系，只是在某些地方有重合，中国的文化都或多或少和道教、佛教、儒教有着千丝万缕的联系。这些文化都不能说是归属道教、佛教或儒教。

第二节　什么是中国太极拳

一、太极理论是太极拳的指导理论

用中国哲学思想太极理论为依据的中国武术的表现形式就是太极功夫，表现的拳术就是太极拳术。

太极理论的影响，深深启迪着专注武术研究的人们。太极拳发源地河南温县陈家沟与巩义县只有一河之隔，深厚的文化沉淀为太极拳的形成奠定了基础，地理的优势也为太极拳的出现提供了必然保证。宋明时期，是华夏文明的鼎盛时期，从伏羲到周文王、到宋明形成的完整的太极理论，不仅影响着人们的世界观，也影响着人们对武术和养生的再认识。

太极拳，它是在其他武术基础上发展起来的，但又不同于以往功夫的一种新的功夫——拳术；它的着法、理论明显有着其他武术和古代养生术的痕迹，这在许多地方可以看出，但它利用东方哲学思想——太极理论贯穿整个武术体系，并把它作为追求的目标、方向和最高境界，作为修身习武的指导思想，追求心与意、外与内、力与气、力量与技巧、修和练、健身与技击、内在精神与肢体外型、处世与做人高度的统一。正如近代太极拳理论家陈鑫所言：理根太极，故名曰太极拳。它的表现形式、修炼方法，明显不同于过去的功夫和养生术，它把武术和养生高度和谐地结合在一起。它的出现标志着中国武术达到了空前的高度。

二、太极拳的健身防身作用

1. 武术和养生高度和谐地结合

太极拳是武术的一种高级形式，它包括了全部的武术内容——摔、打、踢、拿；只是更注重保护自己，巧妙合理地运用着法。有力时尚力，无力时尚巧，达到最佳效果。

庄子曾说过，一个修炼多年达到高层次的人，被老虎吃了，修也白修了，练也白练了。

太极拳不仅修炼内功，也能抵御外来的突发事件，包括对精神和身体的外力突袭、打击，所以它既用于健身也用于技击。

太极拳也是养生术的一种高级形式，它结合呼吸吐纳，参照黄庭内景，导引养生，强调性命双修，健身修身。做到提高自身免疫力、自我内身修补的同时，学会为人处世。它的养身价值实实在在，无半点玄虚鬼话，深受人们所喜爱。这也是它逐步走向世界并被世界所接受的主要原因。

过去一些追求功夫的拳师，往往功夫未练成，身体却受伤，这样的例子还真不少，出现这样的现象就是割裂了练与养的统一；太极拳师如果没能参悟透太极的真谛，不注意练与养的统一，同样会降低健身效果，甚至造成伤害，但这并不是太极拳的问题，而是练拳者本身的理解问题。练太极拳的人不一定就懂得太极拳，不一定了解太极内涵，所以练太极拳也有这种情况，也不足为奇。

另外，人的寿命和身体状况还要参看个人的遗传基因、生活环境、生活条件等因素，所以比较只是多寡的比较，同等情况下的比较。总体来说太极健身作用是有目共睹的。不然它不会作为中国瑰宝被世界人民所接受。

我曾到外地观摩一个太极拳比赛，一个获过奖也出过光盘的女士，对我讲起××式的套路，尽管凭借这个套路她得了奖，可是有个动作做了后会膝盖痛，教给别人也出现这种情况。她示范了一下，我不便评价，只是建议，如果是为健身，动作可以随意点，教人的时候也不要要求太严，要是比赛时，可以偶尔做个“规范”动作。其实这种现象很多，好多的人练习太极套路出现腿痛，或膝盖和踝关节出现问题。这个问题也值得所谓的“太极大师”们反思，我们的理念和动作是否合乎太极理论，合乎人的生理结构，合乎中国的养生方法？

2. 刚柔相济，是太极理论的最完善体现

从太极拳的套路编排上，也可以看出古人的独居匠心，一路为柔慢缓和，二路则刚猛快捷，把快和慢有机地结合在一起，这样完全体现了阴阳的对立统一、相互依存的太极理论。

缓慢的呼吸对养生有好处，古代行气玉佩上写着“则深，则沉，则细，则匀”，说明古代人认识到了深呼吸的作用。现在提倡的有氧运动，与太极拳的慢练缓动相吻合，说明古老的文明也同时是最新健康理念。

在健身上我们都习惯接受慢练可以养生、保健的论点；提到快练，有人就会说，“不行，那是年轻人练的，打仗用的”。其实，适当的发力、快练，对健身有着很好的作用。我们知道，人的血管像河流一样缓缓地给人们提供养分，把废物排出体外。常年的废物淤积可以使河流部分淤积，我们的血管也和河流一样，在血管壁上会沉积血脂等废物，影响着我们的肌体健康。河流淤积我们可以用急流冲刷河流来保持它的通畅，这在水利上叫作“冲刷”作用；人体的“冲刷”作用，则是通过心脏的急促供血来实现的，激烈快速的动作可以让心脏提供急促供血，对人的血管进行清理，从而达到健身目的。所以说，刚快的练习对健身有很重要的作用。当然，动作的次数和力度要适当。

通过现代医学我们得知，我们的呼吸通过鼻毛的过滤使吸入体内的空气得到净化，可是仍有部分脏物随着呼吸进入我们的气管，导致有时早上我们咳出黑痰，急促的呼吸可以使脏物通过气管排出体外。适当急促的呼吸对肺部和气管都有好处，除对呼吸道、肺部、心肌肌肉进行锻炼外，还能排除呼吸道的废物，而这些急促呼吸是通过一些快速发力的动作得以实现的。由此可见，太极拳的刚柔练习在健身上的全面性和合理性。

在技击自卫防身上，快速运动能够提高人们的反应能力、力量和速度等来防卫外来突发事件。尽管有时候说“以慢制快”，但是在条件相等的情况下，快永远能制住慢。火枪能打败冷兵器，就是火枪比大刀长矛快。近代的鸦片战争，我们慢的武器就是败给了快的武器。我曾将太极拳总结为：“只柔无刚假太极，只刚无柔非太极，刚柔相济真太极。”现在还有一些人不加分析地叫喊“以慢制快，以无力克有力”，把太极拳说得邪邪乎乎，欺人害己。

三、我们练习的太极拳套路是太极吗

我们所有练习的套路，它既是太极，又不是太极，它是我们通过模拟套路来掌握太极内涵的一种方式。这就和写字描红一样，描红是为了写好字，是手段不是目的。我们练习套路是为掌握太极，套路有用，但不是目的，只是一种手段。陈鑫先生讲“脱规矩而不离规矩”，脱的是形式，不离的是理法。太极的理法是万事万物的理法，合乎处世为人道理的是太极，合乎武术技击道理的是太极，那么我们可以说只要合理的就是太极，在武术上以力取胜是太极，以巧取胜也是太极。大克小，小克大；强制弱，弱制强；长制短，短制长；任何合理的方法、着法都是太极。

清末民初，社会动荡，附会牵强之风盛行。对太极拳的神怪附会、臆想猜度、谎话流言纷纷涌现，太极拳陷入了怪圈。由于对“以柔克刚”的错误理解，好多人不敢提“力量”，如果强调力量怕人家说不是太极。

由于对“以慢制快”的错误理解，不敢讲“速度”，怕人家说不是太极；死抱着“以慢制快”的错误理念，在那里骗己骗人。不敢踢腿冲拳，怕人家说是硬拳，不敢用摔法，怕人家说是摔跤；不敢用拿法，怕人家说是擒拿。这也怕那也怕，整天在那里左摸右摸，说是找劲，找了几十年，嘴巴说得头头是道，一到实战就跑。其实只要是合理的慢、合理的快、合理的刚、合理的柔就是真正的太极。不用怕人家说这说那。

曾见到一刊物上某所谓“大师”言：“太极拳，一动手，不是摔就是拿。”我们知道，任何武术都包括摔、打、踢、拿等内容，难道太极摔拿就不行吗？你管是什么着法，打倒你就是好着法。只要制敌，任何合理的、可用的着法都是太极，难道非打你个鼻青脸肿、浑身是血才行？简直是昏聩荒谬。

四、什么是正宗

知道了什么是太极的道理，我们可以说，只要合乎太极理论的都是正宗；太极拳流派甚多，虽表现形式不同，但都是通过形式来掌握理法。

知道了什么是太极的道理，我们就不会死缠着谁是正宗、谁是嫡系，争个不休，面红耳赤；为争正宗，有人不惜篡改原来拳的名称，向杜撰的邪说靠拢。何苦来，把这时间用来研究拳理拳法不是更好吗？你杜撰的老祖宗、老仙老鬼，再好也是别人的，与你有什么干系吗？武术是功夫，不是金钱；金钱，老子留下你拿来就可以花，功夫是自己练的，不是拿来就可以用的，需自己体会掌握。

想制造鬼怪奇论的多是些没本事的人、对自己不自信的人，编个邪说欺骗自己也欺骗别人，扯虎皮做大旗，别有用心；想抹点仙气怪气吓唬别人，达到获取自己私利之目的。

经常有人说，自己和老师多么一样一样。这有什么荣耀的？顶多你只是个“复印件”，离“原件”差远了，说明你没出息，老师有你这样的学生非得大哭一场不可，一代不如一代嘛。有人以模仿为美，曾见一刊物云，某某向姑娘学的，因女人小脚，所以某某的太极拳动作有些女人扭捏相。说这话的人本身就是糊涂脑袋，一代宗师必有过人之处，必有心得，必有个人风格，决不会模仿小脚女人蹒跚行路。有与老师不一样的东西，有继承发扬的人才能立住脚，才能是宗师；“学我者生，像我者死”，就是这个道理。

我们由此断定该拳师决不会学于大姑娘，如果真学大姑娘扭捏相，其拳法也绝不会能流传到现在。完全模仿的拳师必是庸俗之辈，不能继承衣钵，发扬光大，必是自生自灭，早早退出舞台，被历史所湮灭。

我们要掌握的是练习方法、道理，不是要你模仿老师擦鼻子、捶背、咳嗽，更不能以此为荣。武禹襄学于陈清平月余，掌握了太极拳理法，调教出杨班侯武术高手，写出非常珍贵的太极体会，惠于后人。他没有模仿杨露蝉，也没模仿陈清平；只是用理法指导拳术练习，掌握了太极理法，成了一代宗师。

孙禄堂学于郝为真，时间也不长，他的拳与郝为真的也不一样，独成一家，开派孙式太极拳，为一代宗师。

由此看来，任何合乎太极理论的都是正宗，无论姓氏、着法、套路如何不同。任何合理的动作、形式都是太极，都是正宗。

五、锻炼太极拳的健康理念

我们练习太极拳不单纯是为了练拳架、技击和健身，同时还要领悟太极理念追求自然的平和心态，通过技击和健身的规范要求，正确理解太极思想，树立正确的世界观、人生观，愉悦人生，健康生活。一句话，要追求的是一种人生思想境界。

练习太极拳是以养为主，使人的心身达到最佳状态。每天练习五分钟，就能快乐几小时；练习一小时，能快乐一整天；长期练习，能使人们愉悦人生，健康生活。

锻炼是享受，不是受罪，如果出现疼痛疲劳应停下来，修养调整，找出原因，恢复好再锻炼。

我们的古人非常智慧，自古以来提倡养生理念，养生不是练生，一切顺其自然，以养为主，养生的长寿；强力而为，疲劳锻炼，不计后果卖力锻炼是练生，练生的多短命。

锻炼和养生不是一回事，养生是中国的理念，它使你的肌体、思维达到最佳状态；锻炼是外来理念，是体现竞技的更高更强更快的理念，两者在肢体运动上有重合的地方，但追求的目的截然不同，由于近代提倡西学，“锻炼”逐渐替代了“养生”一词，使人们错认为，锻炼就是养生，混淆了两个不同的概念。

（这部分内容曾在“中国太极”网上刊出，被多家网站转载过；人们习惯地把这段文章称之为“王成太极论”，实则是太极论的一部分。）

第二章　如何学习太极拳

一、练习太极拳的健康理念

1. 练习运动五分钟，愉快几小时；运动一小时，快乐一整天；长期练习，愉悦人生，健康生活。

2. 练习运动是享受，不是受罪；有痛苦，就不会有收获，就不符合养生。如果出现疼痛疲劳应停下来，修养调整；找出原因，恢复好再锻炼。锻炼需要修整，也就是练几天，休息一两天，效果会更好，因为连续锻炼，肌肉疲劳，人体会出现自我抑制，拒绝运动，如果坚持强行练习，效果反而不好，适当修整，更符合养生，健身效果会更好。经常听到有的老师说，不要怕腿痛，坚持就好了。真的吗？坚持只能造成你更大损伤，大家一定要注意。

3. 养生不是练生，一切顺其自然，以养为主，养生得长寿。练习太极是为健康修身而练，不是为竞争或虚荣而练习。练习太极拳是使人的心身达到最佳状态，快乐面对未来。

我们练习太极拳不仅仅要练习拳架、技击和健身，同时还要领悟太极理念，追求自然平和的心态，通过技击和健身的规范要求，达到正确理解太极思想，树立正确世界观、人生观，愉悦人生，健康生活，一句话，要追求的是一种人生思想境界。（山东电视台“唐三彩”栏目，对“愉悦人生，健康生活”的观点非常赞同，并把我的诗《踏青》播出。由刘勇抄录，见影印图片。）

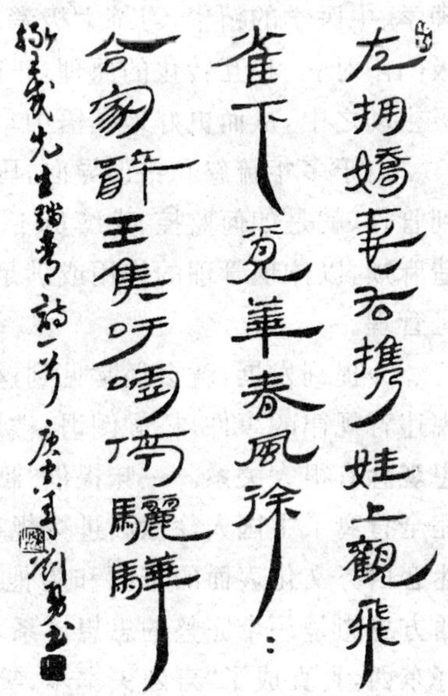

踏　青

左拥娇妻右携娃，
上观飞雀下觅花。
春风徐徐合家醉，
王侯吁嘘停骊骅。

二、太极拳的四个功能

太极拳是中国传统思想及文化的完美体现，现在对它的宣传是远远不够的。人们长期以来片面看待、对待太极拳，误认为太极拳就是老头老太太的健身舞；对它的内涵揭示也还停留在粗犷的、肤浅感觉层面上，仅仅认为运动肢体具有健康的作用。

对太极拳理解的偏颇，也导致了太极拳深层内涵的淹没。如何正确认识、宣传太极拳，应在以下几个方面正确理解。

太极拳是一种武术，它和其他武术一样有文化承载性、观赏娱乐性、沟通交际性、卫生性四个功能。

1.文化承载性

太极拳是中国哲学思想和传统文化的体现，中国的辩证变化理论全面贯穿整个太极武术体系中，快慢、强弱的对立统一以及对立的转化，都在太极拳中体现得淋漓尽致。它的拳理解释也充满了哲学术语。太极拳的内涵中也包含了人体"阴阳平衡"、"天人合一"、"和谐为本"、"人与自然和谐统一"的传统文化理念。太极理论是中国人民在长期的社会实践中不断积累和丰富起来的一项宝贵的文化遗产。太极拳是我国特有的搏击养生技艺，是中国传统体育项目，是从古至今为人所喜爱的武术功夫，并且也是中国历代流传的中国文化精华和代表。

接触到了太极拳，你就自然而然地贴近了中国哲学思想、中国传统文化。通过练习太极拳，能促进人们的心理健康。在"意到身随"、"内外相合"、"松静自然"的意境和动作中，得到"身心皆修"的良好效果。久而习练之，有助于智力开发，提高人的记忆力、反应力、判断力，并可修身养性、陶冶情操，更完美地塑造人的个性，培养人们的坚韧不拔、吃苦耐劳的意志和精神。长期修炼可使人的处事方式更加沉稳、豁达、随和、乐观。但目前，人们多忽视它的修身治德性，仅把它作为一种健身方式。太极拳蕴含着中国古典哲学、美学、伦理学、中医学的精华，习练太极拳，不仅能够强身健体、陶冶情操、修身养性，还能够根据太极阴阳对立、相互转化的原理，正确判断事物的发展变化，把握引领变化过程，始终处于积极主动之中，从而更好地领悟中华武术博大精深的文化内涵。

由于多年疏忽和错误导向，国人淡薄了国学，与中华文化产生了距离，好多地方一谈到管理，就是如何监控、束缚员工。一定的管理制度是必要的，如果把给员工制造障碍、制造麻烦，以体现管理的作用或满足自己内心的虚荣，那就与"仁者爱人"相背离了，这也不是管理。

一提到发展，就会经常见到这样的口号："最好明年翻番，后年再翻番。"为此也经常出现违背规律的事件，桥梁倒坍，楼房垮掉，道路下陷等事件看似孤立事件，其实都与人的思想观念有很大关系。一味提倡"献礼"、"大干快上"、一窝蜂"大跃进"式的胡干盲干等，都完全背离了中国人徐徐渐进按规律办事的传统思想。有些人以谈西学思想为荣，他们只迷恋西方文化表面的华丽和为他所用的只言片语，其实离西方真正文化精神内涵很远。西方思想是一个完整的思想体系，只学皮毛不仅不能掌握西方的好理念，也丢弃了自己的好东西，真真成了"寿陵失本步，笑煞邯郸人"。如果大家认真学习太极理论，逐渐树立正确的传统思想，必将会有利于国、有利于民。

2. 观赏娱乐性

太极拳是中华民族优秀传统文化中的一块瑰宝，源远流长，内涵丰富，蕴含着中国古典哲学、美学、伦理学、中医学的精华，习练太极拳，不仅能够强身健体、陶冶情操、修身养性，还能够领悟体现中华武术精深美学的文化内涵。

太极拳是以技击动作为素材，遵循攻守、进退、动静、疾徐、刚柔、虚实等矛盾运动变化规律而编排的练习形式。它是技击的高度提炼和艺术再现，是武术的最高表现形式。它之所以是武术的最高表现形式，就在于它来自技击，而又进一步兼顾养生，并使之规律化、艺术化。太极拳作为一种运动艺术，品位高雅，具有丰富的美学内涵，集保健性和艺术性于一身，疾缓相间、刚柔相济、姿势优美、潇洒大方、千变万化，给人以东方美的享受。

3. 沟通交际性

交际沟通有思维与肢体的自身交流沟通，人与人的交流沟通，人与自然的沟通和对手的感知、来力交流四个方面。

(1)思维与肢体的自身交流沟通。通过练习太极拳，把思维活动通过肢体表现出来，有时候人能想通，但是做不出动作来，感觉自己笨手笨脚的，手脚不听话；出现这种情况是因为思维和肢体尚未建立起协调行动，虽有指令，但执行机构——肢体神经都还没有协调统一，因此建立身心统一协调运动，意识指导运动是太极拳运动的一个重要内容。这种理念被运用在医院的康复治疗上，取得了非常好的效果。在帮助恢复功能锻炼中，医生着重要求病人的思维和肢体一起运动，先由医生喊着动手指，然后再扳动病人手指，力争思维、神经和肌肉一同运动，达到最佳效果。这种以意念指导动作的康复方法比那种硬拉着病人强行走动的方法要强许多倍，这也是太极拳在医疗上的一个伟大贡献。

(2)人与人的交流沟通。练习太极拳的人是一个群体，大家来自各行各业、各个阶层，从事着不同的工作。在练习太极之余，大家相互交流，各种信息在不经意中得到传达，使人们开阔视野，增加知识，提高鉴赏能力，提升修养，捕捉有益信息，愉悦个人生活，所以长期练习太极拳的人，心情愉快，待人宽厚，自己的幸福指数也相对较高。

太极拳是一个媒介，它可以拉近人们之间的距离，无论你出差到哪里，无论是国内还是国外，你一练拳，就会有人观看，就会有人和你交流。我曾经到过几个国家，每个国家都碰到了爱好者，并通过切磋成为朋友。外国人看到华人，就想领略一下中国功夫，有时候会找上门来，太极功夫已成为中国的一个对外交流的名片。

(3)人与自然的沟通，即与天体地理的沟通。春夏秋冬，风雨雪雹，天气变化无常，使人难以适应天气变化，可能会诱发疾病，如伤风感冒、心脏病复发等，给人们带来痛苦，甚至死亡。长期户外锻炼，使人们和自然的接触较为密切，也对天气变化有较强的适应能力，因而减少了因天气变化造成的身体不适，或导致的疾病。一个长期户外锻炼的人，因为和天地接触多，在渐变的天气中，能感知微小变化，及时地作出调整或添减衣着，较好地适应它的变化，从而保证了身体健康。

一方水土养一方人，人到一个陌生的地方经常有水土不服的情况。练拳的人有个习惯，到哪儿都先找个地方锻炼，这样就能很快适应当地的环境和风俗，也能较快融入当地社会，对当地的冷暖干湿和地形有较快的了解，通过这种方式，不仅能融于当地社会，也能较好适应具有特殊性的当地气候地理。

另外在松静的状态下，人们还会有意想不到的感受和收获，这不是能用语言来表述的，只有练到一定境界才能体会得到。我经常提到，理解的不语，不理解的慢慢感受，感受不到的做臆说。

(4)练习太极拳，可以感知对手的来力方向、力量的大小，也能在遭受突发袭击中，采用应对措施保护自己。

4. 卫生性

卫生性包括技击性和健身性，这两种都是维护生命的，故统称为“卫生性”。卫生包括两个方面：

(1)强身祛病。通过锻炼，肢体协调能力好，能应付意外的事情发生。如美国科研机构证实，通过练太极拳，老年人跌倒几率降低，老年人因跌倒而造成的股骨头折断现象减少。由于目前我们的生活方式发生了变化，“亚健康”人数大幅增加，“城市病”、“文明病”、“富贵病”、“运动缺乏症”等疾病不断增多，国人越来越需要行之有效的健康锻炼方式。太极拳既简便易学，又博大精深、乐趣无穷、祛病健身，会使人们的生活变得更加丰富多彩、健康快乐。

太极拳适合于不同年龄的人群锻炼，特别有利于改善我国老龄成员的健康状况。2006 年，全国老龄工作委员会办公室发布了《中国人口老龄化发展趋势预测研究报告》，报告指出，21 世纪是人口老龄化的时代。中国已于 1999 年进入老龄社会，是较早进入老龄社会的发展中国家之一。报告认为，21 世纪的中国将是一个不可逆转的老龄社会。从 2001 年到 2100 年，中国的人口老龄化可以分为三个阶段。第一阶段，从 2001 年到 2020 年是快速老龄化阶段。这一阶段，中国将平均每年新增 596 万老年人口，年均增长速度达到 3.28%。到 2020 年，老年人口将达到 2.48 亿，老龄化水平将达到 17.17%，其中，80 岁及以上老年人口将达 3067 万人，占老年人口的 12.37%。第二阶段，从 2021 年到 2050 年是加速老龄化阶段。伴随着 20 世纪六七十年代中期第二次生育高峰人群进入老年，中国老年人口数量开始加速增长，平均每年增加 620 万人。到 2023 年，老年人口数量将增加到 2.7 亿，与 0～14 岁少儿人口数量相等。到 2050 年，老年人口总量将超过 4 亿，其中，80 岁及以上老年人口将达 9448 万，占老年人口的 21.78%。第三阶段，从 2051 年到 2100 年是稳定的重度老龄化阶段。2051 年，中国老年人口规模将达到峰值 4.37 亿，约为少儿人口数量的 2 倍。这一阶段，老年人口规模将稳定在 3 亿～4 亿，老龄化水平基本稳定在 31%左右，80 岁及以上老人占老年人口的比重将保持在 25%～30%。老年人最关心的还是健康问题。不论对国家、对个人、对家庭，沉重的医疗费用负担，任何时候都是一个关系国计民生的大问题。太极拳最适合中老年健身养生，在中老年当中推广和普及太极拳运动实在是一件利国利民的大好事。因为老年人要想参加体育锻炼已经不同于年轻人了，尽管有些老年人年轻时候曾有过这样那样的体育爱好，但上了年纪已做不了激烈的运动，也很难在各项运动比赛场上角逐争高下，很多体育项目只能望而兴叹，但练习太极拳却非常适合。受益于太极拳的例子到处可见，它的益处是很有说服力的，也是很有诱惑力和吸引力的。有些企业把普及太极拳作为职工福利的一种，职工领导皆大欢喜，职工享受了健康的好处，企业得到了职员健康工作的支持，送啥不如送健康。“健康生活”的理念，无疑使太极拳更广泛深入地融于全民健身运动之中，带来了更广阔的发展空间。通过练习太极拳，能使练习者健康，太极拳在给人提供人们健康的同时，也可以减少人们的医疗开支，节省医疗费用，可谓鱼与熊掌兼得，大家何乐而不为呢？应该大力提倡健康锻炼为是。

(2)技击技能的卫生性。练习太极拳能具备一定的自卫能力，减少被伤害的几率。通过太极拳锻炼可树立人的坚强品质，培养坚韧不拔、不卑不亢、为人正直端重的人格。同时太极拳是一门高级的武术，它的技击特点标志着武术的发展方向，如果把太极拳的技击性去掉，就不能完整体现它的整体价值。山东电台生活频道曾做过我的一次专访，试图更全面地展现太极拳的内容。我们知道，国外舶来的搏击术有好多孩子去练习，为什么很少孩子去练习太极拳呢？原因是我们的宣传有了偏颇，当然这与过去导向有关，舆论只宣传健身，不宣传武术的技击，只强调美感，不强调通过武术锻炼树立人的坚强品质。久而久之人们形成了惯性思维，提到太极拳，就联想到老人的玩乐。“楚王好细腰，宫中多饿死”，是说因为楚王喜欢腰细的，就有人不惜代价，达到细腰，结果有人为此丧生，活活饿死。看看错误的舆论导向的力量是多么恐怖吧。

王成拳语

拳无威不立，人无德不久。

外行人这样看情有可原，一些正宗的太极门人也这样谈，就值得人们深思了。老拳师的过世，完整思想体系不能全盘继承，或知道的人有所顾虑不愿谈太极拳的完整性、技击性，这是由于历史原因造成的，但是现在是不是应该全面展示太极拳的内涵，让它更好地为广大民众服务呢？现在是该给太极拳以准确定位的时候了，媒体倘若如此，国人大幸也。

三、太极拳的技击

太极拳是很讲究技击的，它是一种崭新的高级技击术，把健身与防身结合在一起，更注重技巧的运用。高级并不等于没有基本的武术要求，由于理解的偏差，好多练太极拳的不练最基本的东西，踢腿、冲拳都很少练，怕人家说不是太极拳，他们认为太极拳就是慢慢地摸呀摸，摸了多年什么也摸不出来。我们大家都知道，出拳是有顺序的，有节奏的，不练习，如何做到有力量、有速度？看着那些撅着腚向外努着，弯弯着胳膊发拳的就觉得好笑，这样弯着能有力气？能有速度？能打上人？等你攒好了劲，人家早把你打死了。这根本就是不动脑，不实践，望文生义，在文字圈里打转转、瞎琢磨。

我们看看陈式太极拳的式子“蹬一根”，其他流派称之为蹬脚或其他，“蹬一根”也就是用腿踢桩子的，说明太极拳也是注重力量训练的。“力大降十会”，是武术界常说的一句话，不要求你踢倒桩子，起码你得会出腿的顺序和节奏吧。没有一定的速度，不做专项练习踢腿，能达到理想的效果吗？还有扫堂腿，基本的出腿顺序你如果不练习，就根本达不到能扫倒人的力度和角度，更别说效果了。

王成拳语

知识是累积渐进性的，
破坏是瞬间毁灭性的。

太极拳里的左右擦脚，那是要用来踢打的，不练习踢靶，如何练出力量、速度？没有力量、速度又如何能发挥技击作用？

摆莲跌叉，那是要练习腿的外摆

技击法，也就是现在的鞭腿了，旋风脚也是要求你练习腿的里合技击方法。

前踢、里合、外摆基本都练习到了，腿的技击才能体现出来，才能使用太极拳基本的技击方法，这些基本的东西如不进行专项训练，是根本不能够做得出、用得好的。着熟渐至懂劲，懂劲而阶及神明，没有着熟，所有技术都是零。好些练太极拳的，不踢腿不冲拳，不练基本功，就幻想着达到举手能使人跌出丈外的效果，还迷恋着意念神功，结果是自欺欺人，也自我麻醉。所谓的太极大师不敢跟人动手，只讲嘴上功夫，就是缺乏了最基本的功夫训练。太极拳是武术，最初练太极拳除健身外还是要指着这个武艺来吃饭，不会技击咋能立得住脚，还不早被消灭掉了，哪能流传到现今？

再说擒拿，都知道太极拳注重拿法，但有多少练太极拳的，去专项练习擒拿的？缠绕技巧你得专项训练吧，迎接顺化、抢拿锁扣你得找到手感吧，不练习这些东西，只是每天在那里划拉套路是根本掌握不了这些技能的。有些太极拳老师根本就不懂这些东西，甚至没见过这些技能的练习，所以太极拳也要宣传它的基本功能、基本功的练习、冲拳踢腿方法。不能用那些玄虚的文字游戏来代替太极拳的基本功能。我经常碰到一些人看到我的学生练习，就过来问我，你的学生练的什么？答：太极拳。问：这是练太极拳么？或问：太极拳不是练套路、推手吗？我只好答：我的练习方法可能和你不一样。没有基本功，没有踢腿出拳的速度、方法如何能称得上武术，又如何能称得上太极技击？没有技击内容又如何能称之为太极拳，我看叫太极操或健身操更适合。

外地一个太极爱好者托人找我，说有机会到德州，请我给他指点一下。他练习的太极拳我看过后，指出他要注意膝盖的动作，不要出现硬蹩强拧，注意脚尖的外摆内扣。谈完后，他看到场子里大家都在自己练习自己的，不理解地问：“你们还没有开始练功呀？”我说：“不是都在练吗？”他说的练习，是指放上音乐，老师在前头领着打套路，这样的练习就是他认为的练功，这种自己练习自己内容的方式，他没见过，所以感到奇怪。

杨磊在无锡

李文厚练习若木鞭

刘兵、李铁柱练习化杆

四、太极拳的练习方法

过去的老师教徒弟的方法是滴灌式的，一点一点地向你灌输，这样基础牢固，容易传承发扬，但缺点是不利于大面积推广，不能像办学校一样，一批很多人。但是无论哪种方法，能达到精英水平的总是少数。

1. 专注，多练不多想

在练习期间，要注意专一性和专项训练。切勿看看张家练法，学学李家练法，这样绝不可能练好。只有在你的动作定型后，也就是肌肉记忆后，你可参考别人的，增加你的变化。太乙门的秘道纯老师多次和我讲，先把基础打牢，再图变化多端。秘老师是高凤岭先生（人称“高猴子”）的高徒。高凤岭在民国时期很有名，1929 年杭州国术游艺大会，高凤岭、李景林等 16 人为参赛选手的保送人，他们看了选手们的表演之后，经过鉴定确实功夫太差、技艺不精者，即劝其不要参加比赛，但可参加表演。高凤岭还是国术游艺大会评判委员会的成员。秘道纯跟高凤岭多年，是高的得意弟子，他的脚能和手一样灵活，被人们称为“三只手”。在与人切磋中，曾用脚向对手脸上涂抹灰土，他因此声名鹊起，也曾因此惹起过纠纷。他晚年时再三叮嘱我，要给人留有面子，不能使人难堪。

秘老师对武术和江湖颇有研究，时常叮嘱我，你想让他学会，就慢慢地一点一点地教；如果想应付他，就把所有的都教给他，他什么也学不好，自然就会放弃，这就是过去老师把教出的东西再收回来的方法。那时候听了，觉得太江湖，虽然口头称诺，心里不以为然，后来教学生，发现其实大部分人都喜欢学一大堆东西，一会儿这个套路，一会儿那个套路，一会儿这个器械，一会儿那个器械，乱七八糟地敛罗一些，妄想取百家之长，结果是囫囵吞枣，消化不良，啥也没学好，好多人就干脆不练了，把东西还给了老师，老师还真的把东西收了回去。

想吸纳百川吗？你必须有个主线，一个主干，其他所有东西都是为这个主干提供养料。长江、黄河有个主流，所有的支流溪水都是向这个主流汇集，主流在吸纳百川的情况下，形成滔滔不绝的江水。如果长江、黄河不是坚持着自己的主流，忽东忽西四处流淌，就不会有长江、黄河的出现，会早早消失在无人知晓的地方。学东西也是一样，坚持主业、兼收其他，所有其他都是为主业服务。20 世纪 80 年代，在石家庄与马虹兄在他家中谈起教学的问题，他也谈到学生们见异思迁的现象，我们就这种现象进行了探讨，也提到了我们上一辈人的一些不好的做法。

我对学拳的体会是，老师教你做的，你一定做会，再搞别的。有些师兄学拳比我早，会的东西也比我多，有时也诱惑我，师弟你练练这个吧，我说我笨，先练好基本的再说别的吧。我曾多次受到他们的批评，说：“你这个人太固执，不知道我们为你好吗？”我赶紧答：“我太笨，一样没学会再学别的，就怕什么也练得不像样，让老师批评。”几年过去后，老师说我已经远远超过那几个师兄了，几个师兄也说我脑袋好使，有文化，聪明，其实他们下功夫比我大，时间比我长，就是不专一，就和小猫钓鱼一样，一会儿捉蜻蜓，一会儿扑蝴蝶，到头来耽误了正事。

王成拳语

广学而不精，博一哂笑而已，
择一技习而致精，可谓大家。

我教一个学生练倒步，这是太极拳中的后退方法，他每天都练，体会我教给他的“无嗔无欲无托靠，随势飘移自逍遥”的感受。枯燥的练习，使得在拳场里的人都烦了，就说：“你天天练倒步，就不会别的套路吗？”他答道：“老师还让我练，我感觉还是不行。”问者不屑，其他同学也不理解，感觉他傻。几个月后，他的倒步基本练出来了，那些觉得他傻的人，还得按老师的指示跟着他学习倒步。大智若愚，傻者不傻。这就是专一性和专项的训练，有没有经过专项训练，一出手就能看得出来。我们知道乒乓球专业队训练，教练都是先专项地训练一个技法，一个技法达到反复的多少万次，才能固定下来，而业余选手虽然练习时间长，一碰到专业的就马上败北，因为他们不是科班出身，没有经过严格的专项训练，所以专项训练十分重要。

2.科学地练习

反复练习一个或几个动作，待熟悉后再练别的，这种练法看似慢，但效果好，它比死下力气进度快。不能一次几个小时地进行多项内容练习，这样不仅什么都练不好，还搞得身体吃不消，造成伤害，适得其反。记得顾留馨老师曾提到过“杨澄浦提出过多练单式”。这个提法大家可以在刊物上找到。王宗岳先生在太极论中也提出“由着熟渐悟懂劲，由懂劲而阶及神明”。着熟就是从反复单项训练得来的。

勤练还得讲究科学练习。一个朋友非常刻苦，每天练习好几个小时，因为他是中年练拳，怕达不到他老师说的那个高层次，早上练，下午还练，晚上也练，一会儿这个套路，一会儿那个套路，练得汗流浃背了。我曾多次劝告，不要这样，这样会练出毛病的，他不听，因为有人表扬他进步快，再有什么什么就练出来了。后来他练伤了肺，得了哮喘，为此对老师颇有微词，病了几年，刚 50 出头就驾鹤西去了，大家都很痛心。这件事也教育大家，练习一定要合理，要尽量科学。不可否认，过去也有一些不科学说法，在诱导人们犯错误，对过去的说法要鉴别分析，不能不假思索地顶礼膜拜。过去的所谓拳论、拳谱都是那个时代人的体会和认识，由于受到文化理解和科普知识的限制，不能准确地解释真谛，社会发展到了现在，应该利用新的知识、新的思想来理解过去的东西。

清代赵翼，在《论诗》中提出:“李杜诗篇万古传，已到如今不新鲜，英雄辈代新人出，各领风骚数百年。”武术上也一样，我们不要求独领风骚数百年，却一定不能食古不化。

3.善于给别人当靶子

给人喂手，能体会出好多东西，能碰到各种各样的变化，见多识广，对提高自己的水平有很大帮助。大家可以看到好的陪练都是高水平的专业人士，而那些不想给别人当靶子、只追求把别人一下打倒的人，大多都技艺不纯熟。因为他们不愿给人喂手、当靶子，别人也往往对他们应付行事，他们当然也就很难取得进步。只有听从老师的建议，规规矩矩地给人喂手，同时总结对手动作的对错，既帮助别人也使自己建立起合理的练习程序，通过团结协作、互相配合，才能很快地达到理想的练习效果。

4.具体内容要量化

对自己要练习的内容，要量化、具体化，自己给自己定下固定的练习数量，这样有可操作性和固定目标，能容易地实现阶段目标，从而逐渐掌握自己所练习的技艺。练习出拳，你每天做几百次，占用时间不多，一段时间后就能建立起合理的出拳顺序和用力方式，能较快地掌握所学内容，这比每天练习整个套路要简单得多。有了具体的量化指标，你做起来不枯燥，近期目标容易达到，给自己一个信心，逐渐积小成而为大成。俗话说得好，“不怕慢，就怕站”。教学生们练习缠手，我告诉大家首先要转手多少次，才能体会出太极缠手的作用。我有一个学生自己规定了每天转手的数量，一次为达到自己规定的数量，在车站等车时还不停地甩手转动。过了一段时间，我教小缠丝第二层技法时，经几日指点，这位学生就很好地掌握了。而那些没有具体量化的人，有的是嫌动作简单枯燥，逐渐不愿练习，还有的觉得看不到希望，逐渐放弃了。没有足够练习数量的，你一看就知道，学起来笨手笨脚的，很难接受新的内容。只有量变才能达到质的变化，技艺没有足够的练习数量，是练不到身上的，好多人不能掌握太极拳的技法，就是缺乏简单动作的重复。其实没有简单的重复，人再聪明也不可能一下子就掌握所学内容，任何技艺都是一样。

5.知行合一

王阳明先生提出“知行合一”,在练拳中也是这样,必须要明确自己学什么,明白自己达到了什么程度。

知道自己练什么,还必须知道自己练到了什么程度,老师教的一定要练会,似是而非、差不多是不行的。我教学生练习小缠丝,开始这个比较简单,就是三个动作,但是练好也不容易。有人看了几遍就觉得会了,就跑到一边去了,过一段时间等我检查的时候,他问我:“不是这样吗?”我回答道:“不是。”对这样不认真的,你再说也没用,他打心里就没想好好学,说了也等于白说。不久,等大家练习到小缠丝碰手、主动抢手、拿、发的时候,他基本的动作还没有掌握好。这个技艺基本就没学会,也就和别人无法交流了,几个月下来他对人家谈的体会都无法理解了。所以说,“船载过渡者,法渡有缘人”,道理是讲给懂道理的人听的。往往会碰到这样的人,自己没练会,找借口——过去老师是这样教的,我这是老的练法,把责任又推到老师那里去了。有时候老师的教学内容会有变动,但大部分是先教基本技法,当你练会后再逐渐加新的内容。陈鑫先生曾说过:“一层又一层,层层妙无穷。”技艺就是通过反复地练、反复地提高才能掌握的。我常告诉学生们,功夫练到哪里,老师才能指点到哪里,老师就是给你指点方向的。一个学生练了一段感觉不错了,让老师一看,指出毛病,继续练习又有了新的体会,他很感慨,说这才体会到“层层妙无穷”的感受。

一日,我跟洪均生老师在家中聊天,谈起技法的练习,一个人总是插话,说不是这样吗那样吗,老师不语。过一会儿,老师说:“有的青年,学了皮毛就认为会了,其实人家(指我)已经到了中学,他们还在小学没毕业呢。”那人走后,洪老师对我说,其实他自己根本就没懂,还沾沾自喜。通过这件事我对反复练习更为重视了。

做到知行合一,光理解了还不行,还必须练到身上,学武和学文不同,武术理解了还得练到身上,形成大脑记忆和肌肉记忆,练到不假思索,信手而出;而学文只要理解了,就算学到手了。

虽然学武比学文难,可过去,武术行的地位并不高,曾被称为“夜叉行”。老人常告诉我“艺人不富”,意思是说从事武术行,想过富裕生活不大可能,即便练成了,以此谋生的门路也很窄,只有极个别人,才能“艺成卖给帝王家”,为官府效力。故而,人们重文轻武,多愿意习文,习武的相对来说还是少,并且习武之人大多文化水平低或没有文化,基本都是混迹于社会底层。一般人一谈到武术,人们脑海里就会出现打把势卖艺的景象,其实打把势卖艺这个层面是武术界较低的一个层面,这些人出于无奈,练练拳脚,加些腥活(如银枪刺喉、腹部开石、钢筋缠颈等假把式)吸引观众,然后推销跌打损伤之类的药以及大力丸、膏药等,以此解困。武林人士对走江湖的,一般都会积极相助,帮钱场或帮人场,走江湖的也很卑恭,“在家靠父母,出门靠朋友”。在话语上非常恭敬当地武林人士,不然礼数不到,会引起不必要的纠纷,给自己找麻烦。

民国国术馆兴起,把武术称为“国术”,专职老师有固定的薪水,练武之人有了用武之地,“老师”称谓代替了过去的“师父”称呼,武术行地位得到提高,国术馆也引进西方技法,开办拳击、劈刺等西方搏击课程,给武术注入了新鲜内容。民国武术的昌兴,给中华武术的传承、发展提供了重要支持,功不可没。

以往中国历代虽有武举考试,习武之人有一定的功名,但文武之间的待遇和地位差别还是很大的，清代文秀才和武秀才的待遇是不一样的。

清人陈其元在《庸闲斋笔记》曾记述华亭县令许云梦戏惩武秀才一事。

一日，华亭（现属上海松江区）县令许云梦坐堂审案，一武秀才揪着一乡人到县衙击鼓投诉。询问得知，原来是那乡人入城担粪，不小心碰着了武秀才，弄脏了他的衣服。路人调解，让乡人洗净衣服并赔礼道歉。武秀才却不依不饶，非要痛殴他一顿出气。众人只好簇拥来到官府寻求解决。

听了各方陈述，许县令拍案大怒："乡下人，走路不长眼睛，如此莽撞，弄脏人家的衣裳，应当重责。"乡下人惶恐，叩头乞怜。

许县令沉吟良久道："念你真心悔过，态度诚恳，姑且宽大处置。"于是让武秀才坐于堂侧，责乡人向其叩头一百谢罪。

叩至七十余，许县令忽然叫停转问秀才："忘问了，你这秀才，是文的还是武的?"秀才答："武的。"许县令輾然而笑："错了错了，失误失误。文秀才叩一百，武则减半五十即可。多叩二十多个头，秀才你应叩还。"

令二当事人交换，乡人高坐，秀才伏地叩头。武秀才不肯，许县令指挥皂隶强制执行，摁倒武秀才，磕了二十个响头，方才松手。武秀才又羞又愤，怒奔而去。观者、听者无不大笑。

你看文武差别是比较大的，中国武术逐渐衰退也有必然的原因。

6.性命双修

中国古人一向提倡性命双修，心智和肢体修持不可偏废。2008年，我与朱成广等人在辽宁，孙东林建议去寺庙看看，他与住持很熟，该寺院为佛学院基地，有男女僧人各三百余人，据说香火很旺。登山入得门来，有人通报，住持被人搀扶出来迎接，在禅房落座叙话，住持问："太极拳与信佛有什么别?"我答："法门不同，都可明心见性。"住持听罢很兴奋，俯身近前说："第一次听到这样的说法。"叙了一会儿话，住持眉目暗淡，说："前些日子伤了腿，这几天正在恼闷，是否得罪了佛祖，得到了惩罚，伤势不见好转，不知腿还能不能好。"原来，住持见僧人整日咏经、打坐，运动很少，精神萎靡，想编一套健身方法，供僧人练习，用于强身健体。他苦想一段时间，编排了几个动作，一日早起，自己先体验一下，不期用力过度，伤了腿脚，行走困难，心中很是郁闷。我说："着相了，用心为善，何来怪罪，只是你平时少运动，肌肉无力，再加上肢体与思维协调不好，导致运动出伤。学有所长，术有专攻，一些事情不是想想就能做到的。"我检查了一下，看腿没有伤着骨头，只是扭伤，因怕疼不敢动，导致淤血难吸收，所以迟迟不见好转。我教给搀扶住持的小僧如何按摩的手法，又嘱咐每日温水加两味中药熏泡，安慰他说无大碍，几日即可康复。住持听罢高兴，一扫愁眉苦脸相，提出让我的学生到寺院教众僧人练习拳术，我答应了，下山告辞，返回家中，几日后学生来电话，说住持康复如初。所以要性命双修，心智和肢体都要修行。

五、太极拳的理解与传承

老师教给别人的东西，那是别人练的，你只能看，只能体会，不要过于在意，因为老师是因材施教，按人制定教学内容，那个内容是根据个体条件设置的，执行人的水平、理解能力、体质都和你不一样，那只适合别人。经常能听到，有些人叨咕，老师教的这招厉害，管用，赶紧练；明天又看那招厉害，赶紧练。最后好东西太多了，练不过来了，结果费了不少劲，什么也没练出来，这样的实例多的是。其实，你安心练你自己的就行了，太极拳讲究中定，也就是人们常说的主心骨，人没有定力（主心骨）做什么也不会成功，“东说东流，西说西流，见个和尚就剃头”，通常难有作为。

千万别这山看着那山高。有个学生比较聪明，看到我教其他人练习的内容，只是体会一下，我说的话他听不懂，别人叫他一起练习，他说我不练了，练不会，差别太大，我还是先练我的东西吧。那些随便练、凑热闹的人，几十天后，什么也没掌握，而这个不练的，在掌握好自己的东西后，在进行下一个内容时，比那些凑热闹傻下功夫的人水平都高。有时候老师再三嘱咐，都不管用，只有自己悟到了，才能明白，所以老师只是布道解惑，不能代替你的理解。老师指路，行走还得靠自己。不停地走，不停地指引，才能不断地进步提高。

待达到一定水平后，多走访一些明白人，这些明白人不见得是多么有名，但他确实明白拳理，对你有启迪作用。人水平有高低，见解各有不同，听归听，看归看，好的借鉴过来，不适合的就当开阔眼界，通过走访提升自己的水平。1999 年，我从国外返回，与一个师弟拜访了济南武术家周子和先生，谈起武术界的往事。他对秘道纯老师很佩服，提起过去一些事情。第二天我们又拜访了吕剑侯老师，吕老师是年 80 多岁，他拿过韩复榘时代擂台赛短兵冠军。老人家见到我们很高兴，坐在马扎上，一定要跟我试试手。我也很高兴，爷儿俩就比划了起来。老人虽然年老，出拳很快也很有力，我用黏手迎接，老人对我很赞赏。老人家兴起，把谭腿的口诀告诉我，说天下武术一家，多懂点有用。我非常感谢他，说等有机会再去看他。但等我在国外工作再次回国时，老人已作古，享年 97 岁。

过去武术界讲究“既要拜名师，又要访高朋”。高朋有时候能起到当头棒喝的作用。高朋谈得投机，相互仰慕对方技艺，有时候结拜盟兄弟，有时候就征得老师同意，引荐朋友拜在自己的老师门下。如果老师已经过世，经同门师兄弟同意，在老师的坟上行礼，也是同门师兄，学生替老师收徒，这种现象很多。中国武术界各门各派基本都有渊源，所以天下武术一家，武术界有“人不亲，艺亲；艺不亲，刀把子亲”的说法。

我到一个地方，一个同门晚辈为我接风，随他一起来的是他在另一个门派的师兄，也应邀作陪，人家年龄比我大，听人介绍还是一个门派的掌门。他私下问：“我该怎么称呼老师？”他的话被我听到，我忙答：“各论各的吧，你年龄比我大，你是老兄；反正胡叫八叫，阎王爷不知道，大家随便更好。”大家哈哈大笑。后来谈起渊源，他说我还真该称你为前辈，我说，那么客气干嘛，都是几辈子的事情了，咱们随便多好，酒席间很愉快。

还有一次，我从国外回来休假，陪孩子旅游，被人知道，中午赶来见面，与他同来的一个朋友席间说：“我老师年龄大了，行动不方便，不然会过来跟你见面的。”我一听赶忙回答：“我这次是陪孩子旅游，我在国内的时间短，车票也订好了，时间不允许了，等我下次一定登门拜访老先生，请回去多多致谢。”饭罢，登车，大家挥手作别。

其实我不算武林中人，练拳习武只是把它作为修身的一种方式，一个业余爱好而已，很少出头露面，只是偶尔碍于情面推辞不开，凑凑人场。

之所以这样，一则是工作太忙，一直忙来忙去，好多亲戚朋友都有意见，你成天忙什么呢？我自己都困惑，我到底这些年忙的什么呢？二则是老师们告诫我安心练习，少掺和事。有些武术界人士有草莽脾气，一句话能有过命交情，为你赴汤蹈火，电视剧《水浒传》

的歌词“生死之交一碗酒，说走咱就走，你有我有，全都有哇”，恰如其分地反映了武林界的豪爽、恩怨分明的特有秉性。同时，武林界的一句话也能使人反目成仇、记恨多年。20世纪50代末，秘道纯老师在一家武馆休息，听外面练习者议论太极拳的八法，说：别的还明白，就是这个“靠”不知道怎么用。秘道纯老师一时性起，出得门来，说这还不容易，一搭手就使了个靠法。他的手很软，用起来一般人还真感觉不到，把一个大汉靠了个趔趄，当时大家都没事，大汉回去跟老师一说，人家老师不愿意了，为此结了仇，直到80年代还没有解开。一次我们凑在一起，我说不大的事，都这么多年了，不要纠结了吧，大家想想其实也没什么。

还有20世纪90年代，一个同门师兄来山东，酒席间谈起擒拿，这位师兄示范小缠丝，山东的师弟没让他使，往前一推，示范缠丝的人晃了一下。本来不是事情的事情，被人扩大后，传得纷纷扬扬，示范缠丝的人还在日本发布一个更正，来说明事情的经过。后来相互关系冷淡，来往不多了。

武术界各门派相互关联、相互沟通，又特别注重义气，这种错综复杂的交织牵连方式，再加上不畏强暴势力的秉性，为历代官府所忌惮。当政者对武术既怕又割舍不去。正如战国的韩非子在《五蠹》中所说：“儒以文乱法，侠以武犯禁。”而清政府对武术的摧残尤其残酷，清朝雍正皇帝就曾对清剿武术下过手谕：“着各省督抚，转饬地方官：将拳棒一事，严行禁止。如有仍前自号教师及投师学习者，即行拿究。”

你看武术的传承是多么不容易。

第三章　套路与推手的作用

一、太极拳的套路

李春华、张绍忠、李维宝练习二十七式太极拳

练功夫与练套路不完全是一回事,套路也是一种功夫,但仅是功夫的很小一个部分,那些幻想从套路中练出高深功夫的人是错误的。过去武术界就有“练拳不练功,到老一场空”的说法,这是多少代人总结出来的经验。近代有些人说一天练多少遍拳路,能出好功夫,这个说法严重偏离了功夫界的练功方法,也对后人起了误导作用。其实举手投足都是功夫,走路也是功夫,不能仅仅用套路表现,有这种“套路万遍,神功自现”想法的人,其实是没有系统地练习中国武术,对中国武术基本是外行。因为过去练功不是光练套路的,摔打踢拿、群殴独斗、游斗撤离都是必须要练的内容,而这些内容仅靠套路是体现不出来的,只有专项训练才能掌握。

秘道纯老师曾想教给我一套拂尘剑,但在当时,拂尘掸子作为“封、资、修”的东西,不让做了,没有了拂尘掸子,拂尘剑的套路也就无法练了。我有些失落,跟张晨光老师说:“可惜,买不到拂尘。”张老师听完我的话,说:“套路就是锻炼手眼身法步的方式,只要你这些基本的东西掌握了,拿什么都能用。”说着就比划了起来,对我说:“你要体现出拂尘柔

软,还得体现出它的长度,这是个软的东西,不能用来格挡撩架,再配合上右手的剑,注意身法与两个器械的配合就是了。"他还谈起20世纪50年代华东五省武术比赛的时候,有的裁判在碰头会上说:我不会长兵器,无法给人打分。武术家们说:器械就是手臂的加长,你看他的手眼身法步和器械的配合就行了。当时大会组委把张老师和王子平先生安排在同一个房间住宿,晚上他俩就这件事交流了很多。张老师通过这件事,告诉我正确理解套路和功夫。

20世纪80年代末,山西大学的武术教授陈盛甫先生携学生小杜到德州,我和高立平带着当年张老师与他们的合影拜访陈先生,他看到照片很激动,说照片上的好多人都不在了,指点着照片上的人,一一给他的学生介绍,有王子平、温敬铭、顾留馨等等。随后大会邀请我们表演,他表演了掌法,他的学生表演了五子拳,我表演了陈式太极拳老架。我刚刚演练完,小杜老师跑过来拉着我的手说:你打得真好,要刚有刚,要柔有柔,真是刚柔相济呀,我们以后要多多交流。我点头称是。

也是在20世纪90年代初,我在北京,跟冯志强师叔学太极刀法。他带我练习,练了一会儿,我发现起势几次不一样,冯师叔第一遍转3个圈,第二遍又转2个圈,我停下来问:师叔,到底转几个圈?他说你怎么还问这样的问题,我恍然大悟,说我明白了,我练会了,冯志强师叔笑着点点头。其实东西练到手了,又何必在乎几个圈呢?老一代武术家的观点,值得我们思考。

太极拳的套路,是创编者以此让练习者通过练习来达到掌握太极真谛的一种方式。由于编者的水平差异,所编的套路水平有千差万别。从完整性和科学性上来讲,目前看来还是传统的套路更为合理和先进,因为传统套路是凝结了多少代人的智慧和心血,经过历史检验和证实,并且得到历代人们修正和发展的。而目前有些流行套路则有明显的不足,还缺乏严谨性和科学性,何况某些套路的编创者本身就不是练太极拳的,他们对太极拳的感悟是非常肤浅的。对太极拳不理解的人,能编创出合理的太极套路吗?答案是不言自喻的。所以选择好的套路也是练习者的一个明智选择。

有个浙江的学生,跟我练剑,20世纪90年代初参加了一次武术比赛,他表演的剑术,被姓范的老武术家看中。当时老人已经80多岁了,学生一表演完,他就起身问:"这是谁的学生?"恰好领队就在旁边,答:"我的学生。"范先生回应:"你教不出这样的学生,他练的是传统的,和你的风格不一样。"范先生把学生叫到跟前一问,说"难怪"。这个学生取得第一名。第二年,他又参加比赛,参加剑术比赛的人见到他,抱怨说:"你一参加,我们都没份了。"他低头一思索,想起我的话,器械是手臂的加长,拿不拿器械一样练,他说:"我不报剑术比赛了,报拳术吧。"大家听了高兴,忙问"什么套路",他沉思半天,答:"剑化掌。"这是我一时兴起示范给他的,前几年我们出去游山玩水,没有带剑,我跟他讲剑的用法,他要去折个树枝,我说不用,用双掌就可以了。我边示范边讲解,他看得入神,我讲得生动,他就随着我练习,学习了近一个小时,他基本掌握了要领,而后他也时常不用器械,改为掌法练习,因为我说过"剑可以化为掌法练习",他就把这个套路叫作"剑化掌"了。这次他又拿了个第一。"剑化掌"这个名词,在当地也就传开了。他是比较好地掌握了套路与功夫的关系。

高淼太极剑

有一次，我应邀做武术比赛的裁判，看到一青年表演剑术，表演完毕，大家商量给分标准。这位参赛人员套路练得不错，就是食指一直放在剑格上。我提出这个与器械的运用不符，应该注意。裁判长说，现在都这样，这样能更好地控制剑。我提出了这样的观点："剑格是用来防护的，你把食指放到剑格上：一则容易被自己的剑刃划伤；二则，如果这样，剑格就失去了防护意义，与对方兵器相碰，容易伤及自己；三则，剑把的灵活性会受到限制。"大家同意了我的意见，嘱咐选手，要注意食指不能放到剑格上，那个青年听到了我们的议论，过来给我鞠躬，说："谢谢老师的指点。"

大家知道，过去讲究"剑把要活，刀把要死"，因为剑属于灵巧器械，应避免硬磕硬碰，所以剑把要灵活，而刀分量较重，多用于劈砍，刀把一定要抓死，才能发挥刀勇猛作用，因此有"剑如入海蛟龙，刀似下山猛虎"之说。我们练什么器械，一定要体现出该器械的特点，只有这样才能叫会练器械。

张忠儒双刀

套路是太极功夫的一个内容，但不是全部内容，就好像我们吃枣吧，枣在树上，我们可以用砖头、棒子、杆子把树上的枣打下来，然后食用；如果枣子都打下来了，我们会不会把砖头、棒子、杆子一直拿着不放？顺手的杆子还可以留下来，至于砖头、棒子就不必握在手里了吧。套路就和这些工具一样，在发挥完其作用后，就不要再执着不放了，所以陈鑫先生说得好，脱规矩而不离规矩。上面讲到，套路是太极拳内容的一部分，但不是太极拳的全部，练太极功夫就不能只练套路，那些宣扬套路一天练多少遍就能出好功夫的人，大都是没有正确理解好套路与太极内涵的关系。功夫包括太极拳内气运行、踢腿冲拳、步法、身法、着法等等，也就是过去武术界说的手眼身法步，这些内容的速度、角度、力量都是要通过专项训练来达到的，没有这些专项训练根本不可能达到太极拳的要求。

过去老师不仅要让你掌握手眼身法步，还要你掌握各种器械的特点，只有这些东西学会了，才算基本掌握。在盘道时，经常问到："六要必备，八法讨明？"意思是这些东西你都学会了？也有人对"手眼身法步"不理解。一次，一个年龄大的拳师说："手有手法，眼有眼法，身步亦有法，还能有着法吗？"他的见解，我不敢苟同。出于对老人的尊重，我只是含糊地回答道："既然老话这样说，也许有它的道理吧。"其实这位老师不懂，法就是着法运用，手、眼、身、步练会了，还得形成着法，你得想办法把这个着法运用好，这层意思就是"法"。好多武术家拿手的就是几招，反复多少次，最后他都能使上这几个着法，用这几个着法赢人。

自己不明白不要紧，如果把错误观念再传给别人，就是误导了。所以过去武术界人士都很谨慎，说话很有分寸，老师都是反复嘱咐学生"不可口狂、手狂"。现在好像不是太讲究了，经常可在媒体上看到有些人贬低他人，提高自己，以狂傲为荣，这种现象很不好，大家应当注意才是。练武就是锻炼心身，树立正确的人生观，倘若以狂为荣，口中无德，则与练武宗旨背道而驰了。

二、太极拳的推手

太极推手是太极拳门派中一种双人徒手练习手段，体会和模拟实战中的应对方法，建立培养成遇力走圆，人柔我刚，人刚我柔，不丢不顶，使对方陷入欲罢不甘、欲进不能的境地；进一步达到人背我顺，然后集中力量打击对方受力部位，从而得到以省力做到最佳效果。经常练习太极推手，既可提高太极拳的技击水平，又可提高人的灵活性和反应能力，增强人的体质。按过去的说法，柔和的推手能够培源固本，也就是健康心神吧。

太极拳推手按步法可分为定步推手和活步推手；按手法可分为单推手和双手推手。

推手过程中要遵循先易后难、由简到繁，力求圆活、不僵硬，飘柔螺旋、不硬顶，粘连不脱，彼此相随；宁可少精，不贪多求快。

太极推手是太极拳门派一个必要训练程序，但不是最终目的，练习推手的目的是更好地完整掌握太极拳的技击和健身内容，如果把推手作为太极拳的最高形式那就大错特错了。现在人们一说到太极拳就是推手如何如何，好像太极拳就只是推手，忽视了推手仅是一个练习手段、一个练习技击的方法，并不是唯一的目的。比如说吧，我们赶路，遇到一条小河，过河需要一条小船，你过河了，是不是也要背着这个小船赶路呢？没有人这么做吧，这也和写字的描红一个道理，描红是为了写好字，描红再好，也不是好书法，到脱帖行书阶

张绍忠和宋献辉练习推手

段还有很大的距离呢。如果一味拿着描红的字到处炫耀，说明太幼稚，什么也不懂。原因是本末倒置了。这个浅显的道理大家都懂，可是为什么到了太极拳，就又犯了低级错误呢！看来对太极拳的正确宣传还有很多工作要做。

我们经常看到好多推手好的不是有好多人被普通人打倒了吗？既不能单挑对阵，也不能力敌群殴。练太极拳必须要注重基本功夫，该踢腿的踢腿，该出拳的出拳，身法步法哪项也不能缺少练习。自20世纪50年代起，由于历史的原因，老拳师们不敢提技击，只能在画的框框里谈健身，但是健身的具体作用也是朦朦胧胧地体味，现在的好多太极拳健身数据是国外搞得，某些方面国外研究已超过我国。现在社会环境不同了，练习教授太极拳应该全面地进行练习，必须要涉猎技击，你不会不要紧，你没练也不要紧，关键是你不要欺骗别人，让别人以为这些基本的东西不需要或不是太极拳应有的东西。你如果这样做，就是误导别人、贻害大众了。

至于粘连黏随的功夫也是在这基础之上而后才练习的内容。一些手法、身法的练习，我在太极文稿中有详细的描述，现特择部分内容附在下面，供大家参考、体味粘连黏随的功夫。这几个推手形式是我的发明创造，不和任何人、任何派别有联系。

王氏推手：第一，活塞连杆式推手是用于练习粘连黏随；第二，直线推手是用于练习发力和直线化力；第三，转身拍打推手是用于健身和转换身法。

1.连杆粘黏推手

(1)两人相对站立，成立正状，身体各部位尽量放松、自然、舒适；两人距离为一臂宽。

(2)两人右(左)脚各向前迈出一步，两脚内侧相对，两人迈出的右(左)脚之间距离为5～10厘米；然后双方右(左)掌前举，手臂成自然生理弯曲状，手背相对，手腕交叉(通称“搭手”)；双方左(右)手置于前举手的肘关节内侧，重心落于后脚。

(3)甲以右(左)手，以手肘肩三节次序向己的左(右)胸部击出。

(4)乙用右(左)手黏住对方手背，手臂不动，肩部转圈，用肩带动肘、手，次序向后退化，形成一个后撤顺时针弧线，将对方劲路引尽落空。

(5)乙以右(左)手，以手肘肩三节次序向甲的左(右)胸部击出。

(6)甲用右(左)手黏住对方手背,手臂不动,肩部转圈,用肩带动肘、手,次序向后退化,呈后撤顺时针弧线,将对方劲路引尽落空。两人反复推化,速度快慢随意,但次序不能错,一定按要求次序习练。一攻一守为一轮,整个运行轨迹成火车驱动轮的连杆运行,故称“连杆粘黏推手”,两个人的运行轨迹像直线活塞运动,是练习粘连黏随、应手接手的方法,是我所创,目前有练习此推手者,皆出自我门下。

2.直线推手

(1)两人相对站立,成立正状,身体各部位尽量放松、自然、舒适;两人距离为一臂宽。

(2)两人右(左)脚各向前迈出一步,两脚内侧相对,两人迈出的右(左)脚之间距离为5～10厘米;然后双方右(左)掌前举,手臂成自然生理弯曲状,手背相对,手腕交叉;双方左(右)手置于前举手的肘关节内侧,重心落于后脚。

(3)双方手腕接触,甲以手、肘、肩顺序向乙直线击出,乙方手部不动,以肩、肘、手的顺序,依次直线向后引化。

(4)乙方以三节依次后撤把来力引化到底,随即向甲方击出,顺序为手、肘、肩。

(5)甲方以三节依次后撤,把来力引化到底,随即向乙方击出,甲乙双方相互转化;练习三节的技击和引化,逐渐做到粘连黏随的效果。

两人推手可猛然发力,该推手出力急速、力猛劲长,稍有差池必不能化解对方,且可能被击中,并挫伤肩部肌肉。该推手着重练习手掌发力和化掉对方来的猛力,初始要先保证出手次序,待该程序建立后,再进行发力的练习。

该推手方式是练习应手、接手、直线化力和发力的方法。该方法是我所创,目前练习此推手者,皆出自我门下。

猛然发力只能在同门练习中使用,在和人切磋交流中不可使用,避免伤和气,造成大家不快。尽管大家都说交流切磋,但是谁都想赢,占下风的总是心里不快,心眼小的有可能记恨你,这样就违背了交流的初衷。

在与人交流中,双方手腕接触后,不可用力相抵触,也不可软而无力,更不允许攥拳死扣对方腕部,因为这不符合听劲练习的要求,也不能用于散打技击,这种小伎俩,在交流探讨中最好不要用,因为它没有什么用处,只是表明你心术不正。

3.转身拍打推手

(1)两人相对站立,成立正状,身体各部位尽量放松、自然、舒适;两人距离为一臂宽。

(2)两人右(左)脚各向前迈出一步,两脚内侧相对,两人迈出的右(左)脚之间距离为5～10厘米;然后双方右(左)掌前举,手臂成自然生理弯曲状,手背相对,手腕交叉;双方左(右)手自然下垂,重心落于后脚。

(3)甲以右(左)手,以手、肘、肩三节次序向乙的左(右)胸部击出。

(4)乙用右(左)手黏住对方手背,已肩、肘、手三节次序向后退化,将对方劲路引尽落空。在甲劲路达到尽头时,乙用右手(左手)拍打甲的背部,然后用右(左)手,以手、肘、肩三节次序向甲的左(右)胸部击出。

(5)甲用右(左)手黏住对方手背,乙肩、肘、手三节次序向后退化,将对方劲路引尽落空。在乙劲路达到尽头时,甲用右手(左手)拍打乙的背部,然后用右(左)手,以手、肘、肩三节次序向乙的左(右)胸部击出(柔和拍打健身,辅以拍打之手用于击打或推按对方背部，一则练习两手的配合、腰胯旋转，二则可作为技击作用的训练方法，一手化开对方来历，一手搂击对方，使其跌倒）。

(6)拍打部位从腰部到颈下背部。要从腰部逐渐向上依次拍打直至颈下背部的部位后，再返回腰部开始拍打；如果出现结气、呼吸不畅等现象，改变拍打方向，即把原来的由上往下，改为由下往上，或把由下往上，改为由上往下。

转身拍打推手是我所创，练习该推手者，皆出自我门下。

4.立圆活步旋转推手

两人各出一手，相交，掌面相贴。

(1)甲以手、肘、肩三节依次向乙推出。

(2)乙以肩、肘、手三节依次向后下方引化对方来力，同时转换脚步至侧方，迫使对方向己身外下方扑出。

(3)甲随即近身随进，手由下方向上翻起，以肩、肘、手三节依次引化乙的手、肘、肩三节来力，同时转换脚步与侧方，也迫使对方向己身外下方扑出。

(4)两人循环转换，步法交替，练时不得出现跳起化解；但在具体使用时可不拘泥于此，人背我顺即可。

三、接手法

1.拦手、黏手、闪手

武术讲的接手法分为拦手、黏手、闪手。

(1)拦手：体现为搬拦格架，为初级层次。这个阶段属于臆想阶段，如果对方如何，我如何如何，经过反复试招，逐渐变为熟练，产生一些技巧。

(2)黏手：在技巧的基础上，慢慢学会控制对方，就可步入黏手阶段了。要做到引进落空，黏化对方来力，能够保全自己，而后技击对方。

(3)闪手：在练到手眼身法步非常协调，着法纯熟时，视对方为无物，一下子就解决争斗，使对方不能对我有丝毫伤害和攻击。陈长兴先辈曾言："古有闪进打顾之法：何为闪，何为进，进即闪，闪即进，必远求。""抢上抢下势如虎，类似鹰鹞下鸡场。"这就是闪手了，是高级的技击术了，但是任何高级的东西都是从低级开始练的，为此，我把我所传授的接手法归纳为以下内容，供大家参考。

太极拳的接手，首先它是软接触，要做到"触手像根绳，打手像根棍"，接触时软软地接触对方，然后以螺旋缠绕控制对方，达到人背我顺的效果。与普通的横向直线的格挡相比，它不但避免了硬碰硬，不易承力受伤，提高了防守的效能，而且同时还增加了控制对方来力的功能，通过对敌人肢体的控制，将防守与进攻融为一体，在双方接触的瞬间造成我顺人背的效果。我在传授太极拳的软接手时提出"欲动先动步"。首先指出了步法的要求，又同时提出"迎着来劲接，接手接中部"。这样，步法能闪开敌人的攻击面，而出手到中途，能做到后发先至，因为自己走的行程是对方的一半，速度有时候比对方还要快，充分体现了太极拳的后发先至的特点。

2.软接手能达到四种效果

(1)感知交手距离；

(2)避开攻击面，令对方难以连续进攻；

(3)减弱对方攻击的力度；

(4)使对方出破绽或失去重心。

3.接手法的练习

手、肘、肩三节连起迎接对方，一接触，立变肩、肘、手回撤，后手一定与前手成半阴阳鱼形，无论前进还是后退，应保持不变，以防护自己，出击或防守瞬间可变，随即恢复原形，前手防护头胸部，后手防护腹部以下部位。接手练习要注重以下几个内容：

(1)黏手的距离感知。

(2)换手的步法感知。

(3)出手的时机。

王成拳语

太极拳的四个层次

练习太极拳基本上分为四个层次，这只是个人陋见，未必正确，道来供大家参考。

第一个层次为初习者，首先要做到松柔，先从松柔入手，练至顺达；各个运动次序符合要求，运动轨迹符合生理要求。在此基础上可以进入下一个层次了。

第二个层次为浑沉，达到松柔后，应注意动作的浑沉，力图找出内里的劲路转换，体会出慢练的效果，培养内里，达到意、气、力的统一，意到、气到、力也到，建立起意念、神经、肌肉的高度配合。

第三个层次为轻灵，在前两个基础上，练出轻灵，这个动作轻灵，有流水之动感，源源不断，缠绵交织；体现出清溪涓涓，蜿蜒灵动，耳目清新，心旷神怡，外人看来有运动之和谐、舒畅之感觉。

第四个层次为飘逸，在轻灵基础之上，再进一步做到飘逸，动作如云，随清风摇曳飘动，内里转换无僵滞，神采奕奕，信手拈来，随意而为，心发身动，逾规越距，唯理法不弃。我将此阶段概括为“无嗔无欲无托靠，随势飘移自逍遥”。此阶段未能被一般人所识，还常被盲者诟病。艺高者知其深，业浅者讥其技，正应了老子的“下士闻道大笑之，不笑不足为奇”。

第四章　太极拳的桩功

一、什么是太极拳桩功

太极拳行拳演习是活桩功，太极前辈在整套演习中，每一式举手投足都十分规矩，体力消耗大，但也极易出功夫。人们受体力、时间所限，为体会某种劲路、着法或对某种疾病进行疗治，特择出其中某一招式进行专项练习，亦有明显的效果，于是这定式的动作人们称之为“太极桩功”；而被择出一些拳式，整理成套用于疗治目的，人们称之为“太极气功”。这些方法较全套练习拳式简单、易行，对医疗健身或掌握某种劲路更有针对性，更容易获得明显的效果。现练习太极拳者，各层次的人均有，体质、年龄不一，并且练习时间也远不如前人充裕，故有某些定式练习是很有必要的，尤其是对用于医疗之目的，习者细心体会，会取得奇妙的效果。

二、练习桩功需要注意的事项——久站伤骨

在《黄帝内经》中的“五劳所伤”中，有这样的提法：“久视伤血，久卧伤气，久坐伤肉，久立伤骨，久行伤筋。”

久立伤骨，因为人们经常处于站立状态，时间久了会导致骨骼的气血运行障碍，导致肌肉紧张，会造成骨骼损伤，因而进一步可能产生瘀血积块，长期的承压，骨关节会产生骨刺或损伤，会出现血肿，严重的可导致癌变。

长时间站立也会造成跟骨下脂肪垫损伤，发生出血、水肿、变性、变硬等病变，也会使跖筋膜在跟骨附着处产生劳损，出现变性、撕裂、钙化和疼痛，压痛点在跟骨底部前方，疼痛可向足跖部扩散，行走、弹跳加重，足底有紧张感，不能持久站立行走，平足患者症状明显。

一定时间的站桩有利于调息，有利于内里修复，如果长时间就会适得其反。近些年由于个别人出于私利或不明真相，对桩功进行了片面宣传，夸大了它的作用，掩盖了它的弊端，给盲目追求站桩的人造成了伤害，出现膝盖疼痛，脚踵疼痛。长时间站桩并不能达到那些人宣传的效果，那些过度鼓吹的效果，撑破天就是自我麻醉一下而已，时间长了还对身体有害。合适的站桩，有益于身体，长时间的，对身体有害，大家多多注意。

根据五劳所伤，也顺便提醒大家一下，久坐伤肉，现在坐办公室的人们，长时间盯着电脑，不仅伤眼，还会因长时间久坐，不活动，使周身气血运行缓慢，出现痔疮或使肌肉松弛无力，因此过度注重打坐修持的人也要注意。

三、太极基本桩功

1.无极桩

两脚略宽于肩，全身放松，肩自然垂下。两手叠于肚脐之上，左上右下。口微合，舌轻抵上齿龈。吸呼自然，可按需要发声。

2.太极桩

身体自然站立，两脚距略宽于肩。两手随身略右转，再随身左转，两臂平行至身左侧上方，高于肩，与肩成25°角。从动身起开始吸气，至此止。然后略停顿，身右转至正前方，双臂平摆到正前方，轻轻下按，坐腕。由手、肘、肩、脊柱、胯、膝、踝、趾下沉，达到节节贯通。随动作，所蓄之气自口中一小缝中慢慢呼出。

3.一字桩

两脚自然站立或两脚分开，脚距略宽于肩，全身放松。两臂一字展开，吸气时，两臂上升至于略低于头。然后徐徐呼气，同时两臂缓缓下降，至胯侧一拃许，脊骨下沉。气呼完，再吸气，重复动作。

4.亮翅桩

身体自然站立，身左转。两腿屈膝，身下沉，同时两手随身向左划小弧，然后再向右划弧，在胸前合抱交叉。从转身开始吸气，到合抱手止，重心转到左腿。右脚提起脚跟，以脚掌擦地，经左脚侧向右前迈出一脚远许，踏实。左脚随之向左前迈出一步远，脚前掌着地，重心在右腿。同时身右转，两手在胸前分开，左掌外旋下按于主胯侧一拃许。右掌外旋经眼眉开至额右前一拃半左右。同时，所吸之气从牙缝摩擦成“嘘”字，慢慢吐出。左脚虚为左桩步，右脚虚为右桩步，动作相同，唯方向相反。

5.顺拦肘，马步桩

右(左)臂向左(右)，摆至极限，尽量贴住胸。手心向上，右脚收到左脚侧，脚尖点地。吸气从动作开始，至此止。右脚向右，以脚尖划地而出，落实成左弓步，同时沉气至丹田。略停顿，身右转出肘。搓步向右前进，后脚随之跟半步，呈马步，呼气，发“哈”声。

6.晃桩

两脚前后站立，距一脚远。两手心相对，肩下垂。坠肘，两臂如抱一大圆球，前后晃动。吸气时，身后仰，前脚掌离地。呼气时，身前俯，后脚跟离地，这原来是太极拳练习掤按的一种方法，因对祛病强体效果极好，特择出专项练习，针对晃桩曾写过一首小诗，附在下面，供大家玩味。

晃　桩

晚朝月，晨向阳，
阴阳和合精神爽；
内气足，百病祛，
松圆恬淡保健康；
腰胯膝，手肘膀，
节节递进功自长。
练掤按，习晃桩，
日久天长心自详。

第五章　二十七式太极拳套路

练习二十七式太极拳

二十七式太极拳及对练套路自20世纪80年代末推行以来，受到广大习练者的欢迎，1994年曾以《太极拳健身实用对练》为名，在山东友谊出版社出版，1995又在台湾出版，流传在海外的大都是台湾版本，2004年北京音像出版社发行光盘。这些内容在作修订之后收录在本书中。

第一节　太极拳基本要领

一、基本拳法的手型与步型

1. 掌

大拇指与小拇指有相合之意，大拇指轻贴于食指，食指与中指间开一缝。中指与无名指亦开一缝，但小于食指与中指间的缝，以利中指领气。中指是上肢最远的梢节，注重中指有利于改善上肢的微循环，促进气血的运行。注意：这种掌型不是故意强硬摆出来的，

它是在自然放松的情况下，自然形成的结果。（见图 5-1）

图 5-1

（1）立掌基本要领同上，唯中指尖向上。如“肘底捶”。（见图 5-34）

（2）侧掌基本要领同上，唯中指尖略侧向后方。如“单鞭”，左掌中指略侧向右后方。（见图 5-51）

（3）按掌分单按、双按。基本要领同上，唯掌心朝下方或前斜下方。如：“金鸡独立”，属单按；“六封四闭”，属双按。（见图 5-47）

（4）搓掌基本要领同上，唯掌心侧向上方。如“双撞”。（见图 5-33）

（5）托掌基本要领同上，唯掌心向上。如“金鸡独立”。（见图 5-60、图 5-61）

2. 拳

四指并拢卷曲，指尖贴于掌心，然后拇指自然弯曲，贴于食指与中指中节指骨上。不宜握拳过紧，拳略虚。四指依次略排列成小圆弧形。（见图 5-2）

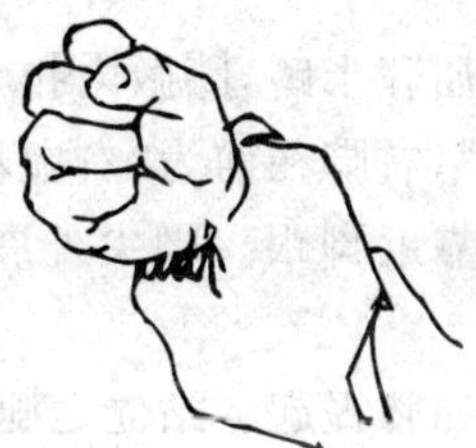

图 5-2

（1）阴拳：基本要领同上，唯拳心向下。如“掩手拳”。（见图 5-70）

（2）阳拳：基本要领同上，唯拳心向上。如“搬拦捶”。（见图 5-18）

（3）撩拳：基本要领同阴拳，唯用力时，自下向上捶击。如“劈架子”。（见图 5-21）

（4）摆拳：外摆和内摆拳，如“搬拦捶”。（见图 5-18）

3. 勾手

五指捏拢，屈腕放松。既不能过松成死弯，也不能太直，使腕部无弧度。（见图 5-3）

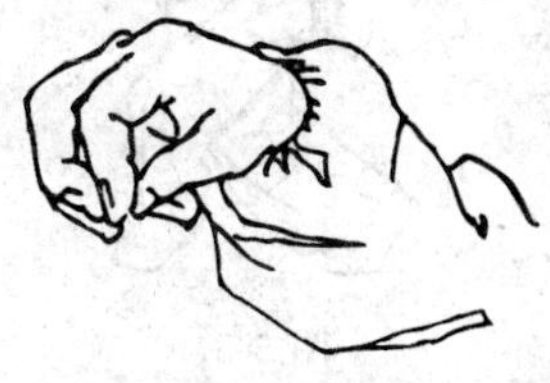

图 5-3

4.八字手

中指、无名指、小指并拢卷曲，指尖贴于掌心，大拇指与食指伸开呈八字形。最初是抓筋闭脉，分筋错骨，现大都不用。但为大家了解太极拳，故而仍保留此手型。如“掩手拳”。(见图 5-4)

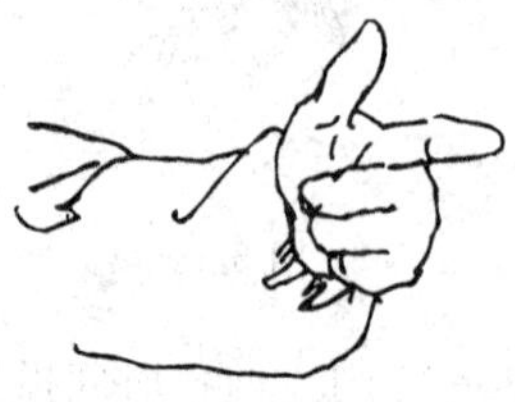

图 5-4

5.步形

(1)弓步：前腿屈膝半蹲，脚尖稍内扣。后腿蹬，后膝盖略有垂之意，脚尖里扣。弓左腿为左弓步，弓右腿为右弓步。

(2)马步：两脚左右开立。略比肩宽，屈膝半蹲，两脚尖略外摆，为小八字形。重心在中间。

(3)侧马步：两脚分开，一屈膝半蹲，左脚尖朝左，重心偏于右腿。两脚全脚着地，相距两个半脚长。重心偏于右腿，左脚尖朝左，为“左侧马步”；重心偏于左腿，右脚尖朝右，为“右侧马步”。

(4)虚步：两脚前后分开，两腿屈膝半蹲，膝微内扣，重心偏于后。前脚掌虽全部着地，但前脚为虚。左脚在前为“左虚步”，右脚在前为“右虚步”。

(5)仆步：一腿屈膝下蹲，臀部靠近脚跟。脚尖外展，一脚向侧方向伸出铺直。如“雀地龙”。(见图 5-59)

(6)独立步：一腿站立，另一腿屈膝提起。站立之腿略屈。左腿站立为“左独立步”，右腿站立为“右独立步”。如“左右独立”。(见图 5-61)

(7)盘步：一腿在前，一腿在后，转身，交叉盘腿，略下坐，前腿支撑重心。左腿在后为“左盘步”，右腿在后为“右盘步”。如“左右擦脚”。(见图 5-5)

图 5-5

二、基本练习动作

太极拳是种深奥的拳法，习之不易。为使学者方便练习，特附几个基本练习动作。

1.说明

(1)手心翻向上为“内旋”，手心翻向下为“外旋”。

(2)脚尖向外摆称“外摆”，脚尖向里摆称“内扣”。

2.弓步压腿

呈弓步，两手放在弓腿膝上，腿轻轻下压。按10次。转身压另一腿。

3.仆步压腿

呈仆步，两手分别置于两个膝上，下压，每侧10次。

4.前踢腿

自然站立。合手于胸前，略转身，一脚独立，另一脚前踢，其脚面绷直。顺手拍击脚面，另一手向后摆出。左右交替进行，共20次。

5.左盘步擦脚

(1)立正站立，眼看右前方。右脚向右划上两脚远，两手前后分开。

(2)右脚尖外摆45°，身下沉，右转，两手随身右转合于胸前。右手在外，左手在里，眼看右前方。

(3)身左转，向左前方踢左腿。两手经体前向上、向侧分开。左下击左脚面，右手心向身右后侧撑出。高于头，距头两拃半远，眼看左前方。右盘步擦脚相同，唯方向相反。

6.搓步双撞

两脚前后站立，两臂略窄于肩，随吸气同膝一起上升，气提到膻中穴，动作亦停，然后呼气。臂随全身下沉至脐高，同时屈膝，前腿的前脚掌着地。臂、脊背再随吸气略上升。前腿提膝，以脚跟贴地向前搓出一脚许，后脚随即向前跟半步，两手掌向前双抖撞击，同时呼气。(见图5-6)

图5-6

7.单手缠丝

两脚顺朝同方向，眼盯住右(左)前方一固定目标。身体中正，头虚领顶劲，一手卡腰，另一手划圈。

动作一：右小臂自然置肋骨处。(见图5-7)

动作二：身向左转，手心向肚脐，食指侧向前方。（见图 5-8）

动作三：身继续左转至 45°，立掌掌心侧向左后方（划右手，手心向左后方；划左手，手心向右后方）。沿中线升至下颌。（见图 5-9）

动作四：身右转，右手自下颌处向上，向右侧随身外旋转出。高齐于眉，距身二拃远。手领肘，肘领肩，三节递进。左手圈与之相同，唯方向相反。（见图 5-10）

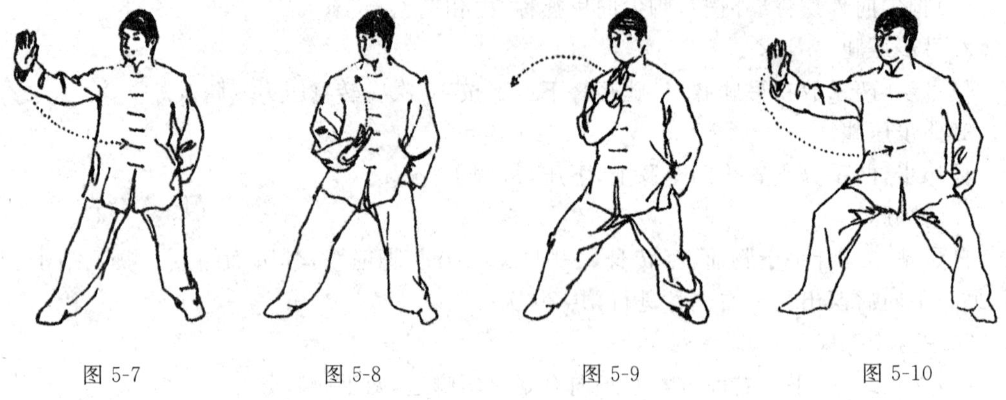

图 5-7　　图 5-8　　图 5-9　　图 5-10

8. 左转身六封四闭

(1)身略左转，左掌外旋，右掌内旋，两掌随身运行，左掌心向左前，右掌心向左上至心口处。

(2)身右转，右掌向上，向右后外旋划弧至眼高，距眼两拃远。左掌内旋，肘收至肋，掌心向右前上方。

(3)左脚尖外摆，重心移至左腿，右腿自左向右上方摆出，同时右手迎击脚面。右脚掌落地，身左转，两掌合抱腮。上右步一尺许，左脚随上成侧虚步，两手向前下方按出。

9. 双云手

(1)身体自然站立，眼看左前方，身略左转，两手同时旋转，左手转至距身两拃远，高于眉。左手外旋，右手内旋，右手上转至心口处，手心向左。

(2)身右转，右掌沿身中线上至颌，变外旋，向右前方转出，高于眼，掌心侧向右前斜角。同时左掌内旋收至心口处，手心侧向右后方。右脚移至左脚侧。目视左前方。

(3)重心移至右腿，左腿向左前上两脚距，左掌内旋下转至心口处。掌心向左侧前斜角，右脚上至左脚侧。目视左前方。

(4)左掌沿身中线上至颌，变外旋，向左前转出，高于眼，掌心侧向左前斜角。重复上面各分解动作。

第二节　基本拳法套路

一、二十七式拳法套路纲要

1. 正架套路：(1)预备式；(2)懒扎衣；(3)搬拦捶；(4)劈架子；(5)白鹤亮翅；(6)右擦

脚;(7)左擦脚;(8)双撞;(9)肘底捶;(10)右野马分鬃;(11)左野马分鬃;(12)左转身六封四闭;(13)单鞭;(14)云手;(15)摆莲;(16)雀地龙;(17)左独立;(18)右独立;(19)倒卷肱;(20)掩手拳;(21)回身肘;(22)顺拦肘;(23)穿心肘;(24)井拦直入;(25)风扫梅花;(26)金刚捣碓;(27)收式。

2.反架套路:(1)预备式;(2)懒扎衣;(3)搬拦捶;(4)劈架子;(5)白鹤亮翅;(6)右擦脚;(7)左擦脚;(8)双撞;(9)肘底捶;(10)右野马分鬃;(11)左野马分鬃;(12)左转身六封四闭;(13)单鞭;(14)云手;(15)摆莲;(16)雀地龙;(17)左独立;(18)右独立;(19)倒卷肱;(20)掩手拳;(21)回身肘;(22)顺拦肘;(23)穿心肘;(24)井拦直入;(25)风扫梅花;(26)金刚捣碓;(27)收式。

3.正架快速套路,快速发力一遍:(1)预备式;(2)懒扎衣;(3)搬拦捶;(4)劈架子;(5)白鹤亮翅;(6)右擦脚;(7)左擦脚;(8)双撞;(9)肘底捶;(10)右野马分鬃;(11)左野马分鬃;(12)左转身六封四闭;(13)单鞭;(14)云手;(15)摆莲;(16)雀地龙;(17)左独立;(18)右独立;(19)倒卷肱;(20)掩手拳;(21)回身肘;(22)顺拦肘;(23)穿心肘;(24)井拦直入;(25)风扫梅花;(26)金刚捣碓;(27)收式。

本套拳要求为:正反架慢练一遍,再快练正架一遍,三遍连打共计八十一式。作为初学者,只练正架一遍即可。

本拳法在每一定式后,都注有呼吸五次为每一空隔。太极是一连绵不断的运动,虽在外形上有停顿,实则在每停顿时,都有身体的某一部分微微向下一式运行。以"懒扎衣"为例,在呼吸五数之时,右拳从小指始,手指依次向里转动,到五息上,手明显向下一式运行,到"搬拦捶"定式,再由微动变为外形明显的运行,每招式之间由微动到运行,再到微动,循环往复,直至收式。习拳者细心体会,自有妙境。

二、正架套路

1.预备式

(1)自然站立,全身放松,目视正前方。右膝微曲,左脚尖划地向左横开一步,略宽于肩。左脚踏实,重心在两腿间。两膝曲,身下沉,心中默数五下,同时两手微微向右转动。(见图 5-11)

(2)身略右转,两手掌随身而动,左掌内旋在下,右掌外旋在上,相距一拃远。(见图 5-12)

(3)身左转 45°,两臂随身缓缓平行升至身左侧,指高于眉,两膝直立,吸气至两乳间,目视左前侧,默数五下,同时腕微下沉。(见图 5-13)

(4)身右转至正前方,两膝曲,呈马步,两手随身转到正前,缓缓下沉至平于肩,然后转坐双腕,力由手腕、肘、肩、脊、腰、胯传入脚掌趾,目视前方;心中默数五下,同时两掌自小指起诸指依次向里微转(见图 5-14)

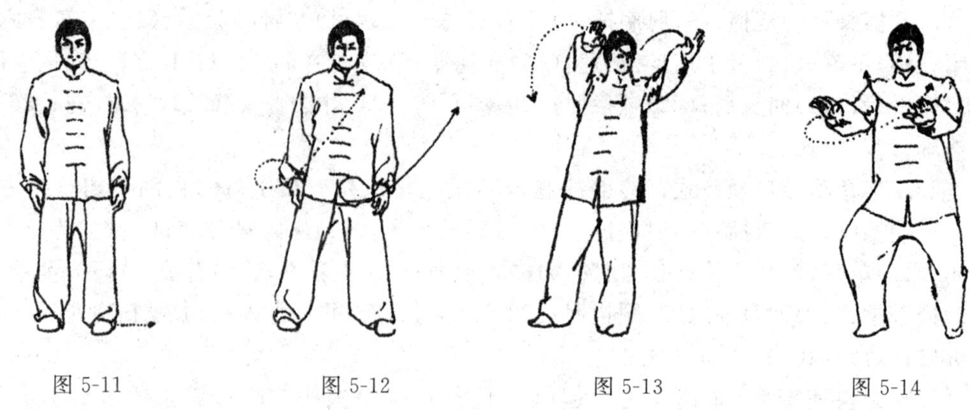

图 5-11　　图 5-12　　图 5-13　　图 5-14

2. 懒扎衣

(1)身右转，两掌左推右拉，随即右手外旋向上向后向下划弧至体前，然后右手边内旋，同时左手由外旋变内旋。身再左转，两手合抱胸前，左内右外，掌心朝里，高与眼齐。(见图 5-15)

(2)身下沉，右脚向右侧迈出一脚远。脚尖朝右，身右转，左掌经体前向下向左掐腰，右掌外旋随身向右前方划弧而出，同眼高，距身两拃半远，目视右前方。(见图 5-16)

图 5-15　　图 5-16

(3)全身松沉，微左转，左肘下沉微里合，右肘下沉里合，右手坐腕，同时向左微转掌，目视右手中指，默数五下，同时右掌自小指依次向里内旋。

3. 搬拦捶

(1)身左转，右脚尖内扣，右掌内旋，左掌外旋，两掌随身向左划弧。

(2)身右转，左掌内旋，右掌外旋，随身转至身右侧。(见图 5-17)

(3)两掌变拳，身左转，两拳向左侧发力，左拳心向上，高与眼齐，距身两拃半远，右拳至两乳间，拳心向下，眼视左拳，默数五下，同时左拳心向下外旋，右拳亦外旋。(见图 5-18)

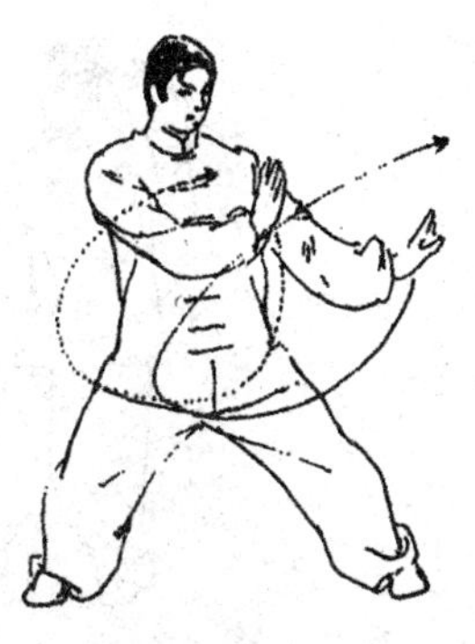
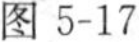

图 5-17

图 5-18

4.劈架子

(1)身右转,左拳外旋,向下向左外弧,右拳外旋,向上向左划弧。

(2)身左转,两拳随身向左划弧旋转,合抱于胸前,右外左内,右脚上步至左脚里侧震脚。(见图 5-19)

(3)重心下沉,左脚掌擦地向左侧进步,呈左弓蹬步。(见图 5-20)

(4)右拳向下划弧至右胯侧,拳眼向左,离胯一拃远。左拳向下、向左、向上划弧弹发,拳心向下,高度在左腿上方,与心口齐,目视左拳面,默数五下,同时两拳心内旋。(见图 5-21)

图 5-19

图 5-20

图 5-21

5.白鹤亮翅

(1)身左转,左脚尖外摆呈盘步。(见图 5-22)

(2)重心前移,右脚划弧经左脚里侧上步到身右前方,距左脚一脚远,呈虚步。随后脚尖外摆变盘步,同时两拳内旋合抱于胸前,左内右外,拳心朝胸。(见图 5-23)

(3)身右转,左脚掌划弧经右脚里侧上步于右脚左前侧一脚远,呈左前虚步。同时右拳变掌外旋向右前开出,高至额头,手心朝右前方,距额三拃远,左拳变掌下按至左胯,前半拃远,手心朝左前下方。眼视左前方,默数五下,两掌心缓缓内旋。(见图 5-24)

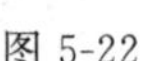

图 5-22

图 5-23

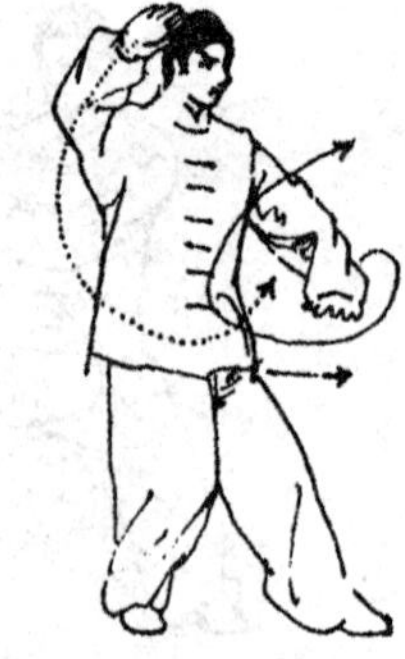

图 5-24

6. 右擦脚

(1)身左转 90°,左脚全脚掌着地,脚尖外摆,变右盘步,两手均外旋。(见图 5-25)

(2)两掌变内旋,向下再向上划弧合于胸前,左内右外,左掌心向左,右掌心向右。(见图 5-26)

(3)左腿略弯曲,右脚向前踢出,右手迎击脚面,左手外旋向上向左后伸展,手指尽量伸长,高平于肩,目视前方,两掌心内旋。(见图 5-27)

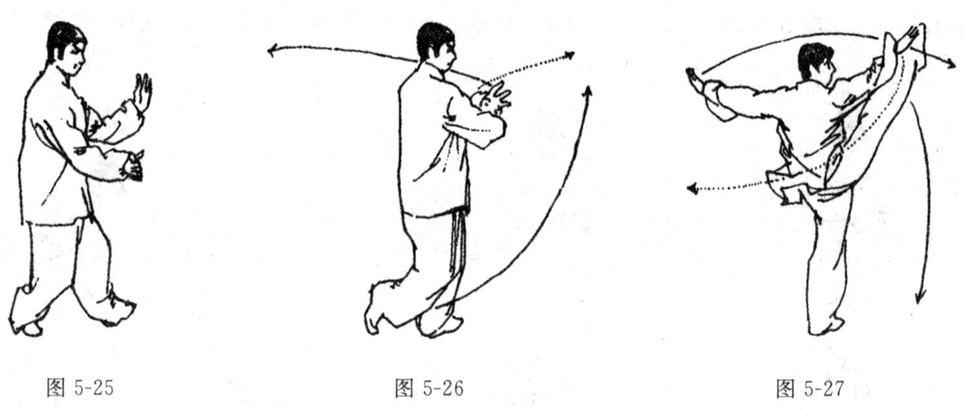

图 5-25　　图 5-26　　图 5-27

7. 左擦脚

(1)身右转 180°,右脚向右前侧落步,脚尖外摆 45°,距左脚一脚远,身变左盘步。(见图 5-28)

(2)两掌内旋,划弧合于胸前,右掌在内,掌心向左,左掌在外,掌心向右。(见图5-28)

(3)左脚向左前方踢出,左手向上向前迎击左脚面,右掌外旋上至额高,向后下摆出,目视前方,两掌心缓缓内旋。(见图 5-29)

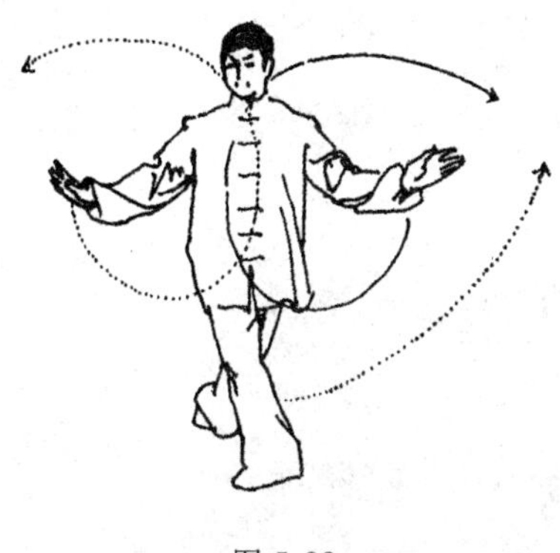

图 5-28

图 5-29

8.双撞

(1)承上式,左脚掌向前落地,距右脚约一脚远,同时身略左转,两掌内旋,划弧至胯侧,两臂自然垂直,重心移至右脚。(见图 5-30)

(2)两臂平行随身上升至略高于头,掌心向上,同时吸气至膻中穴,重心随之移至右腿。(见图 5-31)

(3)臂脊、肩再随吸气略上升,身再略沉,左脚跟向前搓出一脚许,右脚随跟半步,两掌向前下方搓撞。目视前方,默数五下,两掌微微向外旋动,向下式过渡。(见图 5-32、图 5-33)

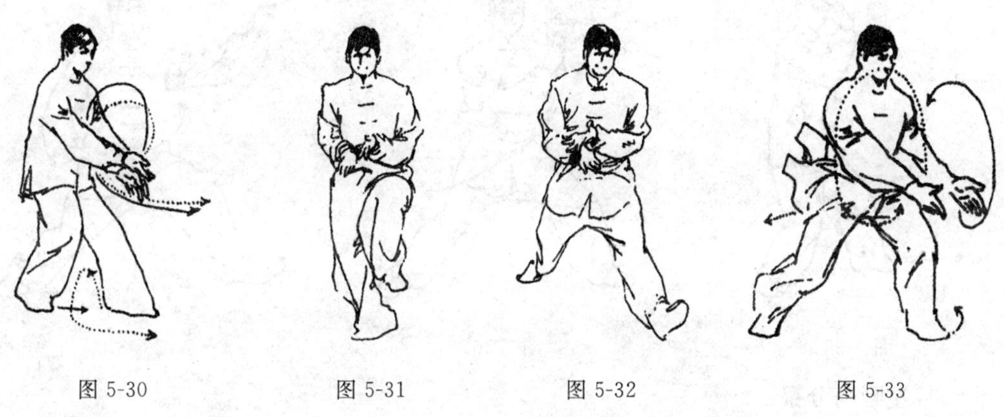

图 5-30　　图 5-31　　图 5-32　　图 5-33

9.肘底捶

承上式,身右转,再左转,左脚尖略外摆,重心略移至右腿。同时左掌外旋向右、向下再向上竖掌于胸前,高于眼,距胸两拃半远。右掌外旋划弧向右、向下再向上,变拳置于左肘下,约二指距,目视左中指尖,默数五下,两手心微微向内旋动,向下式过渡。(见图5-34)

图 5-34

10. 右野马分鬃

(1)承上式,左脚尖内扣,身右转 90°,屈膝下沉,重心移至左腿,左掌向右划弧至右肩头。同时右掌略向左插,左里右外,左上右下交叉。(见图 5-35)

(2)右腿向右侧上一步远,重心移至右腿,右手内旋展臂,力点在小臂,向右前缓缓展出,手心向右后方,高与眼齐,距身四拃远,大小臂呈自然弧形。左手向下向左按至左胯侧二横指,手心向下,手指指向右前方。目视右中指,默数五下,同时右掌微外旋,左掌内旋。(见图 5-36、图 5-37)

图 5-35　　图 5-36　　图 5-37

11. 左野马分鬃

(1)身右转,重心略移至左腿,右脚尖外摆。

(2)左手内旋随身向右后引行。右手外旋,随身向左运行。两臂交叉,右掌在里,掌心向左下,左掌在外,掌心斜向上。(见图 5-38)

(3)身继续右转,重心移至右腿,左脚掌划弧经右脚里侧向左前方上步,约两脚远。(见图 5-39)

(4)两手分开,右手下按至右胯侧,距胯二横指远。左手经体向左前方缓缓展出,手心向左后方,高于眼,距眼四拃远,大小臂呈自然弧形,目随身转至视左中指,默数五下,右掌内旋微微运动。(见图 5-40)

图 5-38

图 5-39

图 5-40

12.左转身六封四闭

(1)身略左转,左掌外旋,右掌内旋,两掌随身运行,左掌心向左前方,右掌心向左,上至心口处。(见图 5-41、图 5-42)

(2)身右转,右掌向上向右后外旋划弧至眼高,距眼两拃远,左掌内旋,肘收至肋,掌心向右前上方。(见图 5-43、图 5-44)

图 5-41　图 5-42

图 5-43　图 5-44

(3)左脚尖外摆,身左转,重心移至左腿;右腿自左向右上方摆出,右手扫击脚外侧。(见图 5-45)

(4)右脚掌落地,身右转,右肘内收,两掌合抱腮,上右步二脚许,左脚随上一脚,脚前掌着地，呈侧虚步，两手向前下方按出，目视右前下方，默数五下，自两小指依次转动十指，掌心内旋。（见图 5-46、图 5-47）

图 5-45　　图 5-46　　图 5-47

13. 单鞭

（1）身略右转，右掌后撤至左腕后二横指处，左掌内旋，手心向上。右掌变勾手，从左掌上穿出，勾尖向上。（见图 5-48、图 5-49）

（2）目右视，重心移至右腿下沉，左脚以脚尖划地向左侧开一大步，出腿的同时，左手下拉至肚脐上，然后手上至喉，外旋向左随身转出，高至口，同时右手内旋，勾尖向下，向身右侧伸出，肩松、肘沉，距身两拃半，左手距口三拃远，眼视左中指，默数五下，左掌内旋，右手内旋。（见图 5-50、图 5-51）

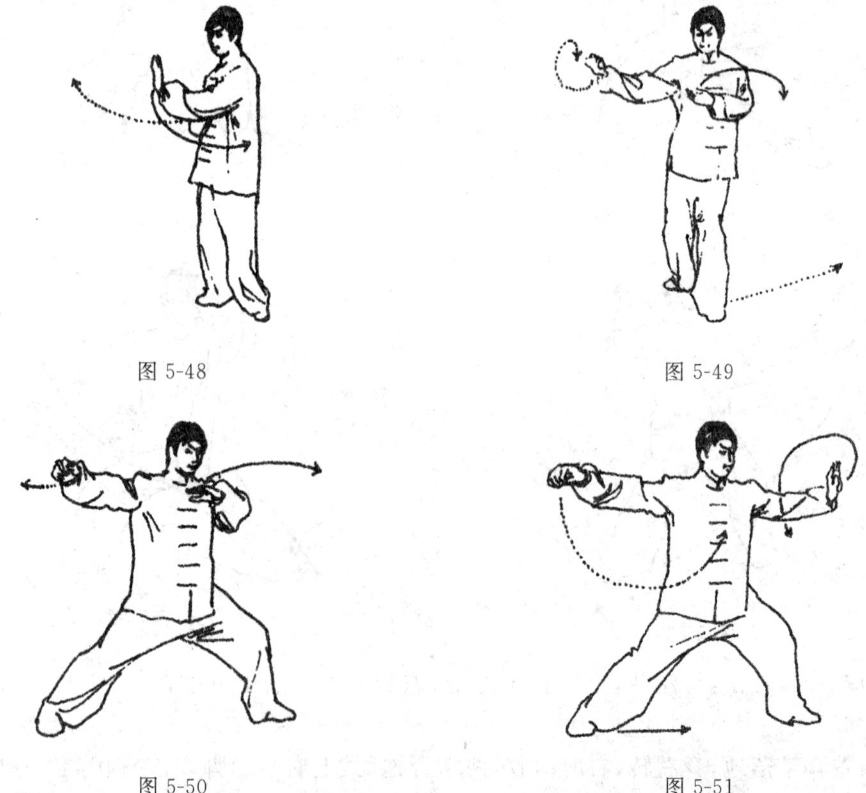

图 5-48　　图 5-49

图 5-50　　图 5-51

14. 云手(三个)

(1)眼不变,身略左转,同时右掌里旋,下转至心口处,手心向左。左掌外旋,转至距身两拃远,高于眉,掌心向左前方,右脚向左脚靠拢半脚远。(见图 5-52、图 5-53)

(2)重心移至右腿,身变右转,右掌沿身中线上至颌,变外旋向右前转出,高于眼,掌心侧向右前斜角。同时左掌内旋向下收至心口处,手心侧向右后方,左脚向左前上一脚许(一次)。(见图 5-54、图 5-55)

图 5-52

图 5-53

图 5-54

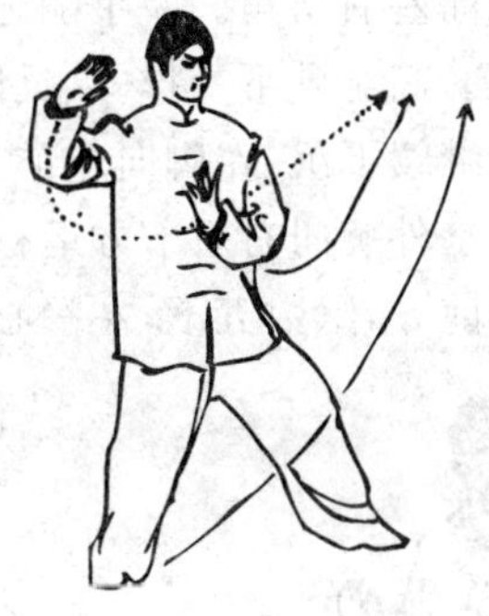

图 5-55

(3)重心移至左腿,身左转下沉。同时左手内旋沿身中线上至颌,变外旋向左前转出,高于眼,掌心侧向左前斜角。右手内旋向下收至心口处,右脚上至左脚侧。目视左前方。(见图 5-53、图 5-54)

(4)右腿屈膝身右转,重心再移至右腿,右掌沿身中线上至颌,变外旋向右前转出,高于眉,距眉两拃许,掌心侧向右前。同时左手里旋,沉肘,手转至心口处,手心向右,左脚向左前一脚远(二次)。(见图 5-55)

(5)重心前移左腿,屈膝身下沉,身左转,左掌沿身中线上至颌,变外旋向左前转出,高于眉,距眉两拃许,掌心侧向左前,右掌随之沉肘内旋收转至心口处,掌心侧向左前,同时右脚上至左脚里侧。(见图 5-53、图 5-54)

(6)重心后移,右腿屈膝身下沉右转,左脚向左前一脚远,同时右手沿身中线上至颌,外旋向右前转出,高于眉,距眉两拃远,掌心侧向右前,左掌随之沉肘内旋收至心口处,掌心侧向左前(三次)。(见图 5-55)

15.摆莲

(1)身左转,重心移至左腿,屈膝下沉。

(2)身变右转再变左转,右脚随身转向前向右摆出。同时,左手内旋,右手外旋,依次拍击脚面,眼视左前方。(见图 5-56)

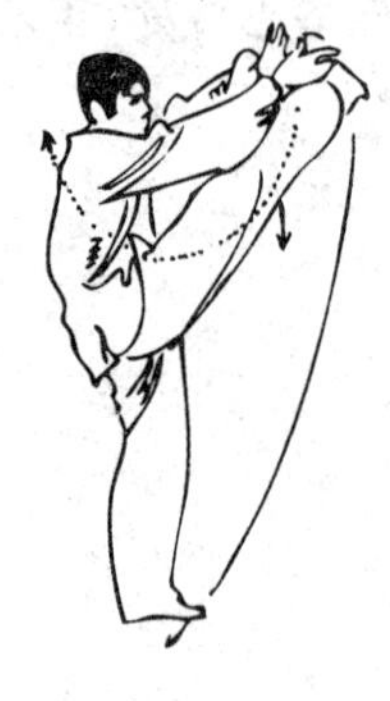

图 5-56

16.雀地龙

(1)身右转,右腿下落震脚,左脚擦地呈虚步,同时右手外旋变拳于额前一拃许,拳心向下,拳眼向左后斜角。左手随之内旋,收至身左侧,肘触肋,拳心向上,拳眼向左前方,拳距身一拃远,高至乳下一拃。(见图 5-57)

(2)身继续下沉,左脚向左前方擦地铲成仆步。同时左拳向前穿出,拳心向下,距身两拃半远,右拳外旋向右后下方运行,拳心向下,拳眼向左前方,拳面高于头顶,大小臂呈圆弧,眼视左前方,默数五下,左拳心微外旋,右拳心微内旋。(见图 5-58、图 5-59)

图 5-57　　图 5-58　　图 5-59

17.左独立

(1)身略左转,重心向前移至左腿,右腿提膝呈左独立步,同时右拳略外旋向后向下变内旋,向前向上划弧至心口处,左拳内旋向上向右向下至心口处,交叉于右拳里侧,两拳心均朝怀里。(见图 5-59)

(2)两拳变掌,右掌沿胸中线上行,小指外缘对着怀内,掌上升至额前时变外旋,掌心朝上。掌面距头顶百会穴三横指,指尖向左。同时,左掌外旋向下向左按至左胯处,距胯一拃远,掌心朝下,指尖朝右前方,目视左前方,默数五下,右掌内旋,左掌外旋。

(见图 5-60、图 5-61)

图 5-60

图 5-61

18. 右独立

(1)左腿微曲,身下沉。右脚落地震脚,右掌内旋,指尖向左,下按至肚脐处,同时左掌向左向后向右划一 C 形圆弧,与右掌同时置于体前左侧距肚脐一拃许。(见图 5-62)

(2)右脚向右侧迈出一脚半远,左脚提起,两手向左向后向右划两个半圆弧,两手相距一拃远,左手划置脐上,手内旋,使小指外缘对准胸中线,并沿中线上至额头,变外旋上升至距百余穴三横指许,手心向上,外劳宫对准百会穴,同时右手略内旋下按,置右胯侧一拃许,指尖向前。目视右前方,默数五下,左掌微微内旋,右掌亦内旋。(见图 5-63)

图 5-62

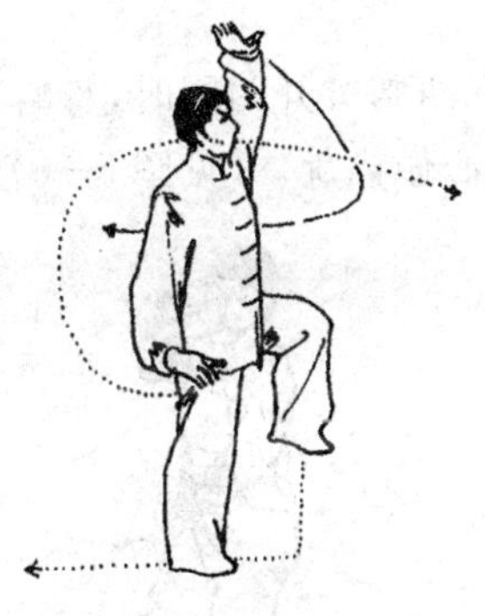

图 5-63

19. 倒卷肱

右式:

(1)身下沉,左脚落地震脚,两膝微曲,右掌内旋,掌心朝前,向后向上划弧置右耳旁。同时左手略外旋向左向下向右划弧于胸前两拃许,高于乳房,掌心朝右后上方。(见图 5-63)

(2)身下沉略左转,左脚以脚尖擦地向后略向右再向左划弧线退两脚远。同时右掌略外旋经左掌心向前按出,掌心向下,指尖朝身前方。左掌外旋,掌心向下与右掌配合呈撕布状,向后捌出,置体前左侧,距身一拃多远,掌心向下,指尖朝右前方,左掌高度低于脐二横指,右掌心向下,指尖侧向左后方,距身两拃远,高于脐三横指。(见图 5-64)

图 5-64

(3)在左右掌前后分开的同时，身下沉，左脚尖向左略摆，使脚尖向前，右脚跟向右摆，脚尖也朝前呈马步，目视右前方，默数五下，同时两掌心微微做内旋。(见图 5-64)

左式：

(1)身右转下沉，右脚以脚尖擦地向后向里向右划弧线退二脚远。同时两掌皆内旋，左掌向后向上升至左耳旁，掌心朝前，指尖朝右，右掌内旋，掌心向上，肘尖略向里收，指尖朝前。(见图 5-64)

(2)右掌后撤，左掌经右掌心向前按出，掌心向下，两掌呈撕布状，左指尖向胸前方，距身两拃许，高于脐三横指，右掌后捌至体前右侧，距身一拃远，低于脐二横指。(见图 5-65)

(3)在两掌分开的同时，身略下沉，左右脚尖略右摆，呈马步，目视左前方，默数五下，同时两掌心做内旋。(见图 5-66)。

图 5-65

图 5-66

20. 掩手拳

(1)两肘同收，两掌内旋，同时向下向里再向上划弧至身左上方，两臂伸直，掌心相对。与此同时，重心移至左腿，身左转，提右膝至左脚内侧下落震脚。两臂随身下落，臂要伸直。(见图 5-67)

(2)身下沉，右膝微曲，左脚向左开二脚远，左右手分开，右掌外旋掌心向下向右前方至两拃远，再内旋收至右耳旁。掌心侧向右后方，同时左掌外旋，掌心向下，向左行至距体三拃远时，掌内旋，掌心侧向右侧前方。(见图 5-68)

图 5-67

图 5-68

(3)身下沉,右脚蹬劲,右掌变拳外旋变内旋向前击出,拳心向下,略高于乳房一横指,距身两拃半远。同时,左掌变八字手内旋,再变外旋,手心朝下,向后发肘,擦肋而过,肘尖出身后三横指,不许超过此限。两脚尖斜向左前方,目视左前方,默数五下,右拳心微微内旋。(见图 5-69、图 5-70)

图 5-69

图 5-70

21.回身肘

身右转,以脚跟为轴,两脚尖摆向右侧前方,右拳内旋,拳心向后,力达肘尖,在右肋右侧一拃许,同时左手变拳向左向前向上摆至额前,距额一拃远,拳眼向右下方,目视右下方,默数五下,右拳微外旋。(见图 5-71、图 5-72)

图 5-71

图 5-72

22.顺拦肘(两个)

(1)身左转,两臂同时向左转动,右拳略外旋,向上向前向左划弧于左乳前,左拳向下向左向后置于左胯侧半拃许,拳眼向右侧,拳心朝下,目视左方。(见图 5-72、图 5-73)

(2)身变右转,右拳随身行至心口处,同时左拳内旋,左小臂与右小臂合抱于胸前。(见图 5-73)

(3)提右脚至左脚里侧震脚,然后向右侧进二脚半远,左脚跟进半脚远,身下沉呈马步,在进步的同时,右肘随身向右侧击出,高于乳房,肘尖不超过右腿,距右乳房一拃远,左拳变掌握住右腕,目视右前方,默数五下,自大拇指微微依次外旋。(见图 5-74)

图 5-73

图 5-74

第二"顺拦肘"动作同上。(见图 5-75、图 5-76)

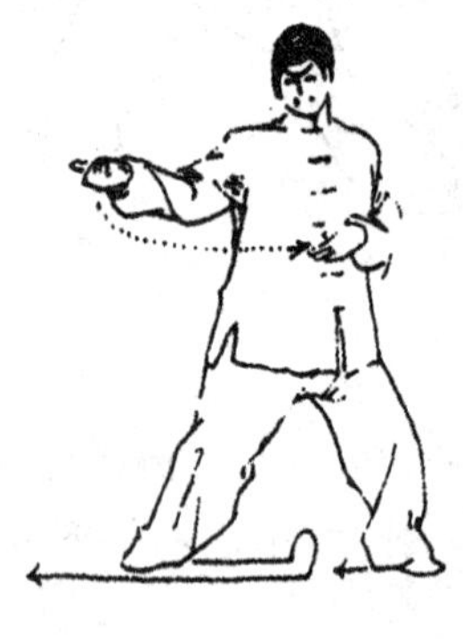
图 5-75

图 5-76

23.穿心肘(两个)

(1)身左转提右脚于左脚里侧震脚,再向右侧前进二脚半远,身右转,左脚跟进一脚距,同时左手握右手腕,随身转动,右肘尖向体前向下向上向里划一小半圆弧,然后向右侧击出,肘高度及距身距离同顺拦肘,目视右前方。(见图 5-77)

(2)再提右脚震脚,向右侧进二脚半远,身右转,左脚跟进一脚距,左手握右腕,随身转动。右肘尖向体前向下向上向里划一小半圆弧。然后向右侧击出,肘高及身的距离均同顺拦肘,目视右前方,默数五下,右手微微内旋。(见图 5-78、图 5-79、图 5-80)

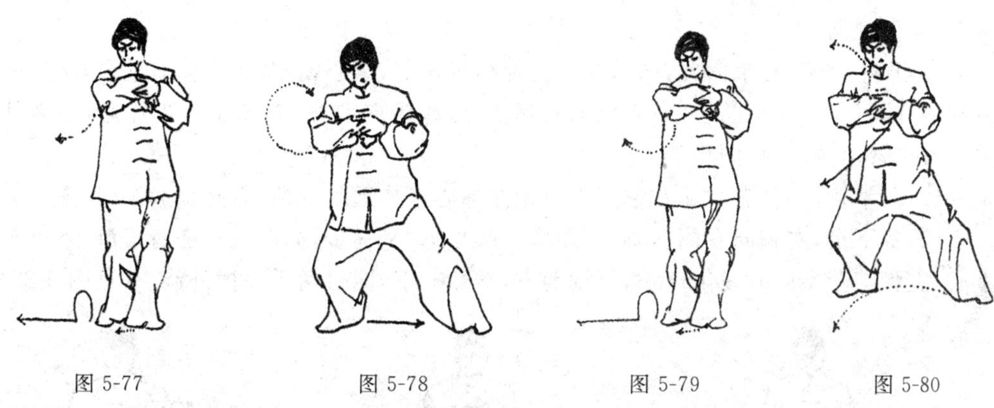

图 5-77　　图 5-78　　图 5-79　　图 5-80

24.井拦直入

承上式,身下沉有转,重心略偏于左腿,右脚尖外摆,向右,同时两手在胸前分开,右拳变掌由内旋变外旋上升至额头前右侧一拃许,左手内旋变外旋下至平于脐,外开左掌,距身两拃远,目视左掌,肩松塌,默数五下,左手微内旋,右手微外旋。(见图 5-81)

图 5-81

25.风扫梅花

(1)承上式,身略右转下沉,重心偏于右腿左脚内扣。(见图 5-81)

(2)重心移至左腿,右掌略外旋,左手略内旋,以左脚掌为轴变脚跟为轴,手带动身体右转 360°,右脚掌擦地扫至左脚右后侧。右手置于身右后侧,左手置于胸前距一拃远。(见图 5-82)

图 5-82

26.金刚捣碓

(1)身略左转,右掌内旋,向后向下向前行至体前,掌心朝左,指尖向右前方,掌根距身一拃远,同时左肘收至肋,左掌心侧向右侧前方,指尖向前方,左掌距身半拃远,左掌外缘置于右小臂上端。(见图 5-83)

(2)两掌皆内旋,右掌从左掌下提至距左掌心半拃远时变拳,右腿提起。(见图 5-84)

(3)身下沉,右脚向右侧震脚,距左脚一脚半远,呈马步,同时右拳随身下沉,下砸于左掌心,震脚与落拳同时发出声响,目视前方,默数 5 下,同时两手微微外旋。(见图 5-85)

图 5-83　　图 5-84　　图 5-85

27.收式

右拳变掌,两掌外旋,掌心朝下,向前平开,与肩平,与肩同宽。随开掌,身体慢慢上升,收左脚于右脚侧,平行站立,两掌缓缓经左右两侧至体侧,向外呼气,再吸气,两掌外旋向外,再变内旋向上划弧至头顶,两臂伸直,然后两手同时缓缓落回原处,与预备式相同,向外呼气,调息片刻,方可行走活动。(见图 5-86、图 5-87)

图 5-86　　图 5-87

如接反架或发力,平行站立后,开右步,接两手向左转,身体左转……直接进入反架练习。

三、反架套路

1. 预备式(见图 5-88～图 5-91)

图 5-88

图 5-89

图 5-90

图 5-91

2. 懒扎衣(见图 5-92～图 5-93)

图 5-92

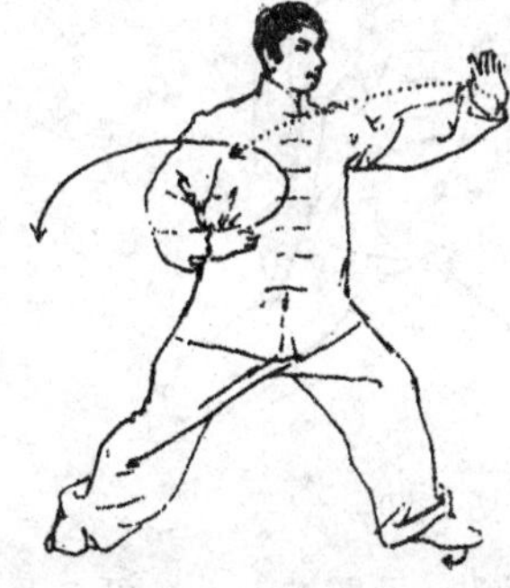
图 5-93

3. 搬拦捶(见图 5-94～图 5-95)

图 5-94

图 5-95

4.劈架子(见图 5-96～图 5-98)

图 5-96

图 5-97

图 5-98

5.白鹤亮翅(见图 5-99～图 5-101)

图 5-99

图 5-100

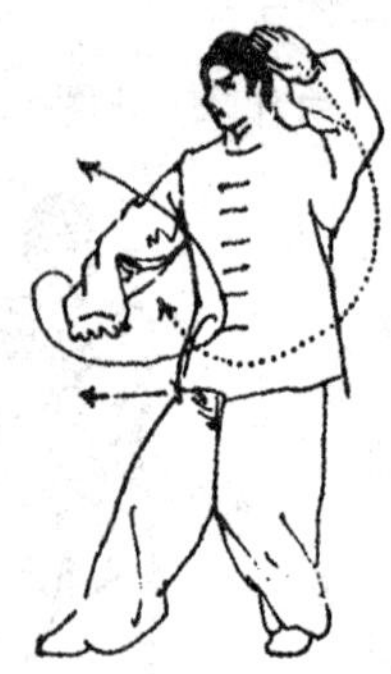

图 5-101

6.右擦脚(见图 5-102～图 5-104)

图 5-102

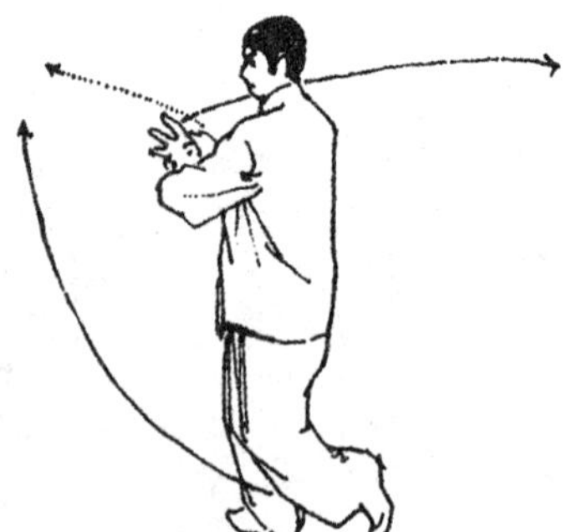

图 5-103

图 5-104

7. 左擦脚(见图 5-105～图 5-106)

图 5-105

图 5-106

8. 双撞(见图 5-107～图 5-110)

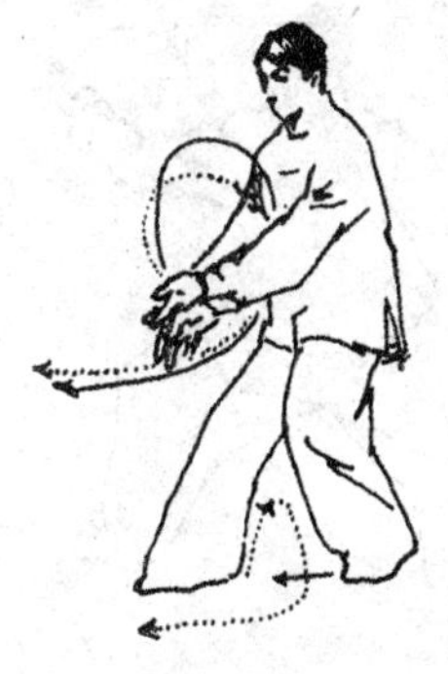

图 5-107

图 5-108

图 5-109

图 5-110

9. 肘底捶(见图 5-111)

图 5-111

10. 右野马分鬃(见图 5-112～图 5-114)

图 5-112

图 5-113

图 5-114

11. 左野马分鬃(见图 5-115～图 5-117)

图 5-115

图 5-116

图 5-117

12. 左转身六封四闭(见图 5-118～图 5-124)

图 5-118

图 5-119

图 5-120

图 5-121

图 5-122

图 5-123

图 5-124

13. 单鞭(见图 5-125～图 5-128)

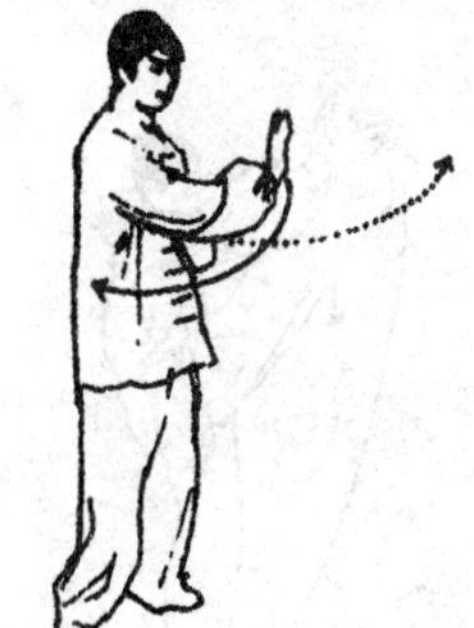

图 5-125

图 5-126

图 5-127

图 5-128

14. 运手(三个,见图 5-129～图 5-131)

图 5-129

图 5-130

图 5-131

15. 摆莲(见图 5-132、图 5-133)

图 5-132

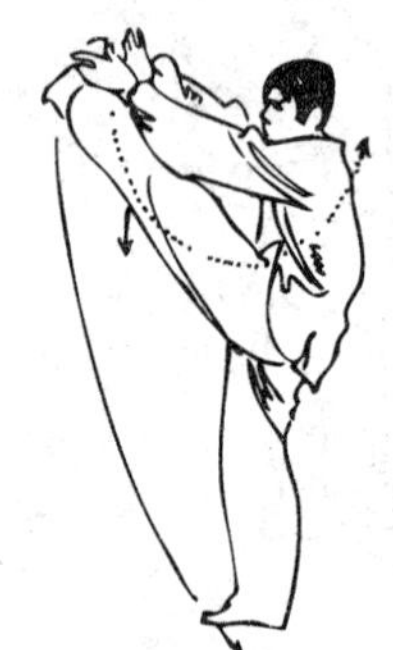

图 5-133

16. 雀地龙(见图 5-134、图 5-135)

图 5-134

图 5-135

17. 左独立(见图 5-136、图 5-137)

图 5-136

图 5-137

18. 右独立(见图 5-138～图 5-140)

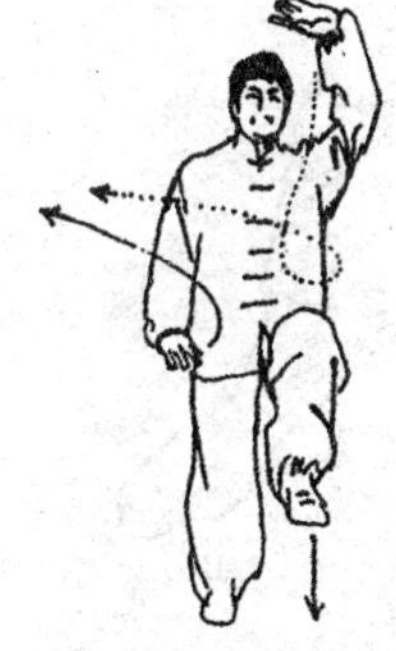

图 5-138

图 5-139

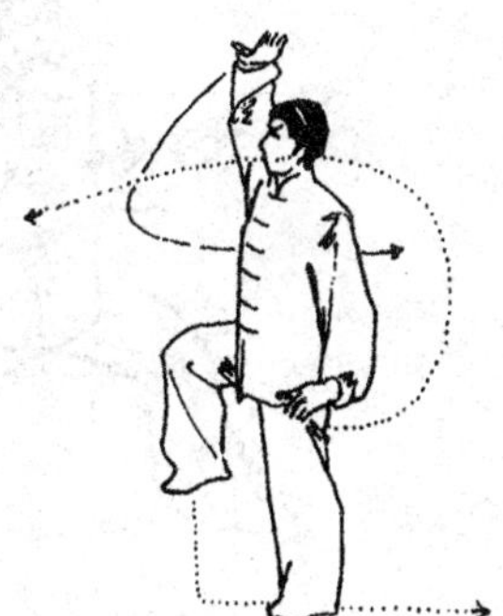

图 5-140

19. 倒卷肱(左、右式,见图 5-141～图 5-143)

图 5-141

图 5-142

图 5-143

20. 掩手拳(见图 5-145～图 5-148)

图 5-145

图 5-146

图 5-147

图 5-148

21. 回身肘(见图 5-149～图 5-150)

图 5-149

图 5-150

22.顺拦肘(见图 5-151～图 5-154)

图 5-151

图 5-152

图 5-153

图 5-154

23.穿心肘(见图 5-155～图 5-158)

图 5-155

图 5-156

图 5-157

图 5-158

24.井拦直入(见图 5-159)

图 5-159

25.风扫梅花(见图 5-160)

图 5-160

26.金刚捣碓(见图 5-161～图 5-163)

图 5-161

图 5-162

图 5-163

27.收式(见图 5-164～图 5-165)

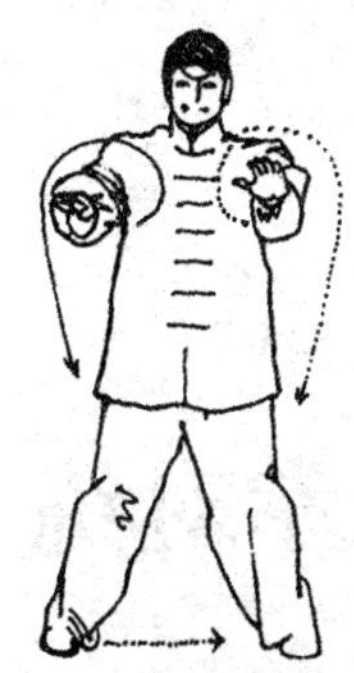
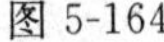

图 5-164

图 5-165

反架结束,紧接进入发力练习,动作与正架同,只是速度比正架快。

第六章　二十七式太极拳对练

林素珍和刘光廷在进行二十七式太极对练

一、对练(一)

1. 预备式(见图 6-1～图 6-3)

两人相背站立,距一臂半远,按预备姿势站立(黑裤甲为进攻手,白裤乙为走拳式)。

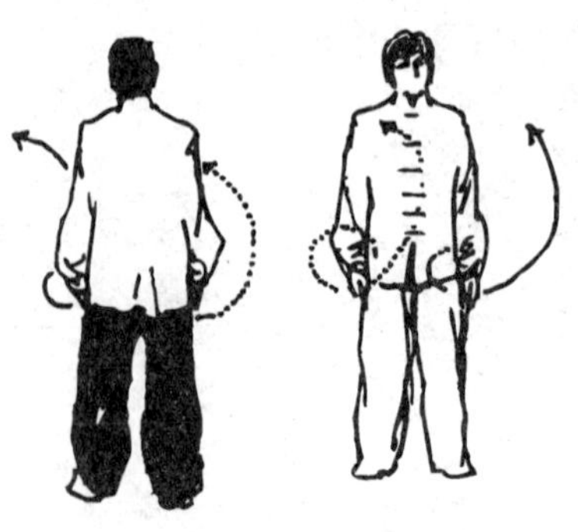

图 6-1

图 6-2

图 6-3

2. 懒扎衣(见图 6-4、图 6-5、图 6-6)

两人同做第二式懒扎衣,两右臂相触。

图 6-4

图 6-5

图 6-6

3. 搬拦捶

甲:身下沉,同时右掌外旋采住乙的右腕,略向右后下方带,左手心向上伸掌向乙喉部插去。(见图 6-7)

乙:变身下沉,左手在大臂处,手心向下,手外旋迎住插喉掌,随后向左方带出,右手变外旋松臂经甲腹部绕至腋下,向乳房收肘,呈捋挒式(左)。(见图 6-7、图 6-8)

图 6-7

图 6-8

甲：顺势上左腿至乙身前，右脚再向前走一步，同时身下沉化开来式，右手外旋缠住乙的右手腕，左臂松塌缠绕沿二腹部经腋下，反捋乙的右臂(右式)。(见图 6-9)

图 6-9

乙：顺势松肩立右掌外旋，采住甲右腕向下、向右侧带，同时左手缠绕至甲的肘关节处呈捋式。(见图 6-10、图 6-11)

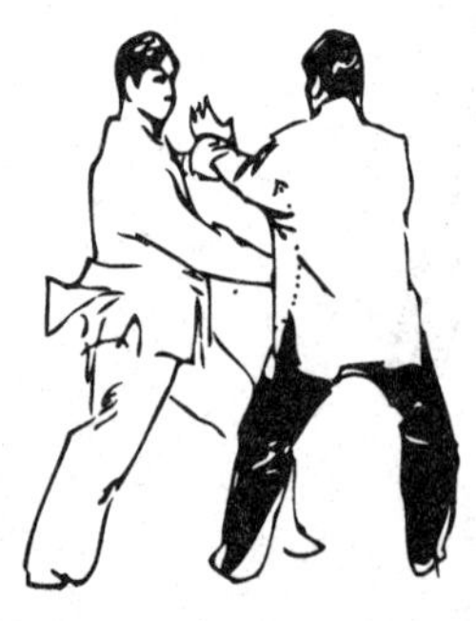

图 6-10

图 6-11

甲：为破捋式，身下沉、松肩、沉肘、立掌，退左步进右步捋乙，乙借势左手外旋使彼身下降，向前发力使对方向后腾出。(见图 6-12)

图 6-12

4.劈架子

甲:右臂松沉,左脚倒半步;右脚进至乙的左脚后,右手外旋缠绕至乙的左肘关节处,左手采住乙的左手腕,呈(左)捋式。(见图 6-13)

乙:为破解来势,左腿松开,脚踏实,身略左转立腕,右脚上至左脚侧,提膝顶裆,震脚踏实;同时右手由左臂下拿住甲的右手腕,身右转 45°,左小臂顺势上左腿之际,向里、向下、向上,弹击对方裆部,呈劈架子式。(见图 6-13、图 6-14、图 6-15)

图 6-13

图 6-14

图 6-15

甲:为化解对方的顶膝,右脚向后退一步,左脚随之退一大步,略大于第一步,两脚距离略宽于两肩,左手外旋下按,采住乙的左腕;同时右小臂随身略左转,靠至乙的肘关节

处，呈捋挒式，乙定式劈架子。（见图 6-16）

图 6-16

5. 白鹤亮翅

乙：右手掌迎住甲的右手，随身左转上右步。（见图 6-17）

甲：右脚向右后退半步，左脚随即退一步欲捋乙右手向右后方牵带。

乙：右手高于眉，距眉二手掌半远，同时左掌立掌外旋上左步，左掌随势挤按对方小腹，呈白鹤亮翅式。（见图 6-18）

图 6-17

图 6-18

6. 左擦脚

甲：身下沉，外摆左脚尖，身左转左手立掌外旋，向左侧牵带乙的左臂，高于胸，右手立肘内收，捋挒乙左臂。（见图 6-19）

乙：身下沉，左转，左臂松肩沉肘立腕，同时右掌运行至左小臂下方，随左转身之际，两臂分开对方两手，右脚踢对方下颌。（见图 6-20）

图 6-19

图 6-20

甲:在乙两臂分开时,右腿后退一步,左手拍击乙的右脚面,左脚上半步,左手反掌击甲的面部。(见图 6-21、图 6-22)

图 6-21

图 6-22

7.右擦脚

乙:左脚落地外摆,乙两臂外旋,迎住甲的反掌,踢左脚,呈右擦脚式。(见图 6-23)

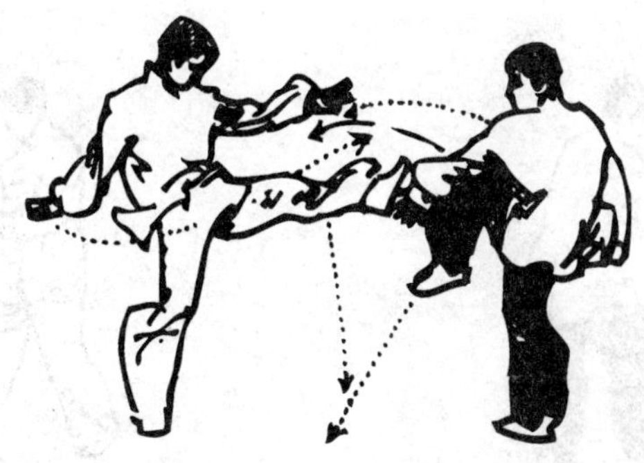
图 6-23

8.双撞

甲:左手拨开乙的左脚,顺上步于乙的左脚后侧,双掌推向乙的胸部。(见图 6-24)

乙:含胸拔背,双臂在甲两臂下,两手略外旋,向上略掤开甲的双臂,就势再内旋左脚上半步,后脚跟上,两掌猛撞对方的胸下部。(见图 6-25)

图 6-24

图 6-25

9.肘底捶

甲:身略左转,右手绕至乙双臂下,向上、向左转开乙的双臂一周,左手随转按在乙的右肘关节处。(见图 6-26～图 6-28)

乙:右臂被捋,左手按在甲右肘关节处,左手接住甲左手,防止彼上击,右臂顺势挤甲的腹部。(见图 6-29)

图 6-26

图 6-27

图 6-28

图 6-29

甲:为破挤势,双手下按乙的双肘。

乙:身下沉,左转,左手松肩,沉肘立掌,右手转至左肘下方拿住对方的下按之右手腕,左肘内收,左手外开,呈肘底捶式。(见图 6-29)

10.右野马分鬃

甲:为化解擒拿,身下沉,右脚上前一步,左脚再上步,左手挡住乙右手。(见图 6-30)

图 6-30

乙:顺势左手下采甲的右腕,趁甲随化之际,右手插入彼腋下,向右击发。(见图 6-31～图 6-33)

甲:身下沉,右手略外旋,左手按于乙的右肘。

图 6-31

图 6-32

图 6-33

11.左野马分鬃

甲:身下沉,略左转,曲右臂向下、向上、向右划圈化开攻势,按至乙的右小臂,向乙发力;左手置胸前,随划圈与右手同时按发。(见图 6-34～图 6-36)

图 6-34

图 6-35

图 6-36

乙：身下沉，略左转，再右转，右臂沉肘立掌，上左步，左手插至甲的右腋下，向左前方发出，呈分鬃式。(见图 6-37～图 6-40)

图 6-37

图 6-38

图 6-39

图 6-40

12. 左转身六封四闭

甲：右手内旋收至腹部，甲身下沉右转，化开来势，左掌击向乙的面部。（见图 6-40）

乙：身下沉略左转，右手迎住甲的扑面掌。

甲：左手内旋后收，右手趁势反掌击乙的面部。（见图 6-42）

乙：借甲后收之势，掌内旋沉肘，再外旋迎住甲的反手掌，左手抓住甲的右肘关节，两手向右后方捌出，再下沉左转，起右腿踢摆甲的腰部。（见图 6-41～图 6-43）

图 6-41

图 6-42

图 6-43

甲：右脚向后撤一步，左腿提膝侧身，左手拨开对方的脚，趁势左腿向前落步，双臂合抱挤向乙的胸。（见图 6-43、图 6-44）

乙：脚落步，双手按住甲的双臂向下、向后、向上发力。（见图 6-43～图 6-45）

图 6-44

图 6-45

13. 单鞭

甲：身下沉右转，右手拿乙的右腕划一周交于左手，同时上右步，出右掌击向乙胸。（见图 6-46）

乙：略左转再右转，右手随化开甲的拿腕，左手以单手划圈向上、向左后，拨开甲的右掌，呈单鞭式。（见图 6-47、图 6-48）

图 6-46

图 6-47

图 6-48

14. 云手

乙：身略下沉，左掌黏住甲的右腕向下、向内、向上、向外连续转出；右手同时黏住甲的

左腕向下、向内、向上、向外连续与左手交替转出。右脚向左方连进三步，左脚依次也进三步。

甲：动作相同于乙，唯方向相反。（见图 6-49～图 6-55）

图 6-49

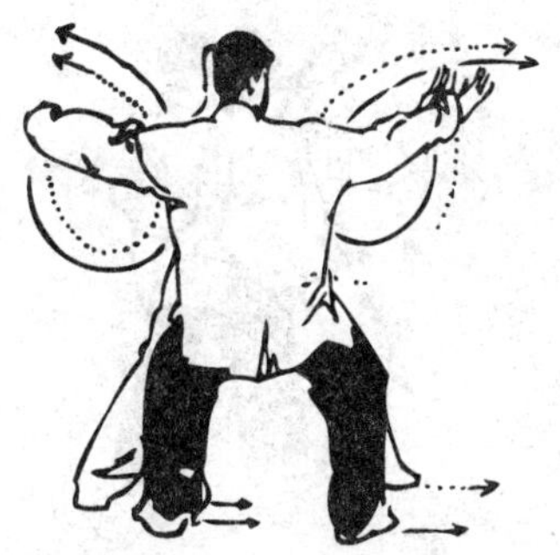

图 6-50

图 6-51

图 6-52

图 6-53

图 6-54

图 6-55

15.摆莲

乙:顺云手势,右手拿甲右腕,左手拿彼右肘关节,向右后,起右腿摆击甲的腰部。(见图 6-56、图 6-57)

图 6-56

图 6-57

甲:右手内旋后收,拨击乙的右摆式;同时右脚后撤一步,上左步出左反掌击乙的面部。(见图 6-58)

图 6-58

乙:用左手架开甲的反掌。

16.雀地龙

甲:左手外旋拿住乙的左腕,上右腿,同时右拳砸击乙的头部。

乙：下踏呈仆步，左手前击对方裆部，右手于头顶迎住甲的砸拳，然后略内旋，呈雀地龙式。（见图 6-59）

图 6-59

17. 左独立

乙：左转起身，右手向上、向外、向下、向左转圈，拿甲的右腕，交于左手；同时提右膝击甲的裆，用右掌搓击甲的面部，呈左独立式。（见图 6-60、图 6-61）

图 6-60

图 6-61

甲：身略后转，护裆，左手迎住乙的右腕。（见图 6-60～图 6-62）

图 6-62

18. 右独立（见图 6-63、图 6-64）

乙：右手内旋，拿住甲的左掌，向下、向右、后转出；同时提左膝，出左掌搓击甲的面部。

甲：身左转，护裆，右手迎住乙的左腕。（图 6-65）

图 6-63

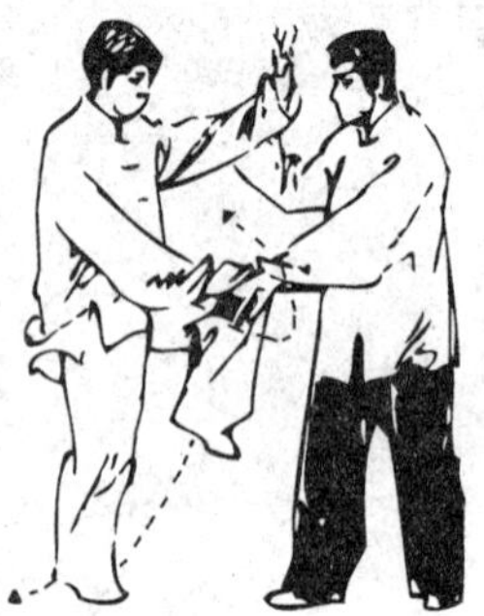
图 6-64

图 6-65

19. 倒卷肱

（1）乙：左腿向后撤步，右手外旋，将甲左腕交于左手，向左后方带出，右手插入甲腋下击其肋部。（见图 6-66）

甲：上左步，右手迎住乙的右手，然后外旋拿住乙的右腕。（见图 6-67）

图 6-66

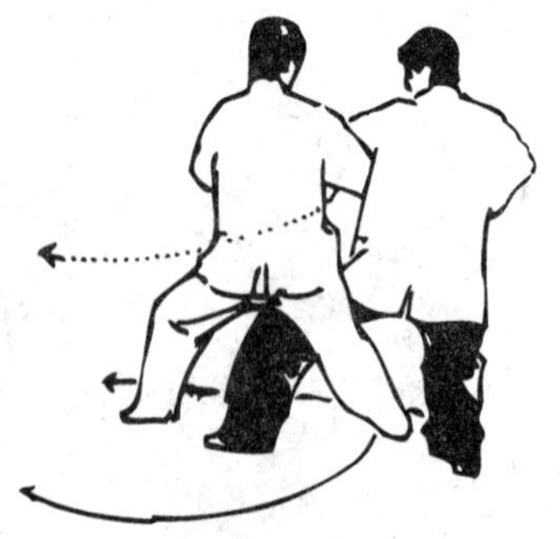
图 6-67

（2）乙：撤右步，右手反采甲右手向右后方牵带，左手插入甲的右腋下，击对方肋部。

甲：随乙方撤之际，上右腿，身下沉，左手迎乙的左手，向左后方牵带。（见图 6-68、图 6-69）

图 6-68

图 6-69

20.掩手拳

乙:右手内旋拿住甲的右腕交于左手,左手向左前方转出,同时提右膝,向前落步,左脚随即上步,呈弓步,出右拳击甲的腹部。(见图 6-70、图 6-71)

图 6-70

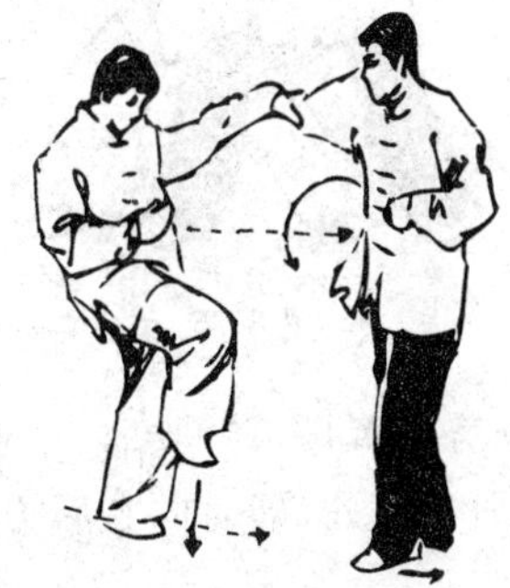

图 6-71

甲:退右步,左手向右、向下转化乙的冲拳。(见图 6-72)

图 6-72

21.回身肘

甲:左手向外转绕,拿住乙的右腕,上右步,旋转两手将乙的右腕拿住,然后上左步,再上右步至乙的右脚前侧,顺势右小臂挑击乙的肘关节,欲制住对方。(见图 6-73～图 6-76)

图 6-73

图 6-74

图 6-75

图 6-76

乙:顺势下沉,右转,收肘,小臂向下、向上、向外转出,拿住对方的肘关节,左手挨右手亦放置彼肘关节处,同时向右后方猛转,挒其肘关节。(见图 6-77～图 6-79)

图 6-77

图 6-78

图 6-79

甲：身下沉。先左转，再右转，收右肘小臂向下、向上、向外转出，拿住对方的肘关节，左手挨右手亦放置乙的肘关节处，同时向右后方猛转，捌其肘关节。（见图 6-80、图 6-81）

图 6-80

图 6-81

22. 顺拦肘

(1)乙：身下沉左转，向左脚顺收右脚，右臂随身向左摆出，右脚向右侧上步，同时曲右臂以右肘击甲的肋部。（见图 6-82、图 6-83）

图 6-82

图 6-83

甲：左腿擦地撤半步，右脚也随之擦地撤半步，双手按乙的大臂向右前方按出，出右手摆击乙的面部(见图 6-84～图 6-86)。

图 6-84

图 6-85

图 6-86

(2)乙:右臂随左转,迎住甲的右臂,撤右脚于左脚侧,震脚,向右侧上步,呈马步,右臂曲肘,以肘击甲的肋部。(见图 6-86、图 6-87)

图 6-87

23.穿心肘

(1)甲:左脚擦地撤半步,右脚随之擦地撤半步,双手按乙的大臂,向右前方按出。(见图 6-88)

图 6-88

乙:为化来势,乙左转,右脚收至左脚侧,震脚;再向右侧上步,左手握右腕,以右肘尖向上、向左、向下、向右猛击对方的肋部。(见图 6-89～图 6-92)

图 6-89

图 6-90

图 6-91

图 6-92

(2)甲：为防止乙肘，两手敷按住乙大臂，随之而动，在乙发劲时，向右后方按出。(见图 6-93)

图 6-93

乙：为化来势，再左转，右脚收至左脚侧，震脚；再向右侧上步，左手握右腕，以右肘尖向上、向左、向下、向右再击对方的肋部。(见图 6-94、图 6-95)

图 6-94

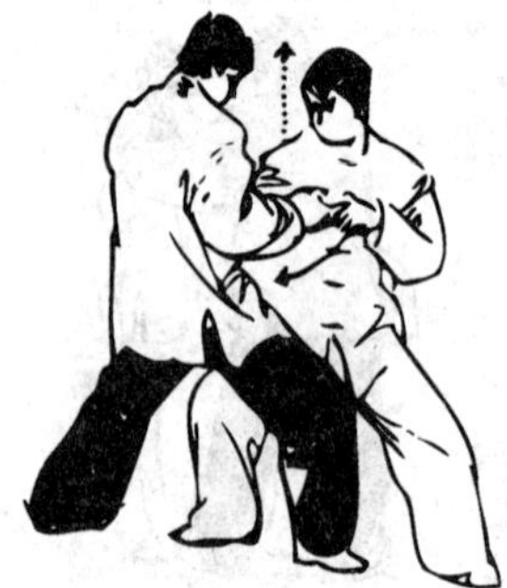

图 6-95

甲:为防止乙肘,两手敷按住乙大臂,随乙而动,在乙发劲时,向右后方按出。(见图 6-96)

图 6-96

24.井拦直入

乙:身下沉左转,再右转,右手外旋,向上、向右后采甲的右腕;左脚向右侧上半步,同时左手按击甲的腹部。(见图 6-97)

图 6-97

25.风扫梅花

甲身右转,再左转,右臂随化,左手在腹外旋接乙的左按式。身下沉,向右前上步,甲乙四臂相架,乙原地转一周。甲以乙为圆心转一周。(见图 6-98～图 6-101)

图 6-98

图 6-99

图 6-100

图 6-101

26. 金刚捣碓

两人转至原地时，两人左手向左划孤于胸前，掌心向下；右手向后、向下、向上，小臂划弧于左掌下，右掌心向上；提右膝、右小臂，震脚，右拳下砸左掌心上，呈捣碓式。(见图 6-102～图 6-105)

图 6-102

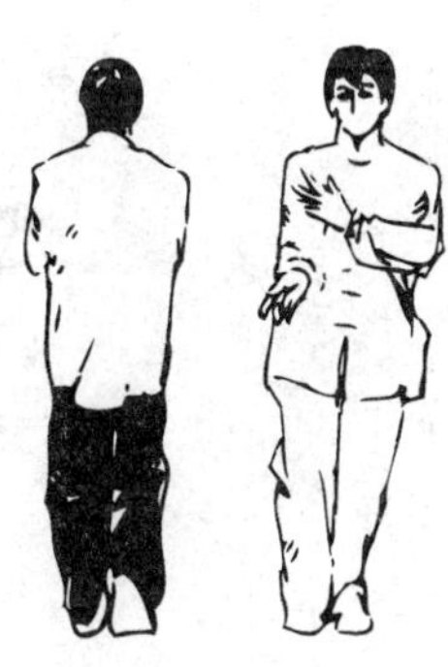
图 6-103

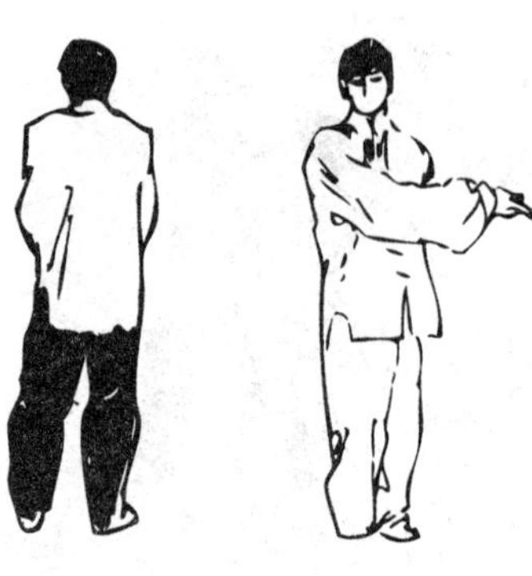
图 6-104

图 6-105

27. 收式(见图 6-106、图 6-107)。

图 6-106

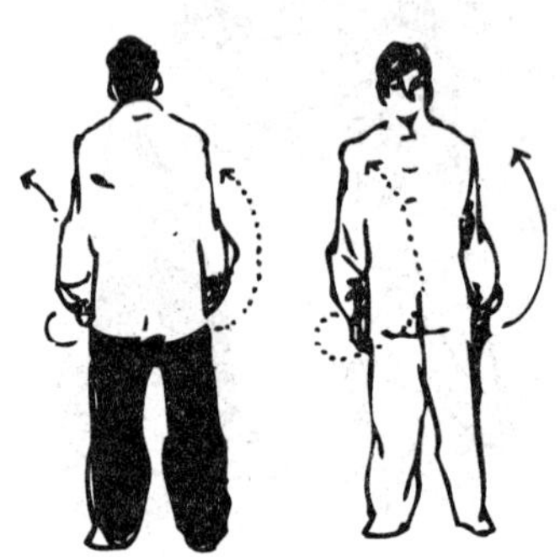
图 6-107

二、对练(二)

1. 承上式,两人相背站立,距一臂远,按预备姿势站立(乙为进攻手,甲为走拳式)。(见图 6-108)

图 6-108

2. 懒扎衣

两人同做第二式懒扎衣,两右臂相触。(见图 6-109～图 6-112)

图 6-109

图 6-110

图 6-111

图 6-112

3. 搬拦捶(为方便阅读,以下为反向图,路线应向西运行)

乙:身下沉,同时右掌外旋,采住甲的右腕,略向右后下方带,左手心向上伸掌,向甲喉部插去。(见图 6-113)

图 6-111

甲:变身下沉,左手在大臂处,手心向外旋迎住插喉掌,随后向左方带出,右手变外旋,松臂经乙腹部,绕至腋下,向乳房收肘呈捋挒式。(左捋式,图 6-114)

乙:顺势上左腿甲身前,右脚再向前走一步,同时身下沉化开式,右手外旋缠住甲的右手腕,左臂松塌缠绕,沿甲腹部经腋下,反捋甲的右臂。(右捋式,图 6-115)

图 6-114

图 6-115

甲:顺势松肩立右掌外旋,采住乙右腕向下,向右侧带,同时左手缠绕至乙的肘关节处呈捋式。(见图 6-116、图 6-117)

图 6-116

图 6-117

乙:为破捋式,身下沉,松肩、沉肘、立掌,退左步,进右步捋挒甲。

甲:借势左手外旋使彼身下降,向前发力使对方向后腾出。(见图 6-118)

图 6-118

4.劈架子

乙:右臂松沉,左脚倒半步,右脚进至甲的左脚后,右手外旋缠绕至甲的左肘关节处,左手采住甲的左手腕,呈捋挒式。(见图 6-115)

甲:为破解来势,左腿松开,脚踏实,身略左转立腕,右脚上至左脚侧,提膝顶裆,震脚

踏实;同时右手由左臂下拿住乙的右手腕,身右转 45°,左小臂顺势上左腿之际,向里、向下、向上,弹击对方裆部,呈劈架子式。(见图 6-119~图 6-121)

图 6-119

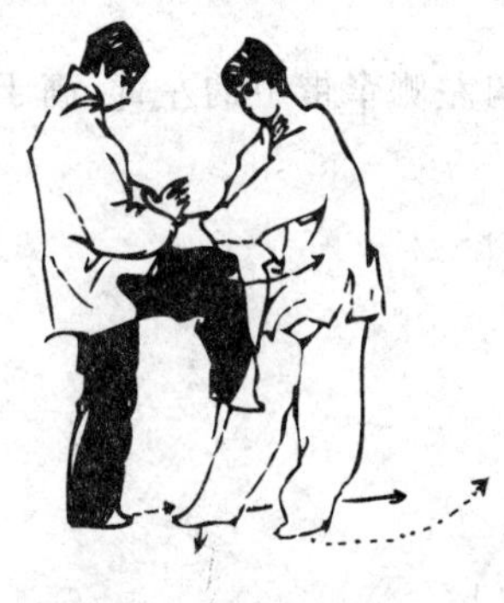

图 6-120

图 6-121

乙:为化解对方的顶膝,右脚向后退一步,左脚随之退一大步,略大于第一步,两脚距离略宽于两肩,左手外旋下按,采住甲的左腕,同时右小臂随身略左转,靠至甲的肘关处,呈捋挒式,甲定式劈架子。(见图 6-122)

图 6-122

5. 白鹤亮翅

甲:右手掌迎住己的右手,随身左转上右步。

乙:右脚向右后退半步,左脚随即退一步欲捋甲,右手向右后方牵带,甲:右手高于眉,距眉二手掌半远,同时左掌立掌外旋上左步,左掌随势挤按对方小腹,呈白鹤亮翅式。(见图 6-123、图 6-124)

图 6-123

图 6-124

6. 右擦脚

乙:身下沉,外摆左脚尖。身左转,左手立掌外旋,向左侧牵带甲的左臂,高于胸,右手立肘内收,捋挒甲左臂。(见图 6-125)

图 6-125

甲:身下沉,左转,左臂松肩沉肘立腕,同时右掌运行至左小臂下方,随左转身之际,两臂分开对方两手,右脚踢对方下颌。(见图 6-126)

图 6-126

乙:在甲两臂分开时,右腿后退一步,左手拍击甲的右脚面,左脚上半步,左手反掌击

乙的面部。（见图 6-127、图 6-128）

图 6-127

图 6-128

7. 左擦脚

甲：左脚落地外摆，两臂外旋，迎住乙的反掌踢左脚，呈右擦脚式。（见图 6-129）

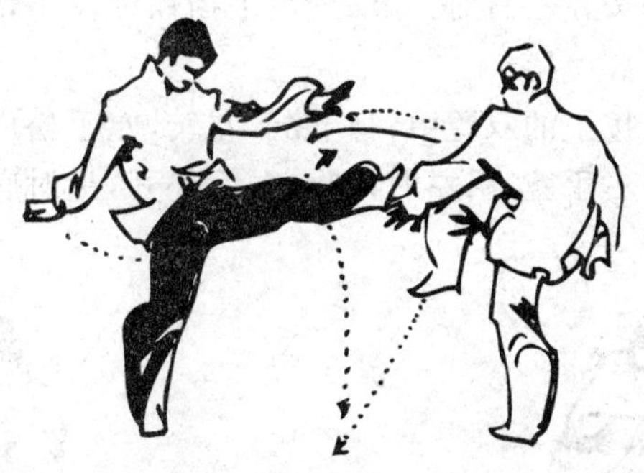

图 6-129

8. 双撞

乙：左手拨开甲的左脚，顺上步于甲的左脚后侧，双掌推向甲的胸部。（见图 6-130）

图 6-130

甲：含胸拔背，双臂在乙两臂下，两手略外旋、向上略掤开乙的双臂，就势再内旋左脚上半步，后脚跟上，两掌猛撞对方的胸下部。（见图 6-131）

图 6-131

9.肘底捶

乙:身略左转,右手绕至甲双臂下,向上向左转开甲的双臂一周,左手随转按在甲的左肘关节处。

甲:在右臂被捋,左手按在乙右肘关节处,左手挡住甲左手,防止彼上击,右臂顺势挤乙的腹部。

乙:为破挤势,双手下按甲的双臂甲;身下沉,左转,左手松肩,沉肘立掌,左手转至左肘下方拿住对方的下按之右手腕,甲左肘内收,左手外开,呈肘底捶式。(见图 6-132～图 6-135)

图 6-132

图 6-133

图 6-134

图 6-135

10. 右野马分鬃

乙:为化解擒拿,身下沉,右脚上前一步,左脚再上步,左手挡住甲的右手。(见图 6-136)

图 6-136

甲:顺势,左手下采乙的右腕,趁乙随化之际,右手插入彼腋下,向右击发。(见图 6-137～图 6-139)

图 6-137

图 6-138

图 6-139

乙:身下沉,右手略外旋,左手按于甲的右肘。(见图 6-140、图 6-141)

图 6-140

图 6-141

11. 左野马分鬃

乙:身下沉,略左转,曲右臂向下、向上、向右划圈化开攻势,按至甲的右小臂,向甲发力,左手置胸前,随划圈与右手同时按发。(见图 6-142)

图 6-142

甲:身下沉,略左转再右转,右臂沉肘立掌,上左步,左手插至乙的右腋下,向左前方发出,呈分鬃式。(见图 6-143～图 6-145)

图 6-143

图 6-144

图 6-145

12.左转身六封四闭

乙:右手内旋收至腹部,乙身下沉右转,化开来势,左掌击向甲的面部。

甲:身下沉略左转,右手迎住乙的扑面掌。

乙:左手内旋后收,右手趋势反掌击甲面部。(见图 6-146、图 6-147)

图 6-146

图 6-147

甲:借乙后收之势,掌内旋沉肘,再外旋迎住乙的反手掌,左手抓住乙的右肘关节,两手向右后方挒出,再下沉左转,起右腿摆踢乙的腰部。(见图 6-148～图 6-150)

图 6-148

图 6-149

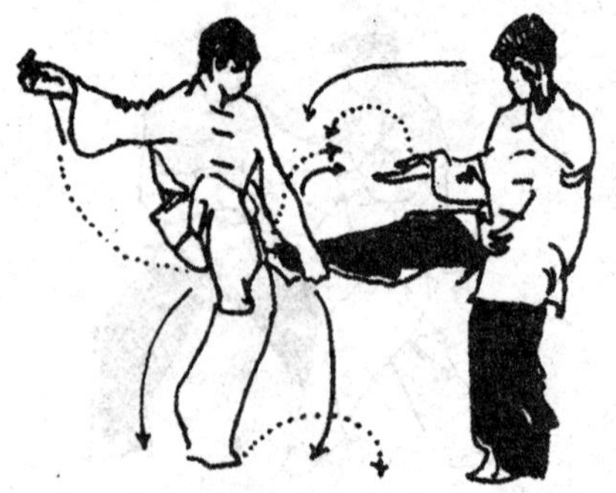
图 6-150

乙:右脚向后撤一步,左腿提膝侧身,左手拨开对方的脚,趁势左腿向前落步,双臂合抱挤向甲的胸。(见图 6-151、图 6-152)

图 6-151

图 6-152

13. 单鞭

乙:身下沉右转,右手拿甲的右腕划一周交手左手,同时上右步,出右掌击向甲胸。(见图 6-153)

图 6-153

甲:略左转再右转,右手随化开乙的拿腕,左手以单手圈向上、向左后,拨开乙的右掌,呈单鞭式。(见图 6-154)

图 6-154

14. 云手

甲:身略下沉,左掌黏住乙的右腕向下、向内、向上、向外连续转出。右手同时黏乙的左腕向下、向内、向上、向外连续与左手交替转出。右脚向左方连进三步,左脚依次也进三步。(见图 6-155～图 6-161)

乙:动作相同于甲,唯方向相反。

图 6-155

图 6-156

图 6-157

图 6-158

图 6-159

图 6-160

图 6-161

15.摆莲(见图 6-161～图 6-163)

甲:顺云手势,右手拿乙右腕,左手拿彼右肘关节,向右后捋挒,起右腿摆击乙的腰部。

乙:右手内旋后收,拨击甲的右摆式,同时右脚后撤一步,上左步出左反掌击甲的面部。

甲:用左手架开乙的反掌。

图 6-162

图 6-163

16.雀地龙

乙:左手外旋拿住甲的左腕,上右腿,同时右拳砸击甲的头部。

甲:下踏呈仆步,左手前击对方裆部,右手于头顶迎住乙的砸拳,然后略内旋,呈雀地

龙式。(见图 6-164、图 6-165)

图 6-164

图 6-165

17.左独立(见图 6-166～图 6-168)

甲:左转起身,右手向上、向外、向下、向左转圈拿乙的右腕,交于左手,同时提右膝击乙的裆,用右掌搓击乙的面部,呈左独立式。

图 6-166

图 6-167

图 6-168

乙:身略侧后转,护裆,左手迎住甲的右腕。

18.右金鸡独立(见图 6-169、图 6-170)

甲:右手内旋,拿住乙的左掌,向下、向右、向后转出,同时提左膝,出左掌搓击乙面部。

乙:身左转,护裆,右手迎住甲的左腕。

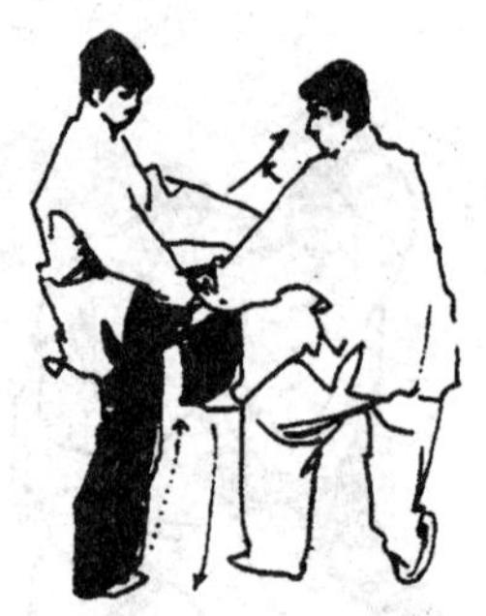

图 6-169

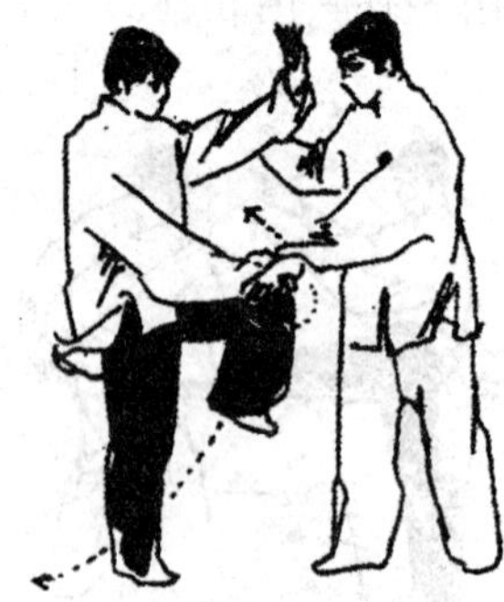

图 6-170

19. 倒卷肱

(1)甲：左腿向后撤步，右手外旋，将乙左腕交于左手，向左后方带出，右手插入乙腋下击彼肋部。

乙：上左步，右手迎住甲的右手，然后外旋拿住甲的右腕。（见图 6-171～图 6-175）

图 6-171

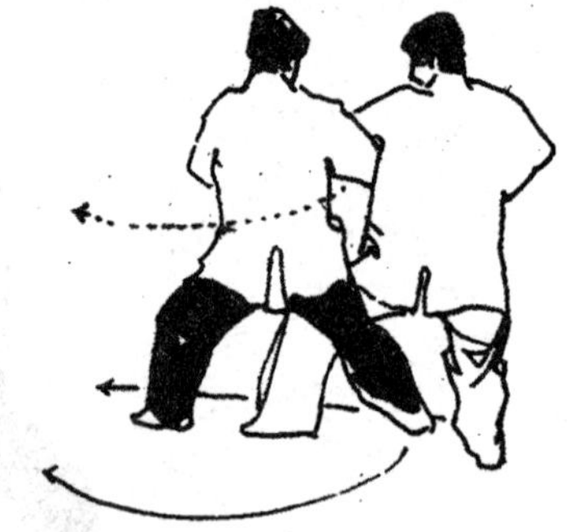

图 6-172

图 6-173

图 6-174

(2)甲:撤右步,右手反采乙右手向右后方牵带,左手插入乙的右腋下,击对方肋部。

乙:随甲方撤之际上右腿,身下沉,左手迎甲的左手,向左后方牵带。(见图 6-174～图 6-175)

图 6-175

20.掩手拳

甲:右手内旋拿住乙右腕交于左手,左手向左前方转出,同时提右膝,向前落步,左腿随即上步,呈弓步,出右拳击乙的腹部。

乙:退右步,左手向右,向下转化甲的冲拳。(见图 6-176～图 6-178)

图 6-176

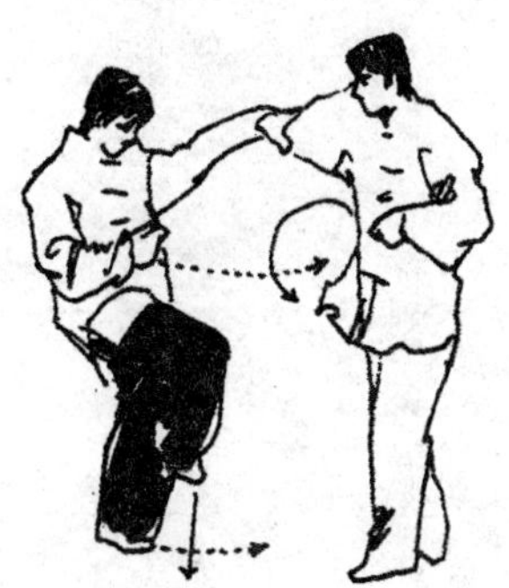

图 6-177

图 6-178

21. 回身肘

乙：左手向外转绕，拿住甲的右腕，上右步，旋转两手将甲的右腕拿住，然后上左步，再上右步至甲的右脚前侧，顺势右小臂挑击甲的肘关节，欲制住对方。（见图 6-179～图 6-182）

图 6-179

图 6-180

图 6-181

图 6-182

甲：顺势下沉，右转，收肘，小臂向下、向上、向外转出，拿住对方的肘关节；左手挨右手亦放置彼肘关节处，同时向右后方猛转，捌其肘关节。（见图 6-183～图 6-185）

图 6-183

图 6-184

图 6-185

乙：身下沉先左转再右转，收右肘小臂向下、向上、向外转出，拿住对方的肘关节，左手挨右手亦放置甲肘关节处，同时向右后方猛转，挒其肘关节。（见图 6-186、图 6-187）

图 6-186

图 6-187

22. 顺拦肘

(1)甲：身下沉左转，向左脚侧顺收右脚，右臂随身向左摆出，右脚向右侧上步，同时曲右臂以右肘击乙的肋部。（见图 6-188、图 6-189）

图 6-188

图 6-189

乙：左腿擦地撤半步，右脚随之擦地撤半步，双手按甲的大臂向右前方按出，乙出右手摆击甲的面部。（见图 6-190）

图 6-190

图 6-191

(2)甲:右臂随左转迎住乙的右臂,撤右脚于左脚侧,震脚,向右侧上步,呈马步,右臂曲肘,以肘击乙的肋部。(见图 6-192、图 6-193)

图 6-192

图 6-193

23.穿心肘

(1)乙:左脚擦地撤半步,右脚随之擦地撤半步,双手按甲的大臂,向右前方按出。(见图 6-194)

图 6-194

甲:为化来势,甲左转,右脚收至左脚侧,震脚;再向右侧上步,左手握右腕,以右肘尖向上、向左、向下、向右猛击对方的肋部。(见图 6-195~图 6-197)

图 6-195

图 6-196

图 6-197

乙：为防止甲肘，两手敷按甲之手臂，随之而动，在甲发劲时，向右后方按出。（见图 6-198）

图 6-198

（2）甲：为化来势，再左转，右脚收至左脚侧，震脚，再向右侧上步，左手握右腕，以右肘尖向上、向左、向下、向右再击对方的肋部。（见图 6-199～图 6-201）

图 6-199

图 6-200

图 6-201

乙:为防止甲肘,两手敷按甲大臂及肘尖,随甲而动,在甲发劲对,向右后方按出。(见图 6-202)

图 6-202

24.井拦直入

甲:身下沉左转,再右转,右手外旋,向上、向右后采乙的右腕,左脚向右侧上半步,同时左手按击乙的腹部。(见图 6-203)

图 6-203

25.风扫梅花

乙:身右转,再左转,右臂随化,左手在腹外旋接甲的左接式,身下沉,向右前上步,乙甲四臂相架,甲原地转一周,乙以甲为圆心转一周。(见图 6-204～图 6-207)

图 6-204

图 6-205

图 6-206

图 6-207

26. 金刚捣碓

两人转至原地时(起式之处),两人左手向左划弧于胸前,掌心向下,右手向后、向下、向上,小臂划弧于左掌下,右掌心向上,再绕至左手上方,提右膝,震脚,右拳下砸左掌心上,呈捣碓式。(见图 6-208~图 6-211)

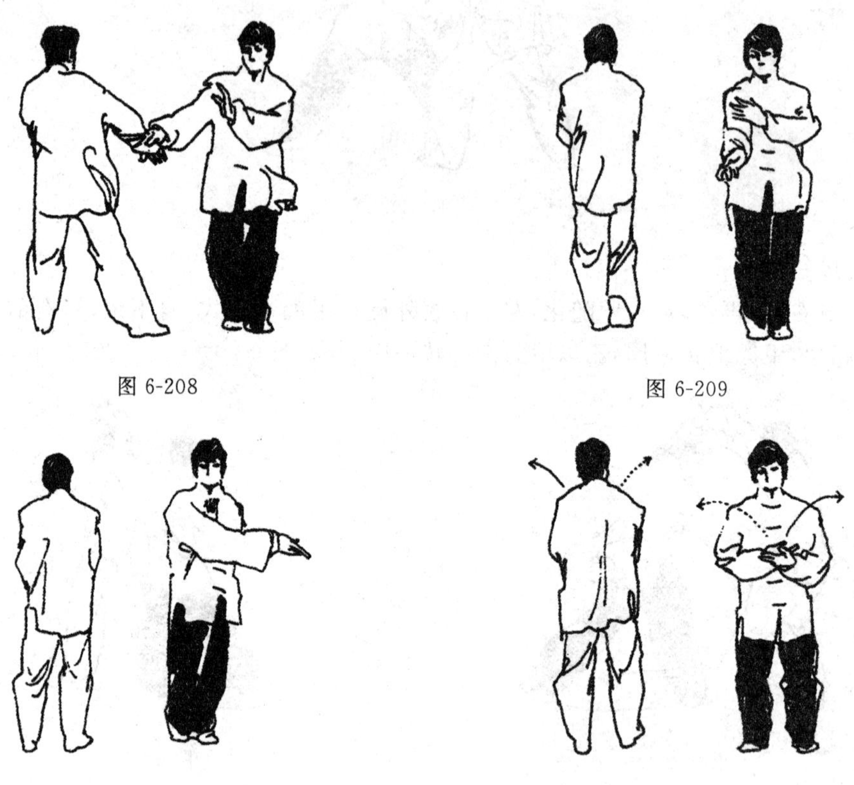

图 6-208 图 6-209

图 6-210 图 6-211

27. 收式

两掌外旋,掌心向下,向前平开,与肩平,与肩宽,随开掌,身体慢慢上升。收左脚于右脚侧,平行站立。两掌缓缓经左右两侧至体侧,同预备式,慢慢呼气,调息,方可行走。(见图 6-212)

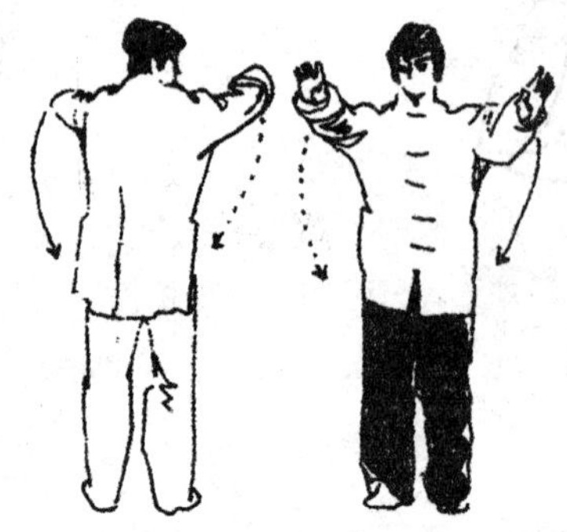

图 6-212

《二十七式太极拳对练》路线图

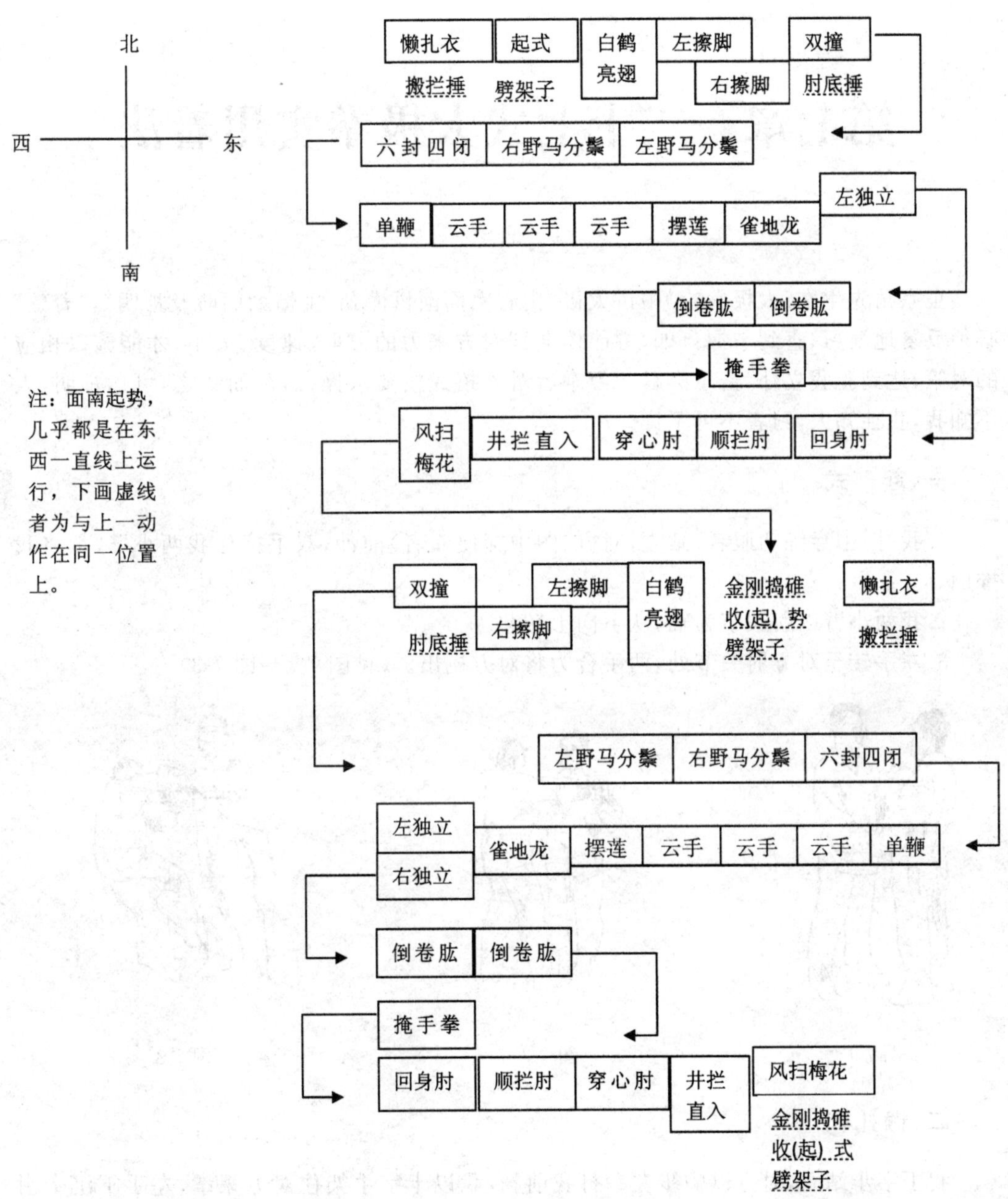

注：面南起势，几乎都是在东西一直线上运行，下画虚线者为与上一动作在同一位置上。

第七章　二十七式太极拳实用着法

王宗岳先生在《太极拳论》中讲太极“由着熟而渐悟懂劲，由懂劲而阶及神明”，“着熟”必须反复地演习，直到掌握自如，方能体会到对方来力的方向、速度、大小，才能施以相应的对策，达到犯我立仆，击尔必跌。习拳者对该招式按要求操练，久而久之，可达神明，人不知我，我独知人，习者不可不详。

一、起　式

1. 我（图中穿练功服者）站立，对方（图中穿便衣者）前冲，双手掐住我两小臂，欲将我推倒。

2. 我两小臂以肘关节为轴，从下向上转起。

3. 左手转至对方肘关节处，两手合力将对方捌出。（见图 7-1～图 7-3）

图 7-1

图 7-2

图 7-3

二、懒扎衣

我丁字步站立，对方以顺步左拳打我前胸，我以十字手架住对方来拳，左手下沉牵引住对方左拳。同时我右掌沿彼手臂顺击对方颈部，对方如后撤或前随靠击于我，我身左转，左手后带彼腕，右掌回收。肘尖尽量贴住自己的乳房，便可将对方跌出，重者可折毁对方胳膊。（见图 7-4～图 7-6）

图 7-4

图 7-5

图 7-6

三、搬拦捶

对方上步随用右拳摆击我太阳穴，我用搬拦捶破开，猛击对方右胸部。

1. 对方欲从侧面拦腰抱我，我急以搬拦捶迎击对方的颈部或头部。（见图 7-7、图 7-8）

图 7-7

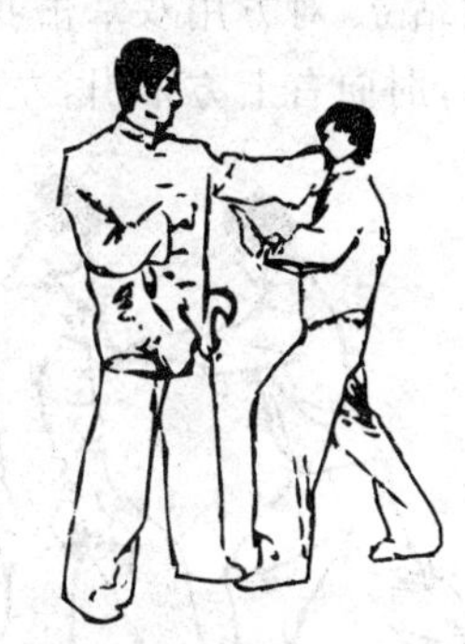

图 7-8

2. 对方欲从后面抱我腰，我亦可用搬拦捶，只是腰转幅度略大些。

3. 对方迎面以拳击我胸部，我亦可用搬拦捶迎击对方，只是力要猝发。（见图 7-9）

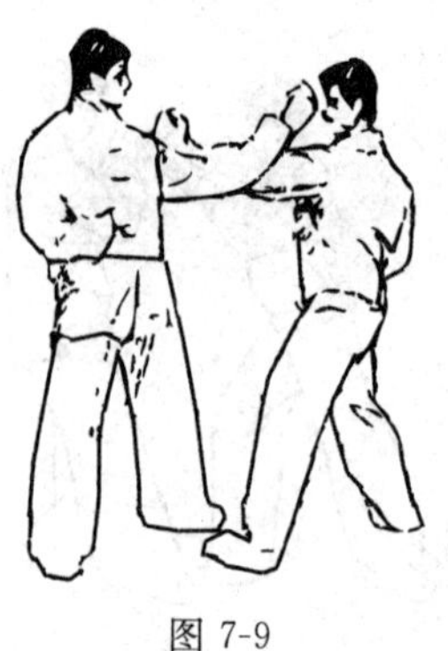

图 7-9

四、劈架子

我丁步站立,对方顺步直拳击我胸部,我略后缩身,步不但不撤,反而在缩身的同时。右手沿我胸上升,迎住对方来拳,然后缠其腕部或小臂向自己身右侧牵动,左拳撩击对方裆部或直击对方小腹。缠住并不是抓住,只要能触及对方上肢任何一部分都可。(见图 7-10)

图 7-10

五、白鹤亮翅

我自然站立,对方用双掌击我胸,我身略左转,右脚上半步,右手经胸前起,触及对方小臂或腕部,肘向右上方带引,左脚上步,左掌猛击对方肋部。(见图 7-11、图 7-12)

图 7-11

图 7-12

六、左擦脚

对方按击或拳击我胸，我身略左转，右小臂拨其来力，右脚蹬击对方胸部或踢其下腭或裆部。左右擦脚，作用相同，唯左右方向相反。（见图 7-13～图 7-15）

图 7-13

图 7-14

图 7-15

七、右擦脚

右擦脚与左擦脚作用相同，唯左右方向相反。（见图 7-16～图 7-18）

图 7-16

图 7-17

图 7-18

八、双　撞

我向对方踢脚，对方转身向侧后方拨我腿，我腿即向前落步用双掌（双拳亦可）撞击对方小腹。（见图 7-19、图 7-20）

图 7-19

图 7-20

九、肘底捶

对方略缩身避开我的攻式，用右拳击我头部，我左掌竖起，向身后外侧拨击小臂，右拳经左肘下直击对方腹部。（见图 7-21、图 7-22）

图 7-21

图 7-22

十、左野马分鬃

对方用脚踹我胸部，我略侧身上左步于对方脚后，左掌、左小臂向左侧猛击对方肋部。左右野马分鬃作用相同，唯左右方向相反。（见图 7-23、图 7-24）

图 7-23

图 7-24

十一、右野马分鬃

右野马分鬃与左野马分鬃作用相同，唯左右方向相反。（见图 7-25、图 7-26）

图 7-25

图 7-26

十二、转身六封四闭

对方双手按我胸或直拳击我胸，我身略左转，用小臂向左拨其小臂，同时右腿插入其裆部，身再右转，双掌按其胸部，对方便可跌出。（见图 7-27、图 7-28）

图 7-27

图 7-28

十三、单　鞭

对方用拳击我胸部，我略缩身，右手用勾手从上向右侧牵引对方，左掌用力猛击对方胸部。（见图 7-29、图 7-30）

图 7-29

图 7-30

十四、云　手

对方双手抓我两小袖（衣服袖筒与身片的连接处）或双臂，在其未抓实之前，我身略左转，右手从下向上接住对方左腕，左手按其右肘，向右后牵领，同时我左脚猛踹对方的胫骨，使对方跌倒。（见图 7-31、图 7-32）。

图 7-31

图 7-32

十五、摆　莲

对方以顺步右拳击我胸部，我身略右转，双手经体前向右后挂引对方，同时右脚外摆击对方肋部，也可蹬击对方。（见图 7-33、图 7-34）

图 7-33

图 7-34

十六、雀地龙

对方猛扑，欲用双手卡我喉咙，或撞击我胸部或抓我双肩。我身下蹲，右手经体前向上缠住对方来势，向右后带引，同时左腿插入对方裆部，左拳击对方小腹或抓住对方裆部，身略右转将对方摔出。（见图 7-35～图 7-38）

图 7-35

图 7-36

图 7-37

图 7-38

十七、左金鸡独立

对方左手擒住我右腕，右手擒住我左腕，双内旋制我，我随即右手加大内旋，向前、向上击对方下腭，左手略外旋向身后牵引，同时提右膝，击对方裆部。左右金鸡独立作用相同，唯方向相反。(见图 7-39、图 7-40)

图 7-39

图 7-40

十八、右金鸡独立

右金鸡独立与左金鸡独立作用相同，唯左右方向相反。(见图 7-41、图 7-42)

图 7-41

图 7-42

十九、倒卷肱

我左脚在前丁步站立，对方用双拳猛击我头部，我身略下沉，前脚经右脚侧后退两脚远，呈马步，同时左小臂上迎粘住对方向后牵引，右掌外缘猛击对方腹部。(见图 7-43、图 7-44)

图 7-43

图 7-44

二十、掩手拳

对方双手抓我双肩，欲将我摔倒。我身略下沉，双手从对方双臂中间穿出，化其来势并后引，使其体前倾，我用拳直击对方心口处。（见图 7-45～图 7-48）

图 7-45

图 7-46

图 7-47

图 7-48

二十一、回身肘

在打掩手拳之际，另有一人从侧面欲将我抱住，我随即下沉，用肘向后猛击对方小臂。重则打折对方小臂，轻则使其向我身后跌出。（见图 7-49、图 7-50）

图 7-49

图 7-50

二十二、顺拦肘

我自然站立，对方欲锁我喉或抓我脖领，我身略后缩，左手轻触于对方手腕关节下沉内旋，右手从其臂下穿出，上步于对方裆中，同时用肘尖猛击对方胸部。（见图 7-51～图 7-53）

图 7-51

图 7-52

图 7-53

二十三、穿心肘

在我用顺拦肘时，对方急用手下按我肘，我即肘尖随其下沉，再向前，击对方胸部。

（见图 7-54～图 7-56）

图 7-54

图 7-55

图 7-56

二十四、井拦直入

对方以右拳顺步击我正面（或右拳左腿在前），我略侧身，右手轻牵引对方小臂，同时左脚伸到对方右脚后，用小腿跪其胫骨，我脚尖落地发劲的同时，左掌猛击对方肋部。（见图 7-57～图 7-59）

图 7-57

图 7-58

图 7-59

二十五、风扫梅花

承上式，对方如重心后撤，沉肘化解“井拦直入”，我右手擒住其右手，使小臂贴我身上，我左手撑其肋部，身向右后转一周，反击其胳膊关节，使其跌出。此招应慎重，以免折断对方胳膊。（见图 7-60～图 7-63）

图 7-60

图 7-61

图 7-62

图 7-63

二十六、金刚捣碓

我将左手伸向对方面部，诱其迎击我左手。同时右手沿对方中线，擦击对方，右腿提

起，近则用膝，远则用脚。（见图 7-64、图 7-65）

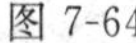

图 7-64

图 7-65

二十七、收　式

1. 对方猛扑抓住我两大臂，欲将我摔倒。（图 7-66）
2. 我在对方腕部外侧直立起手，用两臂拿住对方。（图 7-67）
3. 我退步，两手沿对方手内侧下按，令其跌出。（图 7-68）

图 7-66

图 7-67

图 7-68

第八章　太极应对三篇及王氏法则

一、太极应对三篇

太极应对三篇分别为“作战篇”、“应对篇”和“接手篇”。“作战篇”为太极技击概论，着重强调技击的指导思想，是太极拳技击的总纲。“应对篇”是具体面对诸情况的应对措施，以截面、截言、截拳几项情况分别处理的具体方法：截面者，观察对方颜色，化干戈为玉帛；截言者，听取对方言语，和蔼为先，主动示好，弭恶言于无形，把手言欢，皆大欢喜；截拳者，示好无果，相劝无望，面对极力相逼，被迫应对，亦考虑周全，施展拳脚，做到战无不胜，击败对手。“接手篇”是针对直接动手的应对办法，具体指明如何与人相搏的技术，明确了手眼身法步的运用。

这三篇写于20世纪80年代末，本打算列为《太极健身实用对练》一书的理论内容，听从朋友建议，亦考虑恐给人造成太极拳凶猛、狠毒的错觉，连同其他理论以及接手篇、发放、站位、巷战、野战篇，以及手法、步法的训练内容择出，未有付梓，虽随后在武术杂志上刊文亦有披露，但未能完整阐明，后因见对太极拳的武术实质之误解亦甚，且某些论调已背离武术实质，心中实痛，不免手痒，无奈再作冯妇，把原来的内容发表出来，如能为全面了解太极拳内涵，纠正对太极之误解起点作用，将甚感欣慰；个人陋见，难免偏颇，谬误之处，恭请赐教。

作战篇

夫交战，外似安逸潇洒，心藏杀机，出手，如火燃炸药，一触即发。发，则勇猛无敌，使之望风披靡，出手必伤，溃其意志，使之丧失抵抗之力；不出招则已，出则连续攻击，最少不得少于五下，做到：一狠，二毒，三手快；解决争斗不得超过几秒，斗之疾迅，退之愈速，进之如劲风掩草，摧枯拉朽；退之如滴水入沙，无影无踪。

忌：多言，迟缓，犹豫。目的明，则一下到位，或打或杀，直截了当，多说一句于事无补，有害无益，慎记！慎记！

武学为一小技，然与国事、政事，一道贯之，武学通，则诸事顺，习者不可不辨。

应对篇

遇人先把面相察，汹冷嬉者分上下；
话语平和亲近暖，凶神也难拉下脸；
小事化无大化小，不用动手为最高；
平和退让无效果，展示拳脚也英豪；
地势要站上面场，背阳顺风有头脑；
人众群来外延立，退走疾跑也逍遥；
出手击人不过二，一击打中必奏效；
出手随即迅风走，众人粘缠不谓高；
人寡势单直接进，远击近打连珠炮；
力大功高若相遇，脚退手迎前后绕；
左右偏三找缝隙，一箭中的听讨饶。

接手篇(亦称“接手要诀”)

欲动先动步，前后左右移；手迎中心线，身偏攻击面。
双手前后起，次序手肘肩；遇力身步走，随即肩肘手。
左右为衬套，直进踏中要；后退偏右左，力大奈何我？
上下腿手攻，两手交替迎；万法规矩走，变化不离宗。

二、王氏法则

按语：本法则是我多年教学的指导思想和内容，由刘勇整理发表在《武林》杂志上，实为刘勇之功劳，但是具体体现了我的平时指导思想和教学内容，故一并放在这里，以期完整体现我的教学体会和认识。某些地方与刘勇发表在《武林》杂志上的文章有所不同。

所谓法则，即规律。“王氏法则”是将在散手实战过程中的各种技击动作加以概括和分类，以图在更深的层面上反映太极拳实战时双方攻防动作发生变化的规律性，供广大爱好者参考。

(一)王氏第一法则——手肘肩法则

“手肘肩，往前钻；肩肘手，往后走。”这是手肘肩法则的核心。

在手臂三节中，手是梢节，肘是中节，肩是根节。手肘肩法则是手臂三节在技击中运动顺序的明确化，具体内容是：

(1)在进攻时，是手领肘、肘领肩。即：手指、手掌先发力，然后肘发力，最后肩发力，各关节按顺序打开、伸直、放长、发力，各关节按顺序打开、伸直、放长、发力，此为手肘肩；即前节起，中节随，后节催，此为手肘肩。

(2)后撤防守时，是肩领肘、肘领手。即：肩先放松向后撤，然后肘，最后手，各关节按顺序放松、弯曲、后退，此为肩肘手。多用于引进造成对方来力落空，然后打击之。

(3)各关节要保持动作连贯，不能有丝毫停顿。

(4)发力时，手、肘、肩、心意之力全部集中于对方身体重心线上的一点，节节贯通，不断向前，直至击倒对手。

(5)手肘肩发力时，要做到"手起膊炸"。发力前，大臂(即"膊")是垂直向下，贴于肋侧的。手领起发力后，肘掀起，肩放长，向前催力。

(6)这一法则同样适用于腿三节。在腿三节中，脚是梢节，膝是中节，胯是根节。踢、蹬、铲、摆、撩、勾等等进攻动作是用"脚、膝、胯"；"腿来提膝"等防守动作则用"胯、膝、脚"，具体要求也可参照以上各条。

(二)王氏第二法则——螺旋缠丝法则

"太极是掤劲，动作走螺旋。"太极拳要求身体各部位都做螺旋运动(自转)，与公转相叠加，则组成螺旋缠丝运动。为便于理解，以手臂为例进行说明。具体要求是：

(1)手臂无论是做圆周、弧线运动还是直线运动，无论是上下还是进退，在其纵轴上都要有螺旋运动。

(2)螺旋运动不是整个手臂同时旋转或翻转，而是一头先转，其余依次旋转。"手、肘、肩"是手先转，然后肘肩依次转；"肩、肘、手"则是肩先转，然后肘手依次转。

(3)以大拇指为标志，大拇指向手背方向转为正转，向手心方向转为反转。

(4)根据实战的需要来选择旋转的正反和角度的大小，一个动作可正反旋转一次或多次，但衔接要连贯，不可停顿。

(5)缠丝时，臂柔似绳，要使对方丝毫感觉不到顶抗，丝毫感觉不到危险，也用不上丝毫力气。我一旦得机发力，对方则从生理上到心理上都已失去反抗的可能。要做到"打人像根棍，触手像根绳"。

(三)王氏第三法则——步法法则

散手实战时的步法应符合球体运动的特点，力争做到随遇平衡。球体运动时有以下特点：

(1)只有一个支撑点。

(2)重心的高度不变。

(3)无论球体移到哪一位置，重垂线都通过支撑点，支撑力也通过重心，球体受的合外力和合外力矩均为零，也就是说球体在重垂线上每一位置都能获得平衡。

具备上述特点后，球体可随外力作用在平面上向任何方向平稳滚动。

在散手实战中，运动的步法应达到以下要求：

(1)两腿虚实分明，重心尽量落在一只脚上。

(2)重心随攻防需要在两腿之间灵活转换。

(3)立身中正，百会穴、重心、支撑点三点在一条垂直线上。

(4)前进时，支撑腿膝盖微屈，使自己身体重垂线略微超出支撑脚，后退时，膝盖尽量直立，平行后退，使人体的重力产生一个动力矩。

(5)借助动力矩及自身运动的惯性或身体所承受的对手的作用力，即可作为运动的动力，无须过多地用脚蹬地使自己运动。

(6)重心尽量不起伏。

(四)王氏第四法则——“大臂不动小臂动,小臂不动大臂动”法则

具体用法:

(1)“大臂不动小臂动”是指小臂以肘关节为轴向里、向外(或向内)抡转,而肩关节放松,大臂贴于肋侧基本不动。“大臂不动小臂动”多用于近距离搏击,表现为近身引化缠拿,破解擒拿,顺势进身上步,贴身击打。

(2)“小臂不动大臂动”是指整条手臂以肩关节为轴向里、向外抡转,而肘关节基本保持伸直。多用于远战,大开大合之法,表现在劈砸滚压、摔掌钩挂。

(3)“大臂不动小臂动”多适用于近战,“小臂不动大臂动”多适用于远战。

(4)为轴的关节要松,抡转要松要快。

(五)王氏第五法则——遇力走圆法则

分局部和全身两种情况。

(1)局部的遇力走圆:身体某一部位被对方抓、拿、搂、抱,其力大,我在此局部自转,将对方拨动,然后进攻。

(2)全身的遇力走圆:手与对方一接触,其力大势猛,推不走,进不去,引不动,我手即在第一接触点掤住,脚步迅速走圆,绕至其背势方向而发之。

本法则是第一、三、四法则的综合运用:初一接触是肩、肘、手或手、肘、肩,最后发人是手、肘、肩;在脚步走圆时,步法是第三法则;臂是第四法则的“小臂不动大臂动”。

第九章　如何传授太极拳

老师传授太极拳，首先要实话实说，把自己会的传授给大家，虚无飘渺的传说就作为一个趣谈而已，不能自欺欺人。在浙江碰到一个出来传授太极拳的老师，有人问他，他教的和别人的有什么区别，他答道，他的门派出功夫快，比别的都厉害，练到精了，能把豆腐打进石板里。成人没人吱声，一个姓耿的七八岁的小孩马上说：你胡说，是石板打进豆腐里。现场一片寂静，谁也没吱声，大家为避免尴尬，说：老师你能不能呢？答：不能。既然你自己都不能，大家也学不到这样的功夫了。大家散去，十分冷场。所以，还是以实话实说为好。

德州的刘吉田先生 20 世纪 50 年代学习简化太极拳，到 80 年代在德州积极传授新编套路，受众很多，但他公开对学生们说，我只是皮毛的练习，真正内里的东西，我了解不多，要想学真东西还得找行家。他不但认真向别人学习，还积极向他认为的行家推荐学生。他的真实诚恳丝毫没有降低人们对他的尊重，反而更赢得了人们敬佩。在他的积极推动下，成立了太极拳研究会，刘吉田先生对德州太极拳的普及有很大贡献。

跟这样的老师学习，你不会搞那些虚假的东西、走上歧途，他能引导你走上正确道路。

刘吉田先生在 1992 年太极拳协会上讲话

一、正确方法

传授太极拳，要循序渐进，逐步改进，逐步加深，先不求一切正确，阶段性正确就可以，最初多表扬，多鼓励，而后要求提高。有一次，一名学生对我说："我觉得练得比他们几个好，可您还是老说我不对。后来我发现，您越挑毛病，我就改得越好，最初我不理解，现在知道了，老师时时矫正自己才能进步。"一个刚学拳的人，你就说这也不对那也不对，搞得他无所适从，再也没信心了，这样如何能练下去？跟我学拳的一位教师曾受聘在山东外国语职业学院传授太极拳，学生和教职员工非常佩服他，一位练习家传功夫多年的员工找他切磋后说："姜老师厉害，真功夫，跟市面上的太极拳不一样。"为此他作为学校传统文化使者，接待了2014年华侨寻根夏令营，向华侨展示太极功夫，受到了华侨的好评。在拳场，大家戏称他教授。一日练习技法，几次还不能掌握，我开玩笑地说："你都教授了，还掌握得不好。"他回答说："您说过正确是阶段性的，我现在只能掌握一部分就是阶段性的正确。"说得大家哈哈大笑。

中国的传授方法就是滴灌形式的，慢慢地灌输，先有阶段性的正确，而后达到标准。任何一门技艺都是经过长期练习而得到的，只不过现在国人热衷一蹴而就，希望立刻见效，不想长期坚守做事，这种思想是长期提倡"大跃进"思想的宣传结果，中国现在各行各业不出大师，恐怕也与此有关。

二、相互学习

子曰："三人行，必有我师焉。择其善者而从之，其不善者而改之。"学生之间相互学习，相互借鉴，对提高技艺和增强感情都有好处。

老师一般都是让老学生给新学生带拳，老的学生不要以为这是自己的水平比别人高，其实是老师在检验他学的技艺如何，能不能正确把技艺掌握在手，还有哪些地方需要改进。有时候自己练习容易对有些技艺一带而过，没有很深的印象，让你去教人，你的短板部分就显露出来了，似是而非的东西就不敢教给别人，只好规规矩矩地从头去找，对新人提出的问题不能明确解释时，再找老师求证，从而加深对技艺的理解。通过教人，复习过去学过的东西，就能把过去的东西固定下来，练到身上。子曰："温故而知新，可以为师矣。"这句话就是最好的诠释。

老师让老学生带拳，还有一层意思，就是让学生们加深感情交流，增强他们的友谊，达到师兄弟们团结如亲的目的。武术界之所以感情深，也是这种教学方式的结果，这种方式在武术传承、道德培养中起到了相当重要的作用。

同门习艺的师兄弟，大都感情深厚，大家相互关心，相互爱护，亲如兄弟一般。我和哈乐之师兄交往较多。他聪慧好学，热衷武学探索，也经常拜会一些武林人士，研究理法技巧；他为人直率，会把自己的想法和见解毫不掩饰地谈出。由于交流对象的文化程度和认知能力不同，有些人对他的见解不理解，甚至有微词。实际上他的直率和坦诚是很值得敬佩的。他练习的拳术和器械动作漂亮，身法、步法、手法配合到位，在某些方面对套路的美感和技击作用颇有见地。在济南市武术馆的一些练拳的年轻人很受惠于他的指导。我俩时常交流各自的看法，他的文化素质高，我提议他可做些武术史或理论的研究工作，他也同意，说等退休后安心干这件事。后来，他退休在家，我到也门工作，与他联系减少，只是偶尔电话问候一下。在也门向国内打电话，大都是在当地的中午时间，因为两地时差为5小时，那里的中午在国内就是下午五六点钟了。一日心血来潮，别人还在睡觉，我早早起来，就鬼使神差地要给哈乐之师兄打电话。拨通电话，师嫂接的，她哭道："兄弟，你哥哥去了。"我一下子懵了，什么意思？我还没有反应过来，师嫂已泣不成声。一个学生接过电话告诉我："师叔，老师过世了，今天中午出殡，再过一会儿就出殡了，你电话打得真是时候。"我赶紧给刘勇打电话，让他代表我做些事情，刘勇已经接到消息正在赶往济南的大巴上，很快就要到了。他很奇怪，问我："你怎么知道的，谁通知你的？"哪里有人通知，只是心灵感应。大概是冥冥中的安排，让我给他送行。师兄弟的感情老天也给予眷顾。人松静练习太极功夫，常常会有一些心灵感应的神奇现象，这些现象不能简单地划归唯心、迷信，它实实在在地存在，或许在未来会揭开这神秘的现象。

三、武林规矩

讲规矩是必需的事情，人在哪行言哪行的规矩，规矩是几千年人们总结出来的，是维系该行业的根本。大家遵守，就都有规矩，大家都不遵守，就会乱套，一切都没规矩，也就没有这个行业存在的可能。

1.要对老师恭敬

我们要尊重老师的知识和劳动成果，这些成果是他呕心沥血得来的，它的价值不是你随随便便就可以取走的。经常碰到有这样的人，随口说："我跟你学学吧，等我有空了。"这种说法就是轻视人家劳动成果的表现。不付出就索取是强盗逻辑，是匪性，我们应该摈弃这种思想，回归到传统思想理念上来。

过去老师收徒弟是要讲究三代清白，也就是你的上三代是清白人家，不是匪类、奸邪之家，这个好理解。一个土匪家庭的孩子每日耳熏目染，必定染有匪气。家庭教育对世界观的形成至关重要，"孟母三迁"就反映了环境的重要性。人们对一个人有没有家教很重视，因为它也是区别人们品质的一个重要因素。孟子讲"小人之泽，五世而斩"，意思是说小人的遗风，五代以后传统中断。过去收徒注重三代的规矩，也是很有必要的。

2.尊重武林同道

我们外出，在外地练拳，要找一个不打扰别人的地方练习。如果挨着别人的拳场，尽量远离些，因为人家教的东西，不是随便给人的，你在一边窥视，就有偷拳偷艺的嫌疑，容易引起人家的反感，因此要注意避嫌。如果人家不在意，让你在一旁看，那是非常好的，你静静观察就是，切勿多嘴插话，这是人家的场子，你得尊重人家，不然会发生不愉快。

在西安，一个拳场有人在教习推手，一个练太极的过来指指点点，人家很反感，让他试试，一搭手就被推倒在地，起身再推，被人推到水里，很狼狈。他回去跟老师说了，老师找来，问同他徒弟做推手的人，你老师是谁，明天早上大家见个面。推手人的老师是杨益臣，他是陈发科先生的学生。第二天早上，杨益臣老师来到拳场，那老师一看是杨益臣，又详细问了事情的缘由，转头对自己的学生说，你好好跟人家学，说完就走了，杨益臣也没说什么，嘱咐了学生几句。因为这样的事闹纠纷的不少，不过这些惹事的大都不是入室弟子，正规的弟子的要求都是很严的，一般来说来，过去真正的弟子都接受过规矩的教育，不会发生这样的事情。

老师教学，分入室弟子和学生，对这两种人要求都比较严。还有一种是旁观的，不可否认，好多旁观的也掌握了一些技艺，并且有的人还不错，但大部分是不能完整体现出老师的技艺和思想的，其中有些人还会到处标榜，是某某老师的徒弟，总爱拉虎皮做大旗，在武林招摇撞骗，是些是非小人，所以在场子教拳，不愿意让陌生人在一旁观看。

有人说，跟老师拜师学艺，老师死后又跟师兄磕头学艺。这种说法是不对的，师弟跟师兄学艺常见，但那只是代师传艺，师弟对师兄有感情，有感谢，但师弟绝不会再给师兄磕头拜师的，只有那种旁观学艺的，因为他没有对老师拜过帖行过礼，才有可能向老师的徒弟磕头拜师。过去的讲究很严格，有杂志上曾报道：孙禄堂先生名气大，德高望重，但在上海吃饭见到年龄小的师叔还恭敬有礼，礼数很讲究。这才是真正的武林规矩。

德州的魏金彪先生曾跟秘道生先生学过一套地躺双刀，秘道生是秘道纯先生的堂弟，民国时期在青岛国术馆任教。魏先生每次见到秘道纯都是恭恭敬敬，70多岁时早上见到秘道纯，仍摘帽行礼，保持着武林的礼数。他跑过江湖，很规矩，德州现在流传的“戚门剑”“玄门剑”套路大都是他传授的。他对我们后学的也是时常鼓励，每日早上，在湖边看我练完拳，就过来说几句，他曾对我讲：“师弟，过去我对太极不了解，认为太慢，不如快拳好用，后来我体会到，快拳与太极比较，第一年快拳比太极好用，第二年两者的差别就不大了，第三年太极就比快拳有优势了，越往后，太极拳的好处就显现出来了。”当时认为他是在鼓励我，我们年龄相差太大，他又是老拳师，我对他很恭敬，只是诺诺点头；现在想想有一定道理，的确太极拳与其他运动方式相比更适合老年人锻炼。

现在的武术界和过去大不一样，因为长期以来对武术的限制及反对“江湖义气”等等的做法，割断了人们对武林界规矩的了解。其实任何行规都是有道理的，因为行规只有公正公平才能被大家所接受。今天如果你违规而受益，明天可能会因违规而受害，所以大家相互遵守规矩才能和平共处。现在武术界的一些做派大多学于电影、电视或武侠小说，进行人为炒作。有人以模仿武侠电视为荣，而这些文艺作品的讲究和真实的武林不一样。文学来源于生活，但高于生活，好多东西都是文人臆想捏造的，与真实情况相差甚远。

老舍先生写过《断魂枪》，他的素材就是从武术中得来的。他曾在国术馆学过拳，听秘道纯先生讲，老舍学费照交，但平时不练，就是在一旁看别人练，听些武林界掌故，为自己的写作提供素材。现在有人说老舍也是武林高手，实际上他仅是为写作接触武林界、学学武术。过去说“拳不离手，曲不离口”，一个武林高手是需要下多年苦功夫，还得不间断地练习，才能成为高手，一个成为高手的人是相当不容易的，由此看来，老舍先生是武林高手的可能性不大。

3.要传授基本功夫

现在传授太极拳大都是练拳架、推手，没有从基本的开始，目前大部分都缺乏基本功夫这项内容。教拳首先要教给学生如何踢腿、如何出拳、如何操掌等，这些都要先学会才能再练套路等其他内容。也有的是先练套路，后加出拳、踢腿等基本功内容。无论怎样，基本功夫这块内容不能省略。一些练太极拳的，之所以不会防身，就是缺乏这方面的内容，如果加上这项内容会完整体现太极拳的卫生作用。

金鸡抖翎

王亮与于志强练习太极大杆

第十章 太极体悟

按：本章内容是我近年在武术类杂志上发表的部分文章，整理汇集在此，供大家参阅。

一、太极拳练习十戒

许多老师在教学生时常常告诫要刻苦多练，这本身无可非议，但不分清具体情况一味多练，可能会适得其反，不但不利于健康，反而有伤身体。太极拳初习时要按规矩练习，举手投足力求合规矩，这样容易出功夫；待掌握规律后，就应动作自由，达到“脱规矩而不离规矩”，神似而形非。

功夫是长期练习得来的，最好不要长时间中断，只有长期坚持才能较全面地体会到太极的奇妙。有时在特定条件下，练习方法可不拘泥，以顺势而为为好；逆势而为，不但不出功夫，反于身无补，有碍健康，习者明知为要。

1.过饱不可拘泥练习。即使练习，应松练，不讲姿势标准，可松懈随意比划。切忌大幅度运转、低式。

2.饥饿肚中无食忌练，练习必伤，于身无补。

3.疲劳过度不可拘泥练习。可松懈随意运划，令肢体松弛休息，慢慢培元气为上。骆驼常常压垮于最后一棵稻草，应多注意。

4.睡眠不足可不按要求练。如练，可松懈随意比划，令大脑松弛休息。

5.心情不好可不按要求练。如练，可松懈随意比划，不讲究姿势；调节好心情后，再按规矩练。

6.大病缠身可不按要求练。如练，可随意比划，不讲究姿势；待元气恢复，再按要求练。

7.醉酒不练，练习伤身。小醉，可不按要求练，随意比划即可。

8.大喜大悲(心情过分激动)不练。如练，可不按要求练，随意比划，待心情平静，再按要求练。

9.天气异常、恶劣，闪电雷鸣、狂风暴雨，忌练，刻守元神。

10.环境恶劣不练，于身无补。切记！

二、太极拳经总歌诠释

太极拳的搏击，是人们常议论的话题，仔细看看，许多拳种都采用了太极的训练方法，有的干脆把太极的拳理原封不动地搬到自己的拳里，指导自己的练功。也有一些人对太极拳的技击不清楚，只是做一些隔皮猜瓜的评论；还有的妄自在那里进行比较，太极如何如何。好多人对太极片面理解，把训练方法——推手作为技击，认为太极拳只是近身时使用的，误认为推手是太极拳的技击方式，功夫高低就是推手的好坏，好多所谓的名家著书、教人也是这样说。不练太极的人这样尚可理解，可是一些练太极的，甚至一些太极门人也随声附和，模糊不清，就有些说不过去了。

太极拳在民国初，普及甚众；但这一时期，编造鬼怪，制造玄虚，使太极远离本貌，致使一些后人认为用腿、用拳、蹿蹦跳跃不是太极拳。一用摔法怕人家说是摔脚；用拿法，怕人家说是擒拿；有些教师从不教学生踢腿弯腰，也不教跳跃动作，连快速度、用力气都不敢提，恐怕人家说他不是太极，致使一些学生习拳多年还是茫茫然然。“太极十年不出门”，十年了怎么还是不行呢？现介绍太极拳总歌，并释解其含义，希望能对功夫练习者有所帮助。

拳经总歌

明·陈王廷

纵放屈伸人莫知①，诸靠缠绕我皆依②。劈打推压得进步，搬撂横采也难敌。③钩掤逼揽人人晓，闪惊巧取有谁知？④佯输诈走谁云败，引诱回冲至胜归。⑤滚拴搭扫灵微妙，横直劈砍奇更奇。⑥截进遮拦穿心肘，迎风接步红炮拳捶。二换扫压挂面脚，左右边簪庄跟脚。⑦截前压后无缝锁，声东击西要熟识。⑧上拢下提君需记，进攻退闪莫迟迟。⑨藏头盖面天下有，攒心剁肋世间稀。⑩教师不识此中理，难将武艺论高低。⑪

【注释】

① 纵放屈伸，即自由打，放长打法，远战。

② 意为近身缠绕靠打正合我意。过去有“把式身值千斤”之说，把式过去指练功夫的人，意思是不让人靠身。好多拳师恐怕遭暗手，根本不让人靠身。有些名家十分小心，平时和大家在一起，都要保持距离，坐椅子都要离别人远些，怕别人近身对自己不利。太极利用感知训练做到了不怕靠身，平时的推手训练时的应变能力在近距离发挥作用，靠近了正落入我囊中，正合我意。

③ 劈打推压冲前打，远距离上手方法，迅速冲向敌手，猛力劈打压住对方重心，迅速进步，在敌手穷于应付时，突然搬撂横扯出横向劲，敌手如何提防？

④ 钩掤逼揽脚手并用，近距离打手法，近得身去，上面手掤揽住，下面脚可用钩踢踩挂，弹抖惊炸防不胜防。

⑤ 佯输诈走引敌近来，猛然回打岂不胜利，善引进使其劲路落空，趁机猛力回击，战无不胜。

⑥ 滚拴搭扫制敌巧妙，出奇在转关，技巧重要；横直劈砍直截了当，时机已到泰山压顶，横劈直砍一下结束战斗；宜力时尚力，宜巧时尚巧。

⑦ 挨身近时可用肘;中距离来拳,看准来势用肘直接进击;远距离时用脚腿蹬踹扫踢。

⑧ 无论近距离还是远距离都要做到无缝隙,手到脚到,进攻防护一气呵成,令敌手无机可乘,还要牢记声东击西的战术运用,一是提防敌手,二是用于打击敌手。

⑨ 上拢下提:打上时要提防下面,打下时要提防上面。进攻退闪:当进则进,当退闪则退闪,不能犹豫不决。

⑩ 藏头盖面:进退都要防护好自己,是每个拳家都知道的事。攒心剁肋:可做到一下子攒心剁肋是不容易的,一是要近得身去,二是要打得中。

⑪ 如果教师连这些道理都不懂,就谈不上论武艺高低。

本篇见于河南温县陈家沟两义堂太极拳谱,该谱明确、详细地提出太极拳的打法。

从《拳经总歌》中我们可以看太极的系统技击方法,对打法提出一套系统的远近上下、进攻防守、力与巧的运用方法。并指出不懂此中道理,就谈不上武艺高低。今天重读拳歌,对练习功夫有着指导意义。

三、太极拳—— 一种性命双修的高级卫生运动

性命双修是中国养生术的特色。命者,肾也。性者,即神志。性命双修,则是通过心智与形体锻炼来卫护人的生命,从而使心身健康,达到益智长寿之目的。修性就是修炼心智,通过修炼达到健康心身的目的。儒家的坐忘、佛家的坐禅、道家内丹修炼都属于性功。

太极拳训练首先要求"心静",注意力集中,并讲究用意识(想象力)引导动作,调节内在活动。为强调意识的重要性,一些功夫高深的拳家提出"重意不重形",练拳很随便,而且与拳势有着很大的差异,举手投足都超出了拳势的规范和要求。陈式太极拳第十六代宗师陈鑫就提出"脱规矩而不离规矩",其实脱的规矩是拳式,不离的规矩是理法,是人的意识、思维。看太极名家洪均生先生练拳,人们就会深有感触。先生练拳,潇洒自如,给人一种飘飘而行的感觉。

而打太极拳,就是在大脑支配下完成的,这对中枢神经系统有着很好的锻炼及调节作用。神经系统支配着人体器官机能。对中枢神经的锻炼,有益于其他系统与器官机能的活动和改善,练拳令人周身舒服,精神焕发,感觉活泼,反应敏捷,心情舒杨。这种良好的心理状态,能使人们提高免疫能力,使病人脱离病态心理,有利于治疗疾病,加强自身调节。

练拳,对于人有益智作用。即使文化程度不高的人,通过练拳改善了性格和修养,这些都是修性的结果。

命功修炼是指通过导引吐纳和人的肢体导引,调节人体内里,达到健身卫生之目的。五禽戏、八段锦、易筋经以及通过呼吸或肢体导引来达到健身卫生目的的都属于命功。

命在于肾,是先天之本,主生长,发育和生殖。还主人体内水液代谢的平衡,主骨生髓通脑。对机体各脏腑组织和器官起着滋养、濡润、推动、温煦作用。古人曾说:"修性不修命,此是修性第一病。"目前,一些气功功法之所以出现偏差,甚至走火入魔,除个别气功师夸大气功作用、编造荒诞不经的内容外,再就是过分地强调修性,而忽视了命的修炼。

肾在人腰间,太极拳则以强调练腰为主。人常说"太极的腰,八卦的腿"。拳论中提出

"腰肾为第一之主宰"，明确指出"命意源头在腰隙"，"刻刻留心在腰间"。腰隙，即指两肾，肾壮则精足、气充、神清、目明。太极拳中腰部的松活、沉着、旋转、直竖的运动，对脊柱神经和植物神经有刺激、锻炼作用，有利于内里器官淤血的清除，以及肠胃机能的改善。

太极拳对身体的各部位都有着严格的要求，头、颈、肩、肘、腕、手、指、胸、背、脊、腹、腰、臀、裆、胯、膝、足、趾，周身的每个关节以及与之相关的神经、肌肉等都得到锻炼。这项活动有利于气血运行，使微循环得到改善，从而达到健身之目的。这种微循环的改善可使动脉的末端和静脉的起始端所构成的毛细血管结构中的微小血流流畅，而很多疾病就是这些肉眼看不见的微循环发生障碍所引起的。人体微循环改善，人体机能状态也会因此得到改善。从微循环这一健身角度讲，没有任何一种养身方式能与太极拳相比。

因为太极拳是性命双修的修持方法，练太极拳有益，没有人因练太极而出现偏差。太极拳的修炼依据——太极图，是对性命修持不偏不倚的最好说明，也决定了它对任何事物一分为二的处理方法，这无疑是对养生学发展的巨大贡献。

太极拳普及程度，可以说遍及世界，这一中华瑰宝，已超越了国界、种族，成为全人类共同的财富。

太极拳是一种实实在在的运动方式，没有虚假、神秘的东西。作为中国传统文化，其朴素、真实而又内涵浩瀚、博大，有无穷无尽的神奇和奥妙。古往今来，即使从小练到老，也会使人感到只是学了点皮毛而已。所以太极拳名家洪均生晚年仍自称是"不成材的学生"。

太极拳在20世纪五六十年代，有着很大的发展。在探索养生方面取得了很大的成就。而从80年代至今，太极拳并无多大发展，大多停留在口头论争上，个别人甚至步入虚假、玄虚的泥潭难以自拔，同时也对后来的发展有着不良影响。近来虽然在某些方面有些探索，但总的说来，仍是原地徘徊，尚停留在五六十年代的水平上，有些方面甚至还远远落后于这个水平，实在令人感慨万千。

随着科学的发展、人们的重视及研究的深入，太极拳这一高级卫生运动必将会对人类作出更大贡献。千里之行始于足下，愿与太极拳爱好者共同努力。

为第一届世界太极拳修炼大会，我作了《太极拳——一种性命双修的高级卫生运动》一文，后发表在《精武》杂志1998年第5期，杂志社改为《性命双修太极拳，卫生养生动为先》。为说明太极拳的内涵，阐明性命的术语和作用，我仍沿用原来的题目，再次将其收录在本书中，以期对爱好者能有参考作用，对修炼者能起引路口授作用。太极拳练习者众，能明者少；流言玄虚多，真经实功少。希望大家抛弃那些鬼怪神乱，认认真真地研究太极拳，把太极拳继承发扬下去。如承蒙转载，请注明作者和出处，以免以讹传讹，渐失本意，误导读者。之所以反复啰嗦，是因为曾有人把我的文章加入其他另外的内容，与我原文不符，致使读者来电询问。为避免类似情况发生，再次强调。

四、行气要旨

呼吸之法，法门虽众，无外乎松、深、匀、长；而导引则为体以松展，而利气运行；驭内气，应以圆、以曲、以旋；宣泄排之法，静无杂念，气促长而速；调养修补之法，心静体宽，信马由缰，上天入地，游山戏水，心旷神怡，然中定为本，放得出收得拢，逍遥于九天九地，中定于吾心吾身。玄机遥知，不思得而得，不以得而喜，不以无而沮；寒暑往来，日月交替，皆有定数，神者、仙者，亦心所杜撰，勿堕欲望之壑，循天道，自然为之，平静自然乃大道。

（有澳洲一华人女士，练习瑜伽，冥想数年，忽有象出，心惧，求证老师，不能答，辗转求教于我，我将拙文《行气要旨》给她看，并针对她的情况详细解释，该女士释然，后专门来信致谢。）

五、缠丝劲与螺旋劲

陈鑫先生提出“太极拳，缠法也，行中气之法门，不明此理，即不明此拳”，并多次在《太极拳图说》中提到缠丝劲。具体什么是缠丝劲，人们需要有一个明确的概念。

有人把螺旋运动轨迹的劲路统称为“缠丝劲”，这样的归类是不科学的，也是背离古人原意的。

我们知道，螺旋千斤顶，能够顶起重型物体。它的运行路线是螺旋上升的，它是有力的，随着物体的重量，来施加相应的力量，把物体顶起。绳索缠人，丝线缠绑物体，是通过缠绕物体来加以固定，是通过柔化缠绕实现的，无论物体是大是小都必须通过柔化缠绕达到固定、绑死的目的。两者虽然都是走螺旋、弧形路线，但用力方法是不同的，前者是用力，而后者则必须不用力。

缠丝劲是指柔化缠绕的劲路，如擒拿的小缠丝等太极拳的反转缠进，柔化搭绕。

螺旋劲是指呈弧线或螺旋状的运行轨迹的劲路，广义来说含柔化搭绕的劲路，但是由于我们的古人在择词选字上很准确地选择了缠丝和螺旋，两者分开说还是比较科学的。

丝是很细小的物体，力气大了是不行的，会断的，所以要轻、要柔，才能用缠丝劲。淑女缠丝，心灵手巧，做此营生，相得益彰；如果来个莽汉，像李逵或张飞的，尽管是做螺旋运动，肯定是不行的，丝线非乱套不可。

绞盘是古代人常用的工具，现代人也经常在某些特定场合使用，人们用它通过螺旋来牵引或提升重量物体；而操作这些的人工都是力大壮汉，同样换成淑女也是不行的，一会儿就香汗淋漓，绞盘还是纹丝不动，这样的螺旋也是行不通的。

一般螺旋劲用力要求不见得是柔化搭绕，可以是短促、快速、刚猛。常见的有硬打硬冲无遮拦的形意拳及五行拳的钻劈，以及八卦掌的翻转外撑一些着法，还有少林长拳的拧腰发力、太极拳的白猿献果等，这些都属于螺旋劲。如果把这些劲路称为缠丝劲，人们肯定不会接受，也与词义不合，这么刚猛的力，只能缠柱子或桥墩，如果缠丝，丝线非断不可，也和丝线寓意相去甚远。

太极拳强调缠丝劲，是让人们不用多余的力气，以体会螺旋缠绕开合，内劲布行周身，培内气，达到强身防身之目的。

通过上述比较我们可以得出，缠丝劲和螺旋劲是不同的两个概念、两个劲路。

由旋转动作产生的劲力呈弧线或螺旋状的柔化搭绕是缠丝劲，用大力或刚猛的螺旋力是螺旋劲。

六、习练太极拳如何放松

身心放松是练好太极拳的关键，也是人们一直在追求的目标。有关太极拳的书可谓汗牛充栋，其中谈论放松的比比皆是，从头发到脚趾都有许许多多的规矩，使初学者茫然，也使练拳多年者无所适从。

那么如何放松呢？多年的练习使我体会到以下几点：

1. 要松胯。松胯则裆圆，下肢运转灵活，进退不僵滞，腰转自如。松胯不是架势低，架高一样松，一样运转灵活，架低胯不松，则运转不灵。有些练习者动作来回荡动，就是胯没松好，变化不能直接从转动中形成，只好在往复荡动中移动重心，从而实现招式的变化。这个毛病很普遍，练习者应注意克服。

2. 要松肩。肩松则上肢灵活反应快，而且气血易达指尖，从而改善微循环，达到健身之目的。太极拳名家陈鑫先生云："(肩)此处一开，则全胳膊之往来伸屈，如风吹杨柳，天机动荡，活泼泼地毫无滞机，皆系于此。此肱之枢纽，灵动所关，不可不知。"

3. 知道了放松肩胯，在动作运行中，要注意上下肢体的变化。上肢：应先出手，再出肘，再出肩；回收时，应先收肩，再收肘，最后收手。下肢：先出脚，再出膝，再出胯；回收时，先松胯，再收起膝，最后收脚。即：手、肘、肩，脚、膝、胯；肩、肘、手，胯、膝、脚。在练习中，一定按这套程序运行，再快也是这套程序，再慢也是这套程序，当然特殊情况例外。久而久之，则成自然，太极韵味自出。外形如行云流水、平沙落雁，动作悠悠哉，心情溶于湖光山色之中，心情焉能不放松、不愉快？内气充盈，手如灌铅，立如中流砥柱，健身防身之功效又焉能达不到？

4. 其他部位的放松。在肩、胯放松的基础上，注意不用僵劲，就可达到其他部位的放松。

七、太极拳的"松肩坠肘"与"沉肩坠肘"

学太极拳的人，在谈到对肩肘的要求时，总是有人说"沉肩坠肘"，也有人说"松肩坠肘"，各家太极拳对肘的要求是一致的，但对肩的说法就不同了。到底哪个更准确呢？

我们看看拳式，从《太极全书》的诸家拳照中可以看出，有些拳式肩不但没沉，反而抬得很高，可见沉肩之说是不确切的。

陈鑫先生在谈到肩的要求时说："打拳运动全在手领，转关全在松肩，功久则肩之骨缝自开，不能勉强。左右肩松不下则转关不灵。且松肩不是亸(duǒ)肩，骨节开则肩自下松……此处一开，则全胳膊之往来伸屈，如风吹杨柳，天机动荡，活泼泼地毫无滞机，皆系于此。"陈鑫先生明确指出，松肩不是亸肩，"亸"是下垂之意。杨澄甫先生曾说："沉肩，松开下沉也。"杨先生也说是松肩。

我随恩师洪均生先生学拳时，老师常说"把肩的筋松开"。为达到松肩的目的，他又教了松肩的方法。通过多年练拳的体会，我认为松肩坠肘意义表达全面，沉肩是松肩的一种表现形式，松肩是沉肩要达到的目的。

通过练习，我们可以体会到只有肩松开，气血才容易达到肢体末梢，更好地进行微循环，达到健身、增强功力之目的，做到"行气如九曲回肠，无微不至"。

松肩按方位，可分前、后、左、右、上、下。

"仰之则弥高，俯之则弥深"，是通过上、下松肩来实现的；"进之则愈长，退之则愈促"，则是通过前、后、左、右松肩来实现的。当然，在使用中还有身法、步法、手法等诸因素。

我们再看太极八法的运用：

1. 两人顺步站，对方右手握我右腕，左手置我肘的右小臂处，用力前按。我受力，若肩紧，则转动不灵，就会被按出。此时，我给对方一个掤劲，沉肩并降低重心，腰左转便可化解对方来力，略进右步，对方即可被掤出，后跌。

2. 两人顺步站，对方右手握我右腕，左手置我肘关节处，向其后捋我，我松肩略前随一点，上步用挤肘靠法将对方打出。对方为破解我之着法，常用肘填在我肩下，使我肩上耸，再用肘或靠法将我击倒。我随势肩上松，身左转，用左肘猛击对方后背。

3. 对方双手分别抓我右腕、右肘，向我身后拧别，欲将我制住，一般的解法是，我左转身，用左手托击对方下颏，其实在对方向我身后拧转之际，我略右转，肩向后松，以肩为轴，手臂向后、向上划圈，利用转动，拿住对方的两手，我左手随势再采拿住对方的右掌，使对方跪伏在地。

从上面的例子，我们可以看出，松肩始终贯穿在八法之中，而沉肩则是松肩的一种形式——下松肩，因而“松肩坠肘”是准确的。

图 10-1

图 10-2

图 10-3

图 10-4

图 10-5

图 10-6

图 10-7

八、你的拳为何不管用

今习太极拳者，大多抵挡不住练快拳的或学摔跤的，有些习者认为功夫不到。太极十年不出门嘛，十年后就天下无敌了。结果怎样？有不少习拳几十年的所谓"名人"纷纷败在壮汉手下，为找借口，竟说"太极的技击是末技，是附属品"，这种遮掩实在令人齿寒。在大多数人的心目中，太极健身尚可，自卫、防身不行。造成这种现象的原因，一般是老师没有给学生讲明、讲清该如何练，按什么步骤、什么规律练习。

现今有些习拳者，急功近利，对老师不尊重，他们认为老师传授功夫是理所当然的；不传，就认为老师保守，当面议，背后贬，索取之心颇重，对老师恭敬之意却少。而老师们还恪守着"宁让功夫带进棺材，也不传给宵小之人"的古训。老师们这些做法是无可非议的，功夫传给不忠、不孝、不仁、不义之徒，不但会给本门派带来纠纷、是非，还会危害社会。因为一个不孝敬父母的人，绝不会尊师重道，即使当时假作殷勤，其实也就是为了骗取老师的东西，一旦功夫到手，就会一脚把老师踢开，这样的例子并不少。那些认为老师保守的人，不妨先反躬自问，你的所作所为是否得当。

另一个原因则是，老师本身就不明拳理，老实的还能对学生说"我的水平不行"，碰到一个不懂装懂的，上天下地，神祖仙师，吹得云山雾罩，其中假冒百岁老人的有，胡侃真传正宗的有，太极拳之伪，相当严重，以其昏昏，焉能使人昭昭。偶阅一文云：某太极拳师欲与人试推手，结果被一拳击昏。按理来说，推手开始就应全方位防护，小心应敌，一般不会出现上述现象。为了解太极推手的接手法，以拗步为例加以说明：两人相对，距一米半许，身下沉，右手伸出，左手置腹前（右手防护头、胸，左手防护裆、肋）（见图 10-8），同时，右脚轻轻控地向前铲出，拳经曰"如履薄冰"，足见谨慎之心（见图 10-9）；右手腕与对方右腕相触，呈太极图形（见图 10-10），听好对方的劲并掤住时，落脚掌，双方的左手搭敷在对方的右肘上（见图 10-11）。右手掤住劲，脚才能落实，否则对方用下扫脚、上采带着法，即可将我采倒（见图 10-12）。这时称为怀抱阴阳鱼，因为两人已呈一平面太极图（见图 10-13）。然后按"掤、捋、挤、按、采、挒、肘、靠"八法进行练习。也有人称这种方式为"四正推手"，即掤、捋、挤、按练习。其实，八法的使用，如打膝、扫腿、带腿都是可以的，只是两人均在听劲，机会很小。因此，推手过程中，根本不存在使用什么着法，全凭听劲。但无论如何使用，在接触点上，须用掤劲。掤不是顶、抗，而是掌握对方劲路，即你用力，我的劲只用来掌舵。我恩师洪均生公曾将其概括为："太极是掤劲，动作走螺旋。"这句话对太极拳的研习有着非常重要的指导意义。

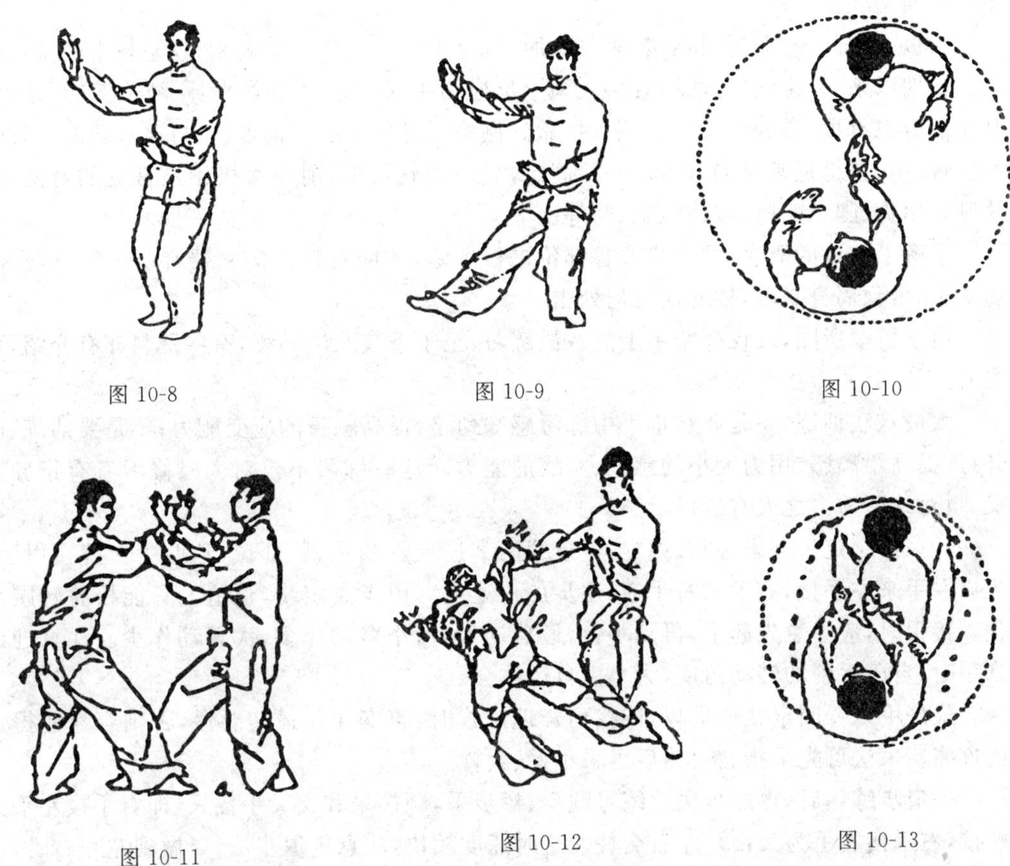

图 10-8　图 10-9　图 10-10

图 10-11　图 10-12　图 10-13

习太极拳者,怎样才能管用呢?

1.尊师重道,规规矩矩按老师说的去练,尊重老师的劳动及技术,这样才会得到精心传授。

2.首先明白太极的着法和使用着法,体会懂劲。王宗岳的《太极拳论》曰:"由着熟而渐悟懂劲,由懂劲而阶及神明。"着法不明,何来懂劲与神明?更谈不上管用。

恩师洪均生公言:"你师公(指陈发科先生)授拳,详解掤、捋、挤、按动作的作用,为示范动作,数十次不厌其烦。"这样教学,让人明白,使练拳有规律可循。为人师者可在陈发科先生的教学方法上得到启示,抛弃那些虚无缥缈的东西,按科学方法练习,定能把太极练得管用。

九、太极技击基本功

太极拳是门深奥功夫,由于修习方法不当,好多练习多年的人仍不能达到一定水平。他们理论背得一套又一套,作用、招法讲得头头是道;有些人的推手在人为规定的圈圈里推得还不错,一遇到真正实战,往往束手无策。碰到快拳硬脚,一击即溃;遇到快摔硬拿,一试即败。究其原因就是对太极拳没能全面认识,被某些理论缚住了手脚,仅限于对某些理论片面的理解,忽视了在实践中的体验,更何况有些理论是溢美之词,神神乎乎,搞得人不知东西南北。

太极八法——掤、捋、挤、按、采、挒、肘、靠是太极技击的八个劲别，也是技击的基本方法。长期以来，一说到“八法”，好多人马上反应为手法，并有“抱着八卦，踏着五行”之说。其实下肢也有掤、捋、挤、按、采、挒、肘、靠。掤法周身各个部位都可掤；捋通过腿的勾挂也能实现；挤、按也是常见的；挒法，一腿固定，另一腿就可挒；肘是太极中最常见的着法；靠法则是用脚、腿、膝、胯、腰、背、胸、膀等。

了解了八法的概念，并逐步按各部位进行训练，才能对自己的武器有所了解，因敌实施对策，做到周身是拳，挨着何处何处击。

由于篇幅所限，现仅介绍手上的八法练习，至于下肢八法训练，有些资料亦有介绍，可参看。

太极八法训练，一是要在推手中练习感知劲路，提高触身的应变能力；二是要活练、散开练，提高距离感、用力大小的感觉、实战的能力。这些练习不仅对太极修习者有指导意义，也对练习搏击之人有所启示。

1.采法。定步互采，两人站立，甲连续两掌进攻乙的头、胸部位，乙两手交替接甲手，先以左手来左手接，右手来右手迎，逐步加快速度。由于是定步，逼迫乙只能松胯转腰承化。接手时，应注意先起手，再动小臂，最后动大臂；小臂动作多，大臂动作少。注意迎起来手时，自己手腕的转动角度，大小由自己体会。

最好甲以一固定轨迹进攻，待找到合理定式时，再变化。最初要慢，否则容易碰得皮肉疼痛。采法可先采指、腕，然后再采小臂、大臂。

待定步练熟后，再加步法。练习顺步、拗步采，顺接采和交叉手接采(即右手接左手为顺接，右手接右手为叉接)，左右交替。这时速度较快，注意进退步法，要做到左顾右盼，以免摔倒。采手时，螺旋弧线加大，给对方一定的背势，使其为调整重心缓发再次出手，弧线轨迹为：→(右手)→(左手)。

上两项练熟后，再练变化角度，进攻两肋、腹部，在原来的直拳、掌基础上增加横拳、勾拳，练习各个角度、各来势的接手。采手的基本标准是，进攻方仅感觉轻轻一擦，即出背势。切记不可硬格死拉。只要练好采法，一般习者都能从容应付来战者。对方来拳也好，来腿也好，顺势一采，何忧来招。以上采法只言大部位采接，不言小擒拿的小巧采拿。此处专讲接手实战、远战，以纠正太极不实战、不能远距离交战之谬见。

我曾给学生讲，“学了采法会接手，采动重心就打肘”。只要采动重心，一肘过去，胳膊不折即伤，再者就是跌翻在地。但须注意分寸为要。

2.掤、按。掤、按一般都是一起练习，甲乙两人定步站立，一掤、一按，甲两手掤圆，乙按，随乙按上一点劲，甲随即下沉，再上掤，乙继续按。两人练习到配合默契时，双方都能感到劲力，即掤、按劲，再进行活步掤、按。按进步，掤退步，初时慢练，练熟后进步快按或快步掤，大步快按、快掤。找到自己的劲力感觉后，掤时变换角度，按也随之变换角度，逐步达到不丢不顶。这是两人练习的掤按法，单练的掤、按法见得比较多，两人合练提高快，容易找到劲，掤劲练熟后，角度一变，掤就变为挤。

3.捋法。也是两人站立，甲进攻，乙握住甲腕、肘或上肢某一部分，向自己的后膝外侧捋，被捋者有前栽的感觉。如破捋势，前随松肩，再略一转手再反捋乙，这样反复地捋，再练习进步快捋。初时,被捋者得多做些牺牲,让捋者找到感觉。当然,一定要松随,既做随化,又给对方劲路。不是对待敌人,一般很少猝然发力。挒法和捋法常在一起使用,挒法也更危险,两人练习时更要小心。

4.肘法。肘法是比较危险的着法,搞不好常常会出意外。横打、挑打等法,基本都是单练。顺拦肘、穿心肘可以两人练。顺拦肘练习:甲乙双方站立,甲用拳进攻乙腹部以上部位,乙挥单臂捋化对方攻势,在捋化中使甲重心不稳,随即上步,用前腿蹭靠对方腿部同时发肘。有时进得好,肘不触身,劲向前一逼,对方就跌出。甲两手下按来肘,顺势略一挫腕,向上或向侧面按发乙,乙如不松开必被按出,所以立即松开转动身体,化开即击肘。甲再按,连续练习,逐步加快。穿心肘与之类似,乙只是在化甲按时,肩松开,肘转幅度小,一化即击。肘法关键在步法。

肘到脚不到,打人不巧妙;(硬打死撞,耗己打人。太笨!)

肘到脚也到,打人如薅草。(技巧省力,爱己放人。伤跌由我!)

5.靠法。练习时,两人站立两步远,甲乙各上一步出手相触,两人手粘住,转动几圈。整个胳膊先转,再小臂转动,转动中进步,然后进行胸、肩、背、腰、胯的靠法。一靠即退,再进再靠,待练熟后,再进行转着圈靠,扩大攻击范围、角度。粘手转圈体现了手是两扇门的作用,进一步突出了全凭脚打人,脚的重要性。

以上是我多年练习和教人的体会,未刊于任何书籍、拳谱。今披露出来,希望能对修习者有所启示。

十、太极提纵术

提纵术,即轻功,就是人们所说的飞檐走壁、翻墙越脊、陆地飞行等功法。这一功法各门派均有,练习方法亦不同,但其要求是疾走速度、弹跳纵高、肢体协调均超于常人。所以,这种功夫常被人为地夸张神化。

由于翻墙越脊、飞檐走壁在人们的想象中总是与夜行大盗联系在一起,因此,有的老拳师也不愿向外人展示。到了现代,由于各种条件限制,有些老拳师不仅自己已不习此功夫,也不再向下传授了。他们这样做的原因虽有多种,其中首要一条是唯恐宵小之辈学会了此术,对社会危害极大。故历代各门派授人于此术非常严格,唯恐为歹人所用。一般只是教些翻墙越脊、夜行、飞腾等法,而很深奥的技法,专习的人少之又少,现在几乎没有人练习了。

提纵术常用的训练方法是腿绑沙袋负重跳坑,北方人称之为“跳井子”。是练习腿部弹跳力的,并有练习腹肌、臂力和指力的方法。有的专言轻功的书上载,需从小开始练,要用几年的工夫。太极提纵术一般没有很严格的要求,不借助负重训练(特殊的技法除外)。因太极要求松胯、圆裆,手、腿、腰都做圆的运动,使全身肌肉得到绞拉,从而使腿腹和指腕的力量达到提纵术的一般要求。美国一医学杂志曾报道,就美国老年人而言,摔倒是最严重的健康危害之一。而中国太极拳锻炼方式有助于加强老年人双腿间的稳定力,降低因为摔倒而受伤的可能性。太极拳的锻炼,可使年龄至少在70岁以上者摔倒的可能性下降25%。一个太极拳师不必专习硬功,胸腹部就能承受一定的外力排打,这就是内气和肌肉锻炼的结果。

拙著《太极健身实用对练》(山东友谊出版社 1994 年版)一书中，着重指出了练太极拳要注重基本功，动作自然顺畅，充分体现缠绕柔化、螺旋开合、浑身无处不太极的原则。

太极拳只要从基本入手，按规矩练习，在练好拳的同时，约半年时间，稍加指点，便可翻上三至四米高的墙，攀上一般的房屋，做到翻墙越脊。

走壁，初练时在墙上行走应盯住墙顶面，眼勿斜视，在墙上行走，不会有恐惧感。

前几年，一武术刊物登载杜心武与赵百川比武，杜窜上墙头，使用的就是提纵术。至于在房顶上行走，落脚应在瓦接头处，一是不容易踏坏瓦，二是落脚声也轻。从墙上或房顶上落地方法有二：一是用手勾住墙或房山，身体尽量伸长，两脚并拢，脚前掌落地，屈膝沉身。二是从墙或房上跳下，两脚并拢，前脚掌落地屈膝沉身的同时，缩身团紧向一侧滚翻，几个滚翻，跳下的冲势便会缓冲，人也不会受到损伤。飞檐走壁、翻墙越脊都不是气沉丹田，而是提气头领。

陆地飞行法，并不单指快速的长途奔跑，有时是利用调整人身的行走姿势，以尽量发挥最大的步距，达到快速行走的目的。如夜行步，又称蟹行步，因身有些斜横行，要比平常的步距多一脚掌远，走一段路就会比别人快些，加上平时的速度训练，在一般人看来，就超乎常人了。其实道理很简单，一个长跑运动员就比常人跑得快，这是专项锻炼的结果。

遁身法也属陆地飞行法，它是利用人们视觉残存现象在瞬间降低身形，快速地以合适角度避开人的视线，脱离人的视野。这也和人们追视苍蝇一样，看着看着苍蝇便消失了踪影，而一旁的人则会告诉你，苍蝇向哪个方向飞去了，而自己却往往视而不见。电影中的人运动，就是以视觉残存现象形成的。其实胶片上的画面是静止的，只是运动速度加快了。

遁身法也类似日本忍者的遁术。日本的遁术，最早是从中国学去的。这种技法的关键是坐身、高抬腿、速度快，有些人形容为脚打屁股，走得快时，的确如此。太极拳的平身上步、八卦掌的坐身转掌，都是练习这种功法的，只是人们平时不去认识，没有去专项训练罢了。一个功力高超的拳师能在眨眼间转到对手身后，也是这种方法的运用。遗憾的是，现在人们没有时间和条件去练习。还有些人根本不识庐山真面目，仍在大谈特谈中国功夫管不管用。日本柔道、韩国跆拳道已成为奥运项目，而中国武术，只有观望的份。

有人认为太极拳的健身与击技不能兼得，这就从根本上误解了太极拳。因为太极拳的理论根据太极图就表示了刚柔、大小、健身与击技的不偏不倚。古代有一哲人曾举一例，说一气功修炼者在山里修炼到了一个很高的层次，结果却让老虎给吃了。太极拳讲究的是性命双修，一是要健身修性，二是要能抵御外来突发事件。一老拳师说过："太极就是防身。防身一是指抵御疾病、健壮身体，二是指应付身心遭受到的突发意外事件。"心是指精神上的，身就是技击自卫能力。1996 年 8 月的一个夜晚，我与两学生骑车行驶于公路下坡，不料自行车前叉在靠车把处断开，前轮飞出，我被抛扑在车前方。在落地的刹那，我身体顺势滚翻，立起，竟无损伤，只左臂与左前胸沾了一些土，右小臂连土也没有沾上，同行者深以为幸。从此我对抵御伤害身心突发事件的含义，有了更深的了解。

太极者，太，非常；极，极点。无终无始。它可用$+\infty$与$-\infty$(正、负无限大)表示，习练者切莫被现行人为的框框束缚了手脚。浑身无处不太极，事事无处不太极。只要规矩地演习，定会有意想不到的收益。

太极拳内涵博大，对于“太极十年不出门”莫误解为十年不能用于技击，这种想法是错误的。其实“十年不出门”是说其深奥、广博，不是轻而易举就能掌握的。试想一下，哪门功夫不是靠多年的修炼？散打、擂台大赛的夺冠者，哪个是从速成班出来的？就连说“可以功夫速成”的那些所谓“大师”，不也是练功多年的吗？习武之路是一步步走出来的，没有一蹴而成的。如今习练太极者，多因体质、年龄、悟性、文化修养的不同，而对太极拳法各有侧重，因而对所传授技艺的要求也不尽相同，但只要做到肢体尽量伸展，缠绕柔化，螺旋开合，松静自然，并对一些要求细心体会，就能感觉到太极拳的奥妙。

附

提纵术的基本练习法

太极拳以修炼内功、培养内气为本。内气足，则自然浑厚虚灵；没有充足的内气，其威力是体现不出来的。太极提纵术亦以内功为本，通过内功练习达到内气强，丹田充实。内气通行周身经络，使自身形成富有弹性的掤劲。这时就会感到身心虚静，内气自然通畅，神爽体轻，跃跃欲动，从而动作快捷、感觉灵敏。练习太极拳的人，腿脚老化得慢就是很好的佐证。只要习拳者在练拳时细细留意，就能达到提纵的基本要求，这不是很难的事情。当然，欲达到武侠小说、影视打斗剧中的特技一般的本领，则是不可能的，因为那是艺术夸张，超出了人体体能的极限了。希望读者不要痴迷，去追求根本达不到的东西。

对于太极提纵术的练习法，本不欲成文，唯恐给人以误导，可是为揭开轻功的神秘面纱，今将其部分练习方法介绍如下。

1. 无极桩：双脚分开，略宽于肩，全身放松，肩自然下垂，两手叠于脐上，左上右下，口微开，舌轻抵上齿龈，呼吸自然。（见图 10-14）

2. 一字桩：自然站立，双脚分开略宽于肩。全身放松，两臂左右一字摆开；吸气时，两臂上升，然后两臂缓缓下降，徐徐呼气。（见图 10-15）

3. 开合桩：两脚前后站立，吸气时，两臂展开，一腿提起；呼气时，两掌相拢脐前，两掌心相距约 60 厘米，同时腿落下，然后再徐徐吸气，起另一腿，两腿交替提落，也可以向前行走。（见图 10-16）

图 10-14

图 10-15

图 10-16

4. 转指：在太极拳行拳整个过程中，要求手指始终随着动作的缠绕伸缩，做着转动。因为手指的运动，可以对一百多块肌肉起到锻炼作用，可使气血畅通，从而达到健身和开发智力的效用。转指在武术击技上的作用也非常大，擒拿、反擒拿及练习指腕的力量，也常常以转指作为训练方式。在太极拳的交手法中特别提倡“手要转”，转指分里转（顺缠）、外转（逆缠）。

里转：自小指向怀里转起，五指依次叠落。外转：从大拇指始，向下向外，五指依次叠落，手腕亦随之转动。快转时，手像一朵花，称为“兰花手”。这种技法在武侠小说中被描写得神乎其神，因其在擒拿上，尤其是小缠丝上和粘连黏随的使用上确有奇妙，固有“妙手一云一太极”之说。图 10-17、图 10-18 为里转，图 10-19、图 10-20 为外传。

图 10-17

图 10-18

图 10-19

图 10-20

5. 高盘行步：行步分前行、后行（即前进、后退）。

前行步：两手放于腰间，一脚提起，支撑腿略弯，提起的腿外摆展胯至最大限度时慢慢落下，另一只腿提起，两腿依次交替提落，向前行走。（见图 10-21、图 10-22）

后行步：两手放于腰间，一腿提起里扣，向后转出落步，两脚一次交替提落，向后退走。（见图 10-23）

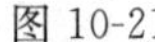

图 10-21

图 10-22

图 10-23

6. 陆地行舟：两手叉腰，两脚外侧着地，向前行跑，初练直线，逐渐放开手跑∽形。（见图 10-24）

7. 点地行跑：两手叉腰，两脚尖着地向前行跑，初练跑直线，继而放开两手，可参考图 10-24，唯脚尖着地。

8. 太极圈：两人一左（右）手相搭，距一臂远，以手的相交点为中心，各自在圆的外沿相互追赶，不得抽手。初练时要慢，然后逐步加快。练时会有头晕的感觉，此时换手反向转圈，过一小会儿可停下休息。

注意：为避免因恶心、头晕而导致摔倒，练习一段时间后，可在转动中换手倒转。最初的圆形呈顺时针，换手时为逆时针。（见图 10-25～图 10-27）

图 10-24

图 10-25

图 10-26

图 10-27

十一、中国武术为何伪托神鬼、依附僧道

中国的武术大多都是和神仙妖怪、和尚道士有师承，也就是说武术都是和这些虚无飘渺、毫无根据的传说结合在一起的。你看，醉猴拳敬的是孙悟空，开手要念口诀；少林拳敬达摩，假传达摩传授；武当吗，归属张三丰，这个张三丰呢又是师承少林寺，也是虚无的外来拳种；弹腿呢，也说是大仙传。还有这个那个的据说是道士传，中国武术众多的门派都归到了少林武当、和尚道士这些化外人士的门下。其他一些也归到了神仙、鬼怪的门下。

为什么会出现这样的怪事呢？原因有二：

1. 这种现象充分反映了中国武术历代遭受打压、封禁的现象。

从历史上看，历代统治者对武术是又恨又爱，战国韩非子提出"儒以文乱国，武以侠犯禁"。秦始皇统一中国，销毁兵器，同时也对民间武术进行了限制。到了元朝，因为是外族入主中原，统治者对民间武术施行更严厉的控制，限制铁器，几家连坐。在元代武术受到了空前的打击，几乎处于泯灭的境地，一则是由于一些优秀的拳师参加战争而死亡，二则是统治者怕受到威胁而对民间武术进行了残酷镇压。

那些进行反抗的秘密团体为避免元朝官府的追查，谎称武术来自神仙鬼怪，想以此消弭追查灭绝师门或团体的危险，因而中国武术依附鬼怪神乱的现象开始泛滥。清朝官府野蛮烧杀，圈地屠城，天怒人怨，人们纷纷起义反抗。有材料揭示，清朝每个月就有几次农民起义，从清军入关到清朝灭亡 200 多年中，人们的反抗此起彼伏，从未停息过，这和现在对清朝的歌功颂德电视剧、电影是大相径庭的。清政府对武术的摧毁的残酷程度，通过雍正对清剿武术所下手谕就可见一斑：

雍正五年冬十一月上谕

> 着各省督抚，转饬地方官：将拳棒一事，严行禁止。如有仍前自号教师及投师学习者，即行拿究。

人们为推翻暴政，秘密结社，所采用的方式就是练习武术，通过武术联系、团结反抗义士，通过武术技能推翻野蛮统治。传播武术的人们也经常化装为僧道化外人士，便利出行隐蔽。洪拳、八卦拳、八极拳都是那个时期秘密传播的典型。

白莲教、义和团也是假借神仙僧道的幌子进行秘密串联，这些秘密组织通过传授经文、符咒、拳术、静坐、气功和为人治病等方式吸纳百姓皈依，借师徒关系建立纵横联系，从而形成庞大势力对统治者构成威胁，逼迫统治者让步或加速暴政政权的崩溃。下面我们说说白莲教。

白莲教，元、明、清三代在民间流行，农民军往往借白莲教的名义起义，崇奉弥勒佛，是一个半僧半俗的秘密团体。它的教义简单，经卷比较通俗易懂，为下层人民所接受，所以常被利用作组织人民反抗压迫的工具。在元、明两代，白莲教曾多次组织农民起义。流传到清初，又发展成为反清秘密组织，虽遭到清政府的多次血腥镇压，但到了 1796 年，白莲教大起义已发展成嘉庆年间规模最大的一次起义。

嘉庆年间的白莲教起义，前后持续了 9 年多，最早参加者多为白莲教徒。参加的人数多达几十万，起义爆发于四川、湖北、陕西边境地区，斗争区域遍及湖北、四川、陕西、河南、甘肃五省，甚至还波及到湖南省的龙山县。白莲教起义军在历时 9 年多的战斗中，占据或攻破清朝府、州、县、厅、卫等 204 个。抗击了清政府从全国 16 个省征调的兵力，歼灭了大量清军，使清军损失一、二品高级将领 20 多人，副将、参将以下的军官 400 多人，土豪劣绅 1000 余人。清政府为镇压起义耗费白银 2 亿两，相当于当时清政府 5 年的财政收入，从此，清王朝从所谓“隆盛之世”陷入了武力削弱、财政奇黜的困境，迅速跌入没落的深渊。

义和团就更为人民所熟悉了，最早是“反清复明”，后来根据形势发展改变口号为“扶清灭洋”，暂时得到慈禧的默许，随后又被清政府出卖，轰轰烈烈的运动被镇压，虽然义和团失败了，但它也加速了清朝的灭亡。

2. 在历代王朝更替中，战场争斗中，一些武将或武术高手，遁入空门，隐匿山林，也给师承传播造成了神秘色彩。

现在我们提到的中国武术起源大都在宋、明代以后，大都是依托鬼怪神乱，归属和尚道士尼姑大仙，关键原因是清政府对武术的残酷打压，伪托鬼怪神乱是一种保护方式，也是一种便以聚结大众的宣传方式。清政府的残酷打压，迫使人们自保，自保就得布置些虚假表象，因此虚无缥缈的东西就慢慢蔓延起来。

其实，中国古代是讲究师承的，我们都知道后羿射日，传说他是被徒弟逄蒙暗箭射死的；再看唐代杜甫看到公孙大娘的徒弟林颖李十二娘舞剑器而作的《观公孙大娘弟子舞剑器行并序》：

> 大历二年十月十九日，夔府别驾元持宅见临颍李十二娘舞剑器，壮其蔚跂。问其所师，曰：“余公孙大娘弟子也。”开元五载，余尚童稚，记于郾城观公孙氏舞剑器浑脱，浏漓顿挫，独出冠时，自高头宜春、梨园二伎坊内人洎外供奉，晓是舞者，圣文神武皇帝初，公孙一人而已。玉貌锦衣，况余白首；今兹弟子，亦匪盛颜。既辨其由来，知波澜莫二。抚事慷慨，聊为《剑器行》。昔者吴人张旭，善草书书帖，数常于邺县见公孙大娘舞西河剑器，自此草书长进，豪荡感激，即公孙可知矣。
>
> 昔有佳人公孙氏，一舞剑器动四方。
> 观者如山色沮丧，天地为之久低昂。
> 霍如羿射九日落，矫如群帝骖龙翔。

来如雷霆收震怒，罢如江海凝清光。
绛唇珠袖两寂寞，晚有弟子传芬芳。
临颍美人在白帝，妙舞此曲神扬扬。
与余问答既有以，感时抚事增惋伤。
先帝侍女八千人，公孙剑器初第一。
五十年间似反掌，风尘澒洞昏王室。
梨园弟子散如烟，女乐馀姿映寒日。
金粟堆南木已拱，瞿塘石城草萧瑟。
玳筵急管曲复终，乐极哀来月东出。
老夫不知其所往，足茧荒山转愁疾。①

这是唐代有明确记载的师承关系。为什么到了清代没有了呢？都变成神仙道士和尚尼姑了呢？原因就是统治者的残酷镇压，灭绝性打击。中国武术归属鬼怪神乱，是因为武术肢体上布满了伤痕，见证了一个个暴政时代、多灾多难的中国武术，就是这样艰难地生存着、传承着。悲哉，中国武术！壮哉，中国武术！

十二、拳圣陈发科

陈发科，字福生，陈式太极拳十七世，是陈氏十四世“牌位大王”陈长兴曾孙，师承其父延熙，一生致力于太极拳的研究和传授。武术界曾赠其银樽一座，樽上镶着“太极一人”几个大字。这一称号表达了人们对他的敬仰，也说明了他在武术界的声望。现在，他被日本武界尊为“拳圣”。

真功精于勤

陈发科幼时身体病弱，弱冠之年，尚未练出功来，本家习拳者谁也不敢与他推手，生怕伤着他。宗族的几位叔伯常叹息，本家族辈辈出好手，发科这孩子到14岁还病得这样，岂不从他这一辈就断了吗？发科听了暗自立志，练功多下功夫。三年后，他的身体强壮了，病自然也好了，遂向本家练习者请教推手。一本家哥哥见他今非昔比，就说：“从前你体弱不敢与你练习，现在你身体壮了，经得住摔打了，来尝尝我拳头的滋味吧。”说着交起手来，没承想他连续三次被发科摔倒。本家哥哥生气地说：“这拳当有诀窍，你们看，从前不行的人倒比我强了。”其实，发科之父这三年中并没在家，而是受袁世凯之聘，一直在袁府教拳，所以发科也没什么诀窍速成，他不过是按着父亲教的方法苦下功夫而已。

本村有一壮汉拳脚不但好，而且力大如牛，一般人与他交手往往败北。一日，他遇到发科，挑衅道：“听说你的功夫练得不错，你能动得了我吗？”不待说完死死攥着陈发科的双腕不松，陈发科略一转动、一发力，那大汉就电击般地跌倒在地。但这人还是不服气，爬起就猛扑过去，发科又一发力，那大汉便飞出丈把远，被摔得心服口服。发科平时抖大杆，一抖就是几百下，那是真下功夫。一日，有人与发科戏闹，伸手抓住大杆的另一头，发科一抖把，那人一下子被抖至房檐高，吓得面如白纸，随杆落地，半晌不语。（注：房檐高度在现在

① 仇兆鳌：《杜诗详注》卷二十，中华书局1979年版，第1817页。

人印象中起码也得 3 米左右，其实过去农村的土坯房屋都比较矮，和现在的房屋大为不同；2008 年，我到陈家沟参加活动，来到陈发科师爷的旧居，看到几间破土坯房，房屋不高，估计到房檐最多两米左右。一次我示范夺棍的绞拿效果时，一个学生一下子就跳起老高，后刘勇又用大杆试验，在手腕别住，自身起跳和大杆上挑的作用下，离地能达到 70 厘米左右；如果你抓住大杆子的端头，对方使用大杆的绞拿，再顺势上挑，由于手腕被别住，只好起身高跳化解，大杆的上挑和自身的起跳合在一起，离地大约能在 70 厘米左右，身高加上离地高度，足可以达到过去的房檐高度。）

陈发科 20 岁时，功夫已十分精湛。一日，一练家子造访，陈发科正在椅子上吸烟，左手托铜烟袋，右手拿着纸捻，连忙起来迎接。还没等他起来，来人已到近前，出其不意地右拳向他心口打来，口中尚道："这一招看你怎么接。"只见发科右手一缠，略向前一送，来人即仰面跌出，他满面羞愧一溜烟儿地走了。发科此技传给弟子洪均生，他屡试不爽。洪均生总结为方向、角度和时间的巧妙配合，现今尚未有人练到此技。20 世纪 20 年代，温县常闹土匪，扰得百姓不安宁，陈发科受托捉拿匪首。一日，匪首正在屋内打麻将，陈发科混入房内，正待接近匪首，不料被其发现，匪首抓起手枪，对准他就射，仓促间，陈发科疾转身，急格匪首手腕，手枪飞了出去，陈发科顺手拿着匪首的肘关节，轻松将其擒获。

陈发科之名不仅温县人人皆知，而且名声远播河南各地。据说，军阀韩复榘曾派人把陈发科请去，让他做武术教官，陈发科力辞。韩复榘见不能为己所用，有意难为，就说："不愿干可以，得试试你有没有真本领。"令一教官用长枪扎他，陈法科赤手空拳，见枪扎来，身一侧，两手一缠，抓住大枪，轻轻一带再顺势前送，对方一下跌出老远。韩复榘见状，让陈发科站在一圆圈内，还不许动手，命令一教官用刀劈砍。只见陈发科人不出圈亦不用手，瞅准破绽用陈式拳的二起脚、摆莲等腿法，几个回合下来，便把那个教官的刀踢飞，在场众人无不惊服！

技惊北平

1928 年，陈发科应邀到北平授拳，当时北平高手如云，他一个没多少文化的豫南农民到北京教拳谋生，不用说，十分艰难。而且陈式太极拳这个古老的拳种北平武术界没有人见过，有一种神秘感。李天骥对洪均生先生讲起过，一位练太极拳的人见到陈发科练拳，便质问："你这是太极拳吗？怎么不像呢？"陈发科不屑与之斗嘴，便道："你说是就是，你认为不是就不是。"有人对那人讲，这是河南陈家沟陈长兴曾孙，杨露禅便是学自陈长兴，那人才闭嘴不语。洪均生先生讲，李天骥模仿那人的神情还挺像，又打趣说："孙子拿着爷爷的照片，说我爷爷怎么长得不像我呢？其实是你长得不像你爷爷。"

一日，陈发科与弟子洪均生和另一学生走在成方街上，忽然街上一片哗然，原来有一条疯狗在路东咬伤了一个妇女，又窜到路西咬了人力车夫。师徒三人回头看时，疯狗已朝陈发科扑来，只见陈发科临危不乱，右手向后一探，右脚猛然踢出，一条几十斤的大狗竟被踢得飞过马路，狂嚎一声，满口流血而死。

陈发科到北京，闻名拜访的人越来越多。许多当时有名望的人，如北平国术馆馆长许禹生，名手李剑华、沈家祯，京剧武生泰斗杨小楼都因慕名而拜访，因拜访而比试，因比试而折服，因折服而拜在他的门下。

许禹生是前清贵族荣禄的后人，自幼好武，功夫练得不错。民国后，序为北京体育学校校长，在当时很有名望。一日和陈发科学拳时，许言解破左手擒拿之法，当以右拳用力猛砸，左手可以撤出，随即以右拳上击对方下颌。陈发科戏与试验，当许欲砸时，陈发科右手指微加缠劲，许竟大叫一声跪地。后来他与人说："我师功夫高我百倍，武德尤令我心服。当初交往时，师顾及我的名誉，以友相待，即使现在当众拜师我也情愿。"陈发科亦赞美许之功夫，发人干脆。

某年，许主持北京武术擂台赛，欲聘请师为裁判。陈发科以只会太极，不懂其他拳种为由谢绝，许遂改聘其为顾问，遇事协商。当议对赛时长时，众以 15 分钟为度，陈发科公谓 15 分钟既拼体力，又难分胜负，况且与赛者数百人，每小时才赛四对八人，需几天才赛完。众人遂征求陈发科意见。陈言："3 分钟如何？"李剑华说："3 分钟够吗？"陈言："这为迁就大家，如按我意，则口说一、二、三，甚至只说出一字，便胜负立判，那才叫武艺呢！"李剑华笑问："能这么快吗？"陈发科亦笑说："不信你试试。"李剑华见陈发科高兴，便双手用力按在陈发科右臂上（时陈发科右臂横于胸前），陈发科身略转，即将右手化出，同时又将体重二百斤的李剑华发起尺许高，跌出数尺，将许禹生室内墙上挂的照片碰得纷纷落地，众皆大笑。李剑华笑道："信了，信了。可把我的魂都吓飞了。"陈发科笑问："你怕什么？"李说："要伤了我呢！"陈说："你哪里疼了？"李剑华细想想，只是感到陈师的肘刚刚蹭着衣服，便腾然飞起，落地时脊背蹭着墙壁，只是马褂有一片白灰，数掸不掉。当时在场众人无不赞服，叹为绝技。

功盖华夏

据陈发科弟子冯志强说，跟陈师一搭手就似触电，他的两手像蛇一样缠绕着你，怎么也摆不脱。他一托，你全身就像散了架。他一发力，你就感到五脏震动，立即恶心，眼发黑冒金星，鼻涕眼泪一起流。但他还觉得没用多少劲，致使一般人不敢跟他推手。陈先生总是鼓励徒弟们说："只要松着随，就没事，不会受伤。"1964 年 9 月，陈先生的弟子顾留馨参加济南举行的武术表演大赛，对洪均生说，当时随师学推手，老师双手被封，自己试加劲一按，只觉老师小臂似有电流，一下子就被打出很远。

洪均生回忆道，与陈师肢体接触之处，一点不觉得有力，但其手略微转动之中，缠丝劲已达我手而肩而腰，直达足踵。若用力一顶，便自然身腾起而已不觉，仅感到劲路如擦衣而过，即使仰跌后退也至少跳三次才能立稳。陈师曾在地面上画两点一线，试验预期所跳的位置及跌处，竟不差分毫。如果被引而倾跌，则被牵动者劲由腰而至头顶，甚至使人在空中翻跟头，然后跌倒。田秀臣回忆道："看陈老师与别人推手，真如拳论所言，'挨着何处和处击'，全身到处能用拿法，只要他的小指勾住你的大指，顷刻间就可把你摔倒。如被他的大指勾住，任你多大本事，也只能任其摆布了。"田秀臣对陈老师佩服得五体投地，在陈发科 60 岁那年，他递帖磕头拜师，成为陈发科的入室弟子。北京拳师们对陈发科的武功无不称赞，当时大名鼎鼎的"醉鬼"张三跷着大拇指称赞陈发科是"真正的把式"。

陈式拳除兼杨、武、孙三式的意识、呼吸和动作密切配合等特点外，还有螺旋缠绕、快慢相间、蹿蹦跳跃以及松活弹抖等独具的特点，所以难度较大。因此陈发科在教授该拳时十分耐心、认真，特别注意反复示范，每教一式，他几乎都要做一二十遍，循循善诱。

当时诗人杨敞(季子)曾赠诗道:"都门太极旧尊杨,迟缓柔和擅胜场。不意陈君标异帜,缠丝劲势特刚强。"

德艺双馨

陈发科武功好,品德更高。有一次,私立民国大学要请陈发科去该校教拳,陈发科一问,方知该校数月前聘了一位少林拳师,而他生活又很困难,便说:"要我去有个条件,不能因聘我而辞退那位拳师。"学校来人允许到校协商,陈发科到校与主事人见面,重申前语后,即表演拳法,一个震脚竟将二三寸厚的方砖震碎,碎块飞到人的脸上生疼,如同地上扔个手榴弹。因学校不愿请两位武术教师,陈发科遂以自己无教学经验为由,辞而未就。回家路上陈发科对洪均生说:"偶然不小心给人家毁了一块方砖。"洪均生问陈师:"震脚怎么会有这么大力量。"他答:"周身的三五百斤力量经过松沉而集中脚上,再与速度结合起来方有这种炸力。"事后数年,洪均生才体会到,非陈师不小心,而是有意识留下个纪念,表示不教并非无能。

一日,陈发科与弟子洪均生、许禹生在许家闲谈,忽有人递来一名片,上写王娇宇,说是武行来拜,当即迎入问明来意。王自我介绍,从杨家学过太极,今因年老无业,欲请许校长安排个工作,以资糊口。许请他表演,练至半趟,气已上喘。许说:"同是武行本应照顾,但校中有一定编制,校长也不能随意增加人员。"为解其燃眉之急,陈发科、许禹生、洪均生解囊相助。

陈发科对其他拳种从不加任何贬词。一次徒弟问他哪种拳好,陈师说:"哪种拳都好,如不好,早被淘汰了,不会流传至今。拳的好坏,全在怎样教和怎样学。"陈发科看别人练拳,从不做无原则的批评,更不在背后轻加议论。如果有人谈起某人练得怎样,他一般都回答"好"、"不错"或"有功夫",实在看不过去的也只是说:"他的拳我看不懂。"陈发科的待人态度与某些人真是有天壤之别,有些人贬低别家门派,借以抬高自己,甚至臆造胡说击败某某、打伤某某,经考证均与事实不符,遭人家质问。

陈发科的名声远播,一些夸大溢美之词便越传越玄。一次,一门徒喜滋滋地问陈发科:"老师,刚才我听说,陈长兴老人的粘黏劲可大着哩,能一手按在紫檀木八仙桌上,把它粘起来,是真的吗?"陈发科淡淡一笑,说:"我可没听说我的老祖宗还有这么的大本事。"

由于陈发科教拳得法,大多弟子成为名师高手,如陈照旭、陈照丕、陈照奎、洪均生、杨益臣、唐豪、顾留馨、沈家桢、许禹生、李剑华、田秀臣、雷慕尼、李经梧、冯志强、肖庆林等。许多陈式拳的高手直接或间接出自陈发科门下,陈式太极拳传遍全国,又经弟子、再传弟子传播到世界各地。安徽太极名家丁大宏先生曾言:"陈发科先生的最大贡献是培养了一大批太极大师,培养了一大批真正的太极人,这对后世的影响巨大。"陈式太极拳这一民族瑰宝已成为全人类的共同财富。

陈发科——拳圣,实至名归!

十三、悼太极名家——洪均生

我师洪均生公,河南禹县人,自幼随父在京,少年因体弱多病而辍学,唯每日散步,见北京《小实报》刊登名武生杨小楼从陈家沟陈发科拳师学拳后身体转健,能演重头戏的消息,遂拜陈发科师公为师。

我师洪均生公颖悟过人，善于思索，博览强记，通音律，工诗词，文武兼修。我师随陈发科师公习拳不久，对太极拳的缠丝劲颇有心得。一日，见一太极拳师讲授捋法破解，用前随挤靠，我师见状，忍不住言："手上缠丝更好。"此拳师遂请洪师示范，洪师逐一试验，拳师甚喜，亲送手著一本以示纪念，洪师一见署名大骇，后与学生谈及此事，笑言："当时如知道他是谁，我可不敢多言。"为使习拳者走上便捷之径，我师将拳的奥妙及多年的心得著成通俗易懂的歌诀，对太极的缠法、眼、手、身、步、双重、推手等内容作了详尽的解说，习者容易诵记并得到完整明确的概念。

我师为人忠厚诚实，视师为亲，随师十五年，师徒感情深厚。时隔六十年后每每提及恩师，言语间溢于崇敬之情。20 世纪 60 年代，济南一位拳师给洪师提意见，说"出口必言老师好，是封建思想"云云。洪师无语，待无人时问："你老师为人如何？"答曰："当然好。"洪师遂道："谁会跟不好的老师学呢？"拳师恍然大悟，从此不再提及此事。

我师为人坦荡，不以人云而云，在太极理法上，主张讨论试验，对有些著作及观点，坦率地说出自己的看法，对那些弄虚作假的现象又毫不客气地提出批评。他提出教学相长的原则，并指出："人有品，拳亦有品，拳品高低实以人品为准。"

我师技高艺纯，发人腾空丈外而感觉不到疼痛，快拳进攻，我师略一抬手，来人便跌于丈外，屡试不爽，被人誉为神技。我师从不自矜，言无他，只是时间、角度、方向的配合技巧罢了，我师学生虽众，现尚无一人达此水平。日本的曾吾忠弘写道："观看了洪老师的示范表演，真正看到了我们所倾慕的东西，感到在他身上有着令人难以置信的极高雅的武术气质。而他就像一位杰出的哲人，蕴藏着人类的智慧……洪老师具有天才般的反应、速度和精确度，我曾试图推动洪老师的身体，但在欲推的瞬间，突然力量好像被什么给带走了，自己反而被弹出甚远。洪老师的身体就像装有机械装置，在本人尚未意识到的一刹那，就自动作出反应。再者，洪老师在击打对方中心时，其手的精确度可以毫米计，我们称他的手为'魔手'。在我与洪老师门下弟子练习推手时，无论我使出什么招数他们都纹丝不动。洪老师见状走来，只轻轻地将其手放在我手上，我的对手就被弹出，令我惊奇不已。我这才亲身体会到内家拳的功夫是日积月累、不懈努力得来的……"

我师一生坎坷，毕生追求太极真谛。少年多病，幸遇名师，身体转健，但中年丧偶，子女又多，生活艰难。最初由学生资助，住济南县东巷一陋室，至 20 世纪 80 年代初，因日本学生来济南学拳，政府才安排其到济南菜市新村一两居室的房子居住，得以安居。

1961 年，正值自然灾害，生活极苦，几乎难以维持，受著名学者刘子衡先生的鼓励，我师决心整理太极拳及自己的心得，《陈氏太极实用拳法》三易其稿，都是在多年居住的陋室里写成的，一直到 1989 年 7 次易稿，有学生资助才得以出版。我师一生著作颇丰，著有《陈氏太极实用拳法》《陈式太极拳》《十三势心解》《太极拳式名考释》及诸多论文，并编有三路剑法、一路游龙、二路翔凤、三路飞虎。

我师几十年如一日，积极传播太极，弟子及再传弟子遍布世界各地，前几年其再传弟子在全国太极推手赛上几乎囊括金牌，现今活跃在推手赛台上的一部分为其四传弟子。

我师在太极拳理上也作出了新的贡献，他首次提出手法的公转和自传、公转的正旋和反旋，自转的顺逆以及腿部的缠法的具体要求；根据"腰为车轴，立如平准"的原则，提出太极拳要求随遇平衡；首次提出眼法上也有虚实顺逆之分；他特别强调"太极是掤劲，动作走螺旋”，对掤劲作出了更具体的说明，对螺旋缠丝进行了详尽的探讨。这些理论都是创造性的见解，为后学研练太极指明了方向。

我师于1996年1月23日在济南逝世，享年90岁。我师仙逝，实乃太极界一大损失。

十四、太极拳训练的一种系统形式——搭手

太极拳自清末河南陈家沟外传以来，流传甚远，各家林立，并各具特色，为太极的发展起到了巨大的推动作用。

太极推手、顺步、进退、乱采花世人皆知，唯对搭手这一形式，习拳者并未详知。

陈氏太极拳传人陈正雷在陈式太极拳录像中，将两人四膊相挽称为“挽花”，将胳膊向里、向外称为“里挽”、“外挽”，没有腕、小臂、大臂三节之分。这种形式的推手在济南一带称“拓手”，“分腕”、“小臂”、“大臂”三节，叫作“拓三节”，其里拓、外拓类似陈正雷教学片中的里挽、外挽。

德州及河北一带，称这种推手为“搭手”，因开始时两人死守轻轻搭敷，分腕、小臂、大臂（也称手、肘、肩或梢、中、末三节），分里外缠绕，与以上几种形式有些不同。除德州外，所谈几处都没有下盘缠绕，且几乎都是平面缠绕，都没有详尽到立体螺旋，浑圆一体，触点为进退的统一体，只不过是拨、撩、架、翻。唯德州一带，手节注重小擒拿，训练十指、腕部的擒拿反擒拿，梢节发力，推、踩、摔诸法；中节小臂至肘，注重腕、肘、臂的擒拿于反擒拿，以及摔跌、发放、扣、点、戳等；末节注重训练肩靠、肘打、胸化、胸拿、腰化、腰拿、臀靠、臀化等。下盘也分三节，分踝、小腿、膝、胯、臀缠绕及打、拿、发。

训练大体分四个步骤：

第一步，以定步里外缠绕训练手三节的听力、化力。

第二步，踏步训练。

第三步，绕步训练，绕步类似于八卦步，其实以太极星月步为主。

第四步，任意步，也就是人们所说的乱采花，达到人背我顺，这是上下肢及全身的配合，非全面训练手法、步法、身法、腿法、眼法等不可。

开始时，两人距一臂远，四手相搭，各凭高度的感知，随意化解来力，时而分开，时而黏连在一起，各施其艺，可踢、打、摔、拿，功夫高低一碰即知。

搭手是一种系统的太极拳训练方法，其步法为：衬、套、绕、搓、转、踮、窜、跃、跳、赶；腿法为：踢、扫、撩、挂、摆、蹬、铲、压（踩）；手法为：掤、捋、挤、按、采、挒、肘、靠。

以上训练非长期坚持不能掌握，然现今人们更多的空闲时间，读书的读书，做工的做工，无暇顾及，有爱好者受工作及家庭诸因素的影响，只好抽时间，略略搞一下，均不能系统地进行练习，实属一大憾事。

为使广大爱好者了解这一系统的训练方法，现将细节的训练方法介绍如下：

梢节定步训练有三种形式：交叉搭手、同向搭手和立圆缠绕搭手。交叉搭手因两手的动作不一样，运动起来比较困难。立圆缠绕搭手需要全身的协调配合，主要是小臂转圈，大臂运动幅度较小，故也较难。这两种练法最初时都不宜先行练习，开始时，最好是以定步同向搭手为宜。

手型：大拇指与小指有相合之意，大拇指轻贴于食指，食指于中指间开缝，中指与无名

指亦开缝，但小于食指与中指间的缝，中指的突出，利于领气，中指是上肢最远的梢节，注重中指有利于上肢微循环的改善，促进气血的通畅，一试便知。（见图 10-28）

定步同向外缠搭手：甲乙相距一臂远，各上右（左）脚，呈拗步，两人伸四掌，甲以略低于掌平面的中指，按在乙的两掌面上。（见图 10-29）

甲的中指按压乙的中指与无名指，或与无名指的间隙中（穴位），如按压得法，对方会感觉到手臂酸胀，且一段时间后，会感到有力使不上。

甲一面按住乙的穴位，一面乘势以两掌推乙的胸、腰、面部。乙在感到甲压穴之时，两手外翻，称“外缠”，内翻称“内缠”，使被压穴位得以解脱，并在翻转的同时略后撤，化解来力，反按在甲退来的双掌上，也以中指按压对方的穴位，并且向对方推去（见图 10-29～图 10-33）。这样反复练习，各以高度的感知化解对方的来力，并黏住对方的劲路，稍一疏忽，就会被对方拿住或摔出，因双方允许脱手出招，双方都可以脱手，双方又必须以黏粘使对方脱不开手，因此，双方必须格外谨慎、小心。为使读者理解，特附几张图略示招法，见图 10-34～图 10-47。

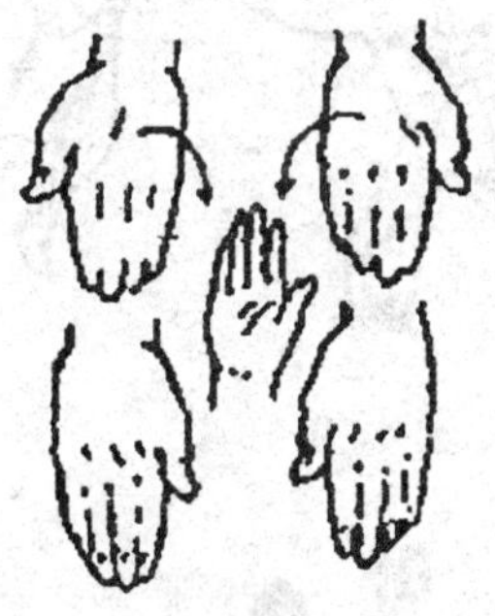

图 10-28

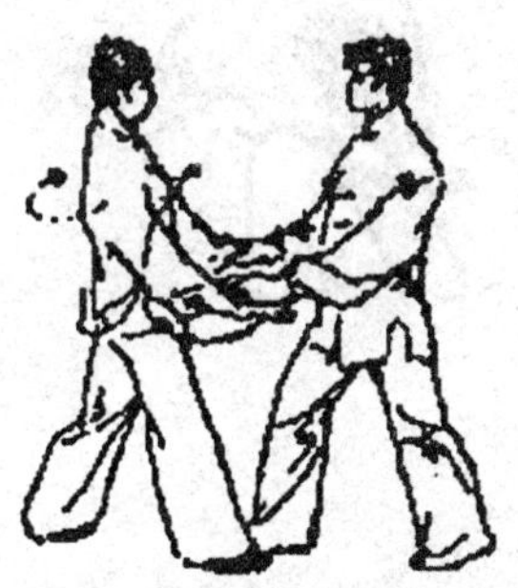

图 10-29

图 10-30

图 10-31

图 10-32

图 10-33

图 10-34

图 10-35

图 10-36

图 10-37

图 10-38

图 10-39

图 10-40

图 10-41

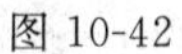

图 10-42

图 10-43

图 10-44

图 10-45

图 10-46

图 10-47

十五、关于《洪均生先生百年纪念册》一书的更正

2006年7月9日上午10时，在练拳回家路上，见到一个太极练习者，让我看她手中的一本书——由刘秀文主编的《洪均生先生百年纪念册》，粗略一翻，发现几处错误。为对历史负责，现对书中错误作出更正，以免以讹传讹，贻误后来。

该书在洪老师传二代弟子的德州栏目中写着"王成、张辰光"。

我与洪老师学拳直到洪师去世近20年，亲如父子，又自幼长在德州，从没有听说过德州有个张辰光跟洪均生老师学拳。2006年7月9日下午14时又询问过洪氏家人洪老师的儿子——我的六哥，17时联系济南李恩久师兄，晚19时联系菏泽的何叔淦师兄，他们都没有听说过此人。

德州有位张晨光老师与洪老师有过交往，那是我的老师也是我的岳父，传授的是陈氏太极拳老架。关于张晨光老师，首先要和大家作个介绍。张晨光老师(1911～1987)原名高芳树，山东无棣北高村人，享年77岁。其父是义和团二师兄，因义和团运动失败，被清政府缉拿，连续抄家三次。张晨光老师自幼秉承家学，练习功力拳，后因武功高强，在西北军高树勋部队当大刀队副队长；他1938年参加革命，在抗日战争中历任无棣四区区委书记、无棣县县委书记、黄骅县县委副书记。1953～1955年，任德州地区工会办公处主任兼党组书记。(以上内容请见《海兴党史》第2辑，第172～178页)

新中国成立后，张老师积极传播武术，并多次担任武术裁判，与王子平、温启铭、顾留馨、陈胜甫、陈济生、秘道纯等武术家交厚，现在还有照片存在家中。(秘道纯是高凤岭先生——"高猴子"的学生，人称"三只手"，因为他的腿可以和手一样灵活。现在流传着和杨澄浦、赵道新动过手的高守武是"三只手"，其实是把两师兄弟搞混了。)

1987年张晨光老师病故，秘道纯不再谈武术，说效仿俞伯牙摔琴，知音已去，不再习武，并嘱咐我去拿他手中一些拳谱和资料，有些是济南国术馆和杭州游艺大赛的一些材料。但因故我始终没有去拿。过去那些武术家的感情之深，值得我们学习。

1953～1955年，张晨光老师到工会工作，因对武术偏爱，在出差北京期间，与陈发科师爷学习了陈氏老架一、二路拳，虽有过去的武功，但在短期内学会一、二路拳，还是难免遗忘。陈发科先生讲，我有个学生在济南，叫洪均生，你们可以多交流。因为学习很短，也没有拜师投帖，遵循传统，所以张老师从不说是陈发科的学生，只是说学过拳，后来因二路有几个动作连接不畅，就借出差之机，到济南找到洪均生老师，原想顺一顺套路，不想洪老师的二路与自己学的差别太大，未能如愿。2006年7月9日，我打电话给何淑淦师兄落实这件事情时，在谈到洪老师的二路拳时，何淑淦师兄也证实，说50年代和洪老师学了二路拳，到北京后，与陈发科师爷的不一样，在北京又跟师爷重新学过。

因为拳路不一样，张晨光老师就没有和洪老师顺接二路拳，因此也谈不上和洪老师学拳之说。再说以当时张晨光老师的身份和武术界的地位，不会一见面就拜陈发科为师，更不会拜一个陈发科的学生吧。

在会面中，张老师向洪老师通报了陈发科先生的情况，两人把各自的体会进行了交流。张老师见洪老师经济拮据，还解囊相助。后来洪老师屡次提及此事，我说给张老师听，张老师说，那没有什么。也就是因为这个原因，洪老师对我关爱有加，百般呵护，师兄

们也知道洪老师对我特别亲近,有些不好开口的事情也叫我和老师说。李学刚师兄经常说,师弟你和老师说去,老师不说你(不批评你)。有的师兄们也找我传话,每次我都把大家的话传给洪老师,也把自己的看法直接说出来,洪老师认为我说得对,就哈哈一笑,表扬几句;不赞同时,就说:“啊,你别替他们说话,你太实在了。”张老师过世后,洪老师对我更关心爱护,如果有人说我不好,洪老师毫不客气地批评、斥责他们,李树峰师弟就遇上过一次,后来告诉我的。每逢我外出教拳,洪老师总是反复叮咛、嘱咐一些要注意的事情,我回来也马上向他老人家汇报,把遇到的事情说给他听,他随时更正说,你该如何处理等等。现在想起这些,仍历历在目,倍感亲切。

我想这些师兄大都健在,应该不会忘记。但这层关系,没有对任何人讲过,两位老师都已过世,不是牵涉今天书上错误,我也不会说出此事。

洪老师和我谈起那次会面,说:“张老师功夫很好,真功夫,打肘向下转手我还是向他学的。”就是因为洪老师善于学习,才能成就他的武术作为。也就是这次会面,才有了洪老师 1956 年重返北京,找陈发科先生重新更正拳法的事由。(见洪均生《陈式太极拳实用拳法》)

德州税务局的一个田科长,学过陈氏太极拳,后来张晨光老师跟他顺的二路拳。张晨光老师传授的陈氏太极拳是陈发科的老架,与洪均生老师所传授的不同。练习方法也不同,张晨光老师传授的徒弟有唐金荣、唐文元、高立安、高立平、高立华、甄志毅、祝学友、李希武、付爱国、王成等人。还有一些再传弟子,现在德州人习惯把陈氏老架叫作“北架”,洪老师的拳架称为“南架”。唐金荣、唐文元、高立平、甄志毅、祝学友、李希武等人在 20 世纪 60 年代初随张晨光老师学习陈氏老架,而高立安、高立平等子女则是在 20 世纪 50 年代中期随父——张晨光学习陈式太极拳。

张老师有过去的武术成就,又潜心研究太极,太极拳功夫非常好,二路炮锤,虎虎有风,气势勃勃逼人,观看的人都能感到震撼力,他讲究放长技远,摔打结合,粘手即出。我见过不少的太极名家,少有人能出其右。在大比武和全民皆兵中,他编有木锨对木耙,铁锨对大棍、条凳等套路,20 世纪 80 年代秘道纯老师说,应该河北一带还有人练习。说到爬墙上屋、夜行疾跑,秘道纯老师大笑不止:“你岳父那年培养年轻人上房爬屋,房上瓦没少踩坏,不过也练出了一些人。”这些人现在年龄也在 80 岁左右了,转眼已经为老年人了。

张晨光老师为人谦和,从不议论别人长短,他经常告诫我们要扬人之善,蔽其之恶,又加上当时他的社会地位和便利条件,一些武术界的人们也愿意和他来往。1956～1961 年他调到聊城地委统战部工作,1961 回德州,1966 提出离休。在他回德州之后,聊城两个拳师闹别扭,还到德州找他调解。说得我们都大笑,这么远,还跑过来。我说也是大家对您的信任吗,其实大家也是想见见面。

十年“文革”期间,他也受到冲击,直到 1976 年才得以解脱,其中一条罪责就是和牛鬼蛇神交往过密。因为过去练武术的大都家境富裕、成分高,是牛鬼蛇神一类的人物。在学习班里,最重要的一个管制就是不许他练拳。在上厕所时,他便走边比划,看守他的人都笑,“嘿,这个老头呀”。一个看守过他的人,曾经跟我说过:“你岳父,那是厉害,在厕所都练拳。管都管不了。”说着好笑,想想戚悲,一个革命一辈子的人,连活动的自由都被剥夺了,只能在去厕所的路上活动一下筋骨。

张老师思想开放，和武术家来往密切，毫无门户之见，要求学生涉猎各家，虚心学习众家之长，唐金荣、唐文元、高立平、甄志义兼学过太极、少林、功力拳、器械等，还有来访名家传下的器械套路，如刀枪、达魔杖、鞭等。李希武练习八卦、太极，也和洪老师学习过济南架，但太极拳的拳路如今还是老架。傅爱国学过八卦、披挂，太极也是老架。我学习陈氏太极老架，后经张老师介绍在洪老师门下学习济南架，其他人至今还是练习陈氏老架套路。

张晨光老师所练和所教的陈氏太极拳与洪老师的太极拳不同，练习方法和某些指导思想也不同，他从来没有练过洪老师的拳，要说关系，就是济南的会面，和大家的相互敬重。这次会面导致了洪均生老师到北京改拳，使其拳术有了飞跃。而这次会面后，两人再没有会过面，只是有人来往济南，偶尔相互捎话问候。20 世纪 70 年代末或 80 年代初，一本杂志刊登了洪老师的练习太极拳的文章和拳照，被我看到，说给张老师，说想看看别人如何练习的。张晨光老师说和洪均生老师见过面，并把结识的经过说了一遍。在此之前我从没有听张老师提起过和洪老师的交往。来往的武术界的人谈论事情和人很多，也没有人提及过洪均生老师。事隔不久，张晨光老师修书一封连带学修给我，我到济南拜见洪老师，洪老师见到我，得知我和张老师的关系，非常高兴，一再鼓励我好好学习，并问起张老师的近况，感叹不已。

由于和洪老师投缘，我开始向洪老师学拳，以后也时常带孩子到济南看望老人，其后一直跟洪老师学拳。

有一次我与李恩久师兄在宾馆会面，当时他在教外国人练拳，陈济生先生也在教外国人练习子母鸳鸯钺。休息时，陈济生老师问我，你是哪里的人，我说是德州的。他问，你认识秘道纯和张晨光老师吗？我说那是我的两个老师。他很诧异，说，那你还到这里学什么？因张晨光老师以前说过陈济生和洪老师之间的关系，我就笑了笑。当时陈济生老师把住址留给了我，希望我到他家里去坐坐，并让我带问好两位老师。我回德州之后给他写过一封信。

一次李恩久师兄让我打一遍拳看看，我打的老架，因不习惯在地毯上演练，停顿了，问恩久师兄，往下如何做。李师兄回答，这个套路我不会，和我的不一样。我就老架和济南拳路不同如何练习问过洪老师，洪老师说："在练习期间，你可以着重练习，不要混了两个套路。"在济南和师兄们练拳时，师兄弟们有时候要求我打一遍老架看看，我就演练一遍，孟宪斌师兄说："不错，不错，比那个陈家沟某某都强。"其实这哪里是事实，只不过是因为老师兄爱护师弟，鼓励我好好用功罢了。哈乐之师兄，当时住在十亩园，对老架情有独钟，每次我到济南总要我打给他看，见到摆连跌叉是双脚空中连踢，然后跌扑在地上，连连叫好，嘱咐好好保留，说该套路完整保留了古朴的技击含义，为此我们经常探讨太极拳术和道理，谈些武林界的事情，我也把在张老师家里听到的武术家们的谈话说给他听。因为我们投机，每次到济南都要到他家坐，师嫂很热情，每次去都要安排在家里吃饭，有时候我还把其他师兄弟带到他家吃饭，淄博的范德臣师兄就和我一起去吃过饭。不想乐之兄现已作古，每思至此，热泪盈眶。上次见到师嫂伤感万分。

2003 年，萧明魁、刘伟国、王贯师兄到德州传授牛郎棍，看到学生打老架，谈起来渊源，萧明魁师兄说，按说张老师和洪老师还是师兄弟呢。通过试验，三位师兄对老架的技击使用给予了高度的敬佩和赞赏。

大连的鞠传德师兄，太极螳螂拳功夫很好，曾两次到德州小住，观摩试验老架的技击作用，对老架的技击方法赞叹不已。

从上面的事实中，我们可以看出，张晨光老师跟陈发科师爷学过拳，后来跟田科长顺过二路炮锤，没有练过洪均生老师的拳架，倒是洪老师借鉴过张晨光老师的肘法，两位老人有过交往，因为有交往，所以才把自己的学生送到对方门下。我开始跟张老师练习的是老架，后跟洪老师学的济南架。

作者（前排左二）与鞠传德（前排左三）在德州合影

2006年7月9日晚8时许，我打电话给刘秀文师姐，谈起书中“张辰光”之事。刘秀文说这是个误会，只能表示遗憾道歉了，因为编辑量大，错误难免，并说因为我当时没有在国内，无法联系，有关事情未能落实好。让我写个更正，并嘱咐我本着两个原则：一是把事实写清，还历史原来面目；二是注意不要影响洪老师的声誉。我说我是张老师的学生，也是洪老师的学生，我只是实事求是地把事实交代清楚。如果有措辞不当，大家可以修改，也请她更正。洪氏门下弟子人多是个好事，但是如果编排不当，会适得其反。

另外，书上还有一个很大的错误，洪均生老师父亲的名字应是“洪宝涛”，而书上写的是“洪宝寿”，实属不该，应以更正为是。

第十一章　太极拳的评估体系

太极拳流派多如繁星，如果拟定一个准确评估体系或标准，也许对太极拳的发展有着推动作用或指导作用。试提一个评估模式，但愿能起一个抛砖引玉作用，供大家参考并予以完善。

大家都知道短板理论，短板理论又称“木桶原理”、“水桶效应”。该理论由美国管理学家彼得提出：盛水的木桶是由许多块木板箍成的，盛水量也是由这些木板共同决定的。若其中一块木板很短，则盛水量就被短板所限制。这块短板就成了木桶盛水量的“限制因素”（或称“短板效应”）。

若要使木桶盛水量增加，只有换掉短板或将短板加长才成。

一个木桶由好多块木板箍成，只要有一块短板，那么这桶的盛水量只能在那块短板的地方，其他板再好也无济于事，放再多的水也会在短板处流走，这就是短板理论。

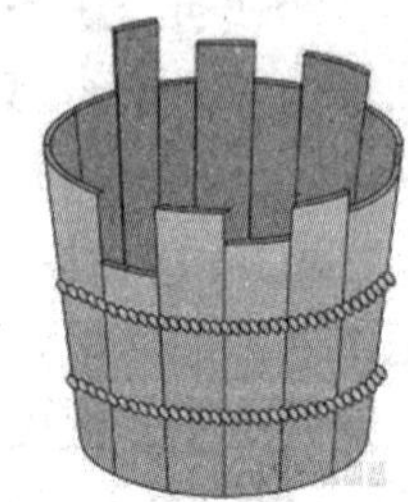

我们可以把太极拳的内容大体分为理论、技击、套路、养生和思想境界五个方面。在这五个方面，如果你缺少一项，那就是出现了短板。短板决定了你的水平，我们可以通过这个评估，发现我们的不足。

在这里，我试图提出新颖可行的系统理论或方法，以便能使后来者对太极拳作出科学的评价。下面我们用百分比大小和分值多少表示人的水平高低，用这个方法让大家进行评估，看看自己哪方面有不足，哪些地方是自己的长项。如果运用得当，可起到事半功倍的效果。

一、太极拳评估体系的内容及分值

满分为100分，各部分分值划分如下：

（一）理论（20分）

对过去理论的认知和理解。

1. 能理解过去拳论：5分。

2. 能区分验证过去理论的对与错：5分。

3. 能教给学生正确的拳论：5分。

4.提出自己并被大众验证可行的理论:5分。

注:死记硬背,掉书袋,食古不化,盲目崇拜,全盘照抄的不算,为0分。

(二)技击(20分)

技击可分为摔、打、踢、拿、走。(踢是指腿法的运用)

摔法:4分。

打法:4分。

腿法:4分。

拿法:4分。

走法:4分。

"三十六计,走为上策",历来是兵家、武术界所推崇的。遁走也是武术中一项重要内容,可惜在诸家武术内容中,绝大多数都缺乏这项内容。遁法,其实就是历代人总结的在各种环境下的逃生之法。

太极拳的"遁法",这是我了解的东西,可能有些人过去没听说过,没见过,我这里简略介绍一下,就当提供个饭前茶后的谈资吧,可仁者见仁、智者见智。

物有遁,我们经常遇到这样的情况,一个物件突然就找不到了,无论你如何翻腾寻找,在一个地方反复搜查,就是找不见,可是过一段时间,你却发现,那物件就静静地待在原地,哪里也没有去,可当时,无论你多少人,多么努力地搜寻,就是发现不了,这种现象,我们称之为"物遁"。这是因为,当时物件借助于时间、方位、色彩和摆放方式,暗合遁法,造成了隐形,使人们难以发现。

物有遁,人亦有遁。武术大都讲如何进攻打击对方,如何提高功力、力量,鲜有人提及如何逃跑、如何隐遁。"三十六计,走为上策",我们的古人对遁走还是非常重视的。一门武术如果只是提及打击争斗而没有遁走保护方法,恐怕不是一门完整的技艺,也不是完善的武术体系。过去提得少,是因为这是密门技艺,不好示于人,唯恐与宵小之徒有所关联,大家都是避而不谈。其实武术界的确是有专门的遁法练习,说穿了也不奇怪,争斗不能永远占上风,寡不敌众,只能逃走,没有专门的方法,是逃不掉的,只能任人宰割了。

疾跑,缩身换影,利用地形,改变服装颜色,逃脱人的视线,达到脱离险境的目的。过去人们用彩旗,色彩布局,干扰人的心智,达到自己预期的效果,这些现象对现代人来说神奇古怪,还显得有些迷信色彩。时辰吧,过去一说就是子、丑、寅、卯、辰、巳、午、未、申、酉、戌、亥,再配上天干——甲、乙、丙、丁、戊、己、庚、辛、壬、癸,就显得十分复杂了。其实,你剥掉外层神秘,就知道没有什么奇怪的了。说白了,黑天和白日效果不一样,可视度不同,效果也不同。至于色彩吗,大家看看现在的人体艺术就知道了,化了装的模特一动不动,不仔细看还真认不出来。色彩、时间段的光线再加上地形的利用,足以迷糊对方,达到逃走的目的。这就和奇门遁甲中利用时间、空间是一个道理。

再就是人们受生物三节律的影响,在不同时期,每个人都有自己的高潮期、低潮期和临界日。以情绪为例,在高潮期内,人的精力充沛,心情愉快,一切活动都被愉悦的心境所笼罩;在临界日内,自我感觉特别不好,健康水平下降,心情烦躁,容易莫名其妙地发火,在活动中容易发生事故;而在低潮期内,情绪低落,反应迟钝,一切活动都被一种抑郁的心境所笼罩。

如果时间、空间、色彩和人的三节律重合，就能造成人们视而不见，形成遁形、遁走。有时候找不到人或物件也就不值得奇怪了。

(三)套路(20分)

套路可分为拳路、推手、器械套路、有益健康或对身体造成伤害的套路。

1.拳路:满分为5分，符合技击养生，又能给人美感的为满分。掌握全套得5分;如为新编套路可得3分。

2.健身推手和技击推手:两内容合计推手为5分，其中健身为2.5分，技击为2.5分。

3.器械套路:共5分，分为短、长兵器。可粗略统计，不再细分软硬兵器。

既有观赏性又有技击性满分为5分，其中单纯表演为2.5分，单纯技击为2.5分。

4.能增强体质，健康身体的套路5分;对身体造成伤害的扣5分。

(四)养生(20分)

养生可分为疾病预防和得疾病后的康复调理。

一是通过锻炼，提前防止疾病发生，把身体调理在最佳状态，抵御疾病入侵;二是在得病后，进行有针对性的调理，达到早日康复、有效康复的目的。人吃五谷杂粮没有不生病的，何况眼下，毒水、毒气、毒蔬菜、毒粮食包围着我们，生病是不可避免的。如何预防、如何调理，把受害的程度降低，这也是进行锻炼的目的。

预防疾病和疾病调理:

1.朦胧锻炼:5分。

2.有目的锻炼:5分。

3.朦胧锻炼调理:5分。

4.有针对性调理:5分。

既有有目的的锻炼又能针对性地调理的综合锻炼为满分，20分。

(五)思想境界(20分)

1.良好的心态:5分。为人平和，亲和待人，泰然应对所发生的事件;该来的来，该去的去，不过于追求名利。我总结为:“无嗔无欲无托靠，随势飘移自逍遥。”

2.健康的卫生:5分。卫生就是维护生命。首先，练习太极拳要做到安身立命，尽量做到不为生存而忧心忡忡，不为生活而奔波疲命。仓廪实而知礼仪，人只有衣食无忧的情况下才能安心地练习武术。过去有“穷文富武”之说，穷人习文，花销不大，练武消耗能量大，生活不好不行，必须有经济支撑才行。曾一个青年托人找到我，要跟我练习，我一问，就婉言回绝了，他是个厨师，有两个孩子，租房住，月工资2000～3000元，光家庭支出就很紧张，我告诉他，你现在不需要练武，你需要尽快提高收入，保证老婆孩子不挨饿。他还在坚持，被我坚决地拒绝了，有学生看了不忍，说就让他练吧，我答:“厨师很辛苦，每天早起晚归，他什么时间练？两个孩子还得需要照顾，作为男人你要尽到丈夫和父亲的责任，你让他们衣食都没着落，练武有什么用？我教他就害了他，他既要工作，又要照顾家庭，还需要思索功夫练习，他哪有这么大的精力？到头来哪方面也做不好，对家庭对社会都不好。”不知道这个青年能不能理解我的考虑，但愿他积极努力，能改变自己的经济状况，给家人一个好的环境。

再者，君子不立危墙之下，远避是非，保护好自己，这也是卫生的内容。

3.对事物的正确判断:5分。要提前判断事物的发展,处于主动,免受其累。练习太极拳会更深刻地感受到中国传统思想的含义,根据阴阳转化道理,做事未雨绸缪,把不利因素泯灭在初期形成阶段。一天,一个学生说他最近又升职又提薪,自己得谨慎做事,不能得意忘形。他的东西,别人喜欢,他也送一些,他低调又和人,大家对他更敬重。他就是把太极拳思想运用到了事务处理上。再看看现在企业管理现状,经常要求今年翻番,明年翻两番,后年更翻番,动辄提出我最棒、我最强的口号,像打鸡血一样让大家亢奋。激励是必要的,但是激励若成了常态就不行了,就会出现"大跃进"式的假大空。兴奋剂有刺激作用,如果长期利用兴奋剂,那就糟了,非出现功能丧失不行;思想激励也是一样,长期处于亢奋之中,就会出现幻觉,造成错误判断,酿成大错。管理者学学太极,感受一下中国的传统思想,对企业健康发展也是有促进作用的。

4.关系的处理:5分。太极拳练习者本身就是一个社会人,应自然地融于社会,但是他又是经过传统思想陶冶的人,他比平常人更有思想,所以在这方面他独立于社会。他应与人融洽相处,但不盲目顺从,自己能对事物有独特的正确见解。这也是一个修身功课,大隐隐于市,这样修炼,远比遁身山野,让人供养好得多。

《沧浪歌》早在春秋时期已经传唱,孔子、孟子都提到它了。孔子曰:"小子听之!清斯濯缨,浊斯濯足矣,自取之也。"孟子曰:"有孺子歌曰:'沧浪之水清兮,可以濯我缨;沧浪之水浊兮,可以濯我足。'"

司马迁《史记》中《渔父》曰:"渔父莞尔而笑,鼓枻而去,乃歌曰:'沧浪之水清兮,可以濯吾缨。沧浪之水浊兮,可以濯吾足。'"

《沧浪歌》的意思就是:沧浪水清,可以洗帽子;沧浪水混,可以洗脚。

古人就是这样谆谆地教育我们要顺势而为,适应社会的变化。

当然,提倡融入社会不是逃避,不是对不公平、不良行为麻木不仁。练武之人在关键时刻,也要挺身而出,对于暴政、邪恶势力或不良行为,勇于斗争,这是做人的良知,也是习武之人的应有的责任。

按上面的分析,我将其列为图11-1。

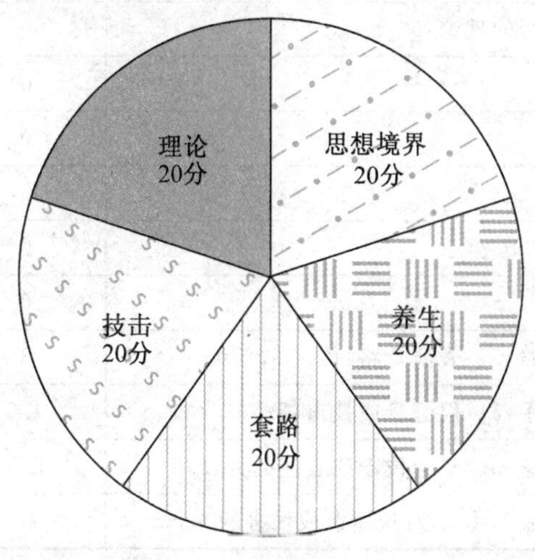

图11-1　太极拳水平满分示意图

二、太极拳练习人群的几个层面及分值评估举例

我们试分析一下练习太极拳的人群，目前太极拳几个层面进行分析，看哪些地方是需要加强和改进的。

(1)普及层面:公园老人，热心推广者。

(2)院校专职教师层面:武馆、专业教拳人员，公办大学老师。

(3)专职教师以上层面:即所谓大师、名家、宗师一类人物。

(4)媒体宣传层面:媒体的宣传、报道、推广等。

(一)普及层面练习太极拳人群及分值评估举例

在公园里，经常看到太极拳的老师在公园等处教授一些老百姓，这属于普及层面的，我们按上面的标准给这些人打分，看他们的分值是多少。

①理论:这项对他们来讲是空白。一则是文化限制，对文言文读不懂;二是没有鉴别能力。这项为0分。

②技击:这是大多数人不了解的，也为0分。

③套路:以新编套路为主，得3分;拳路没有技击，仅健身得2.5分;没有长兵器，只是短兵器表演，可得2.5分;在有益健康方面可得4分。合计为12分。

④养生:基本是朦胧式的锻炼，可得5分;朦胧式的调理练习，可得5分。共计10分。

⑤思想境界:在心态方面可得3分，在社会融入性方面可得2分，其他方面为0分。共计5分。普通层面练习太极拳得分见表11-1和图11-2。

表11-1　　普及层面练习太极拳人群分值评估举例

名称	编号	内容分值	得分分值	备注
理论	1	对过去拳论的理解:5	0	基本不理解
	2	对流行拳论验证:5	0	
	3	传授正确理论:5	0	
	4	提出可行的理论:5	0	
技击	1	摔法:4	0	基本都没掌握，甚至不知道
	2	打法:4	0	
	3	腿法:4	0	
	4	拿法:4	0	
	5	遁走:4	0	
套路	1	全面拳路:5。表演套路:传统5，新编3	3	新套路为主
	2	全面推手:5。仅健身或技击:2.5	2.5	推手很少，大多数不会
	3	全面器械:5。只会技击或表演的为:2.5	2.5	
	4	有益健康的为5，对身体造成伤害的为－5	4	

续表

名称	编号	内容分值	得分分值	备注
养生	1	朦胧锻炼:5	5	如果出现副作用，减去10分
	2	有目的锻炼:5	0	
	3	朦胧锻炼调理练习:5	5	
	4	有针对性调理练习:5	0	
思想境界	1	良好的心态:5	3	
	2	健康的卫生:5	0	
	3	事物的判断:5	0	
	4	社会融入性:5	2	
合计得分			27	

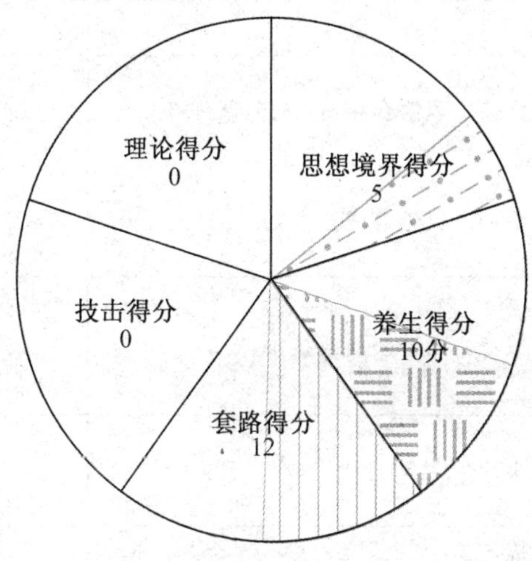

图 11-2　普及层面太极拳水平得分示意图

通过统计我们可以看出，这个层面的基本分值大约为27分。由此看来，大部分人对太极拳的认识还是相当的肤浅。这个层面可看作为太极操，认知水平低，但人的基数大，对健身有着普及推广的功德，稍加些有针对性的锻炼、调理内容，将大大提高健身效果，于国于民功德无量。

(二)院校专职教师层面太极拳水平评估

院校专职教师分为民间和院校两个层面。

这个层面绝大多数是谋生层面，只好追求比赛名次。民间的为扩大生源，保证经济来源，力图用比赛扩大宣传，对普及有一定作用，对提高作用仍需要加强；学院的为教学而教，平时忙于所谓项目、科研、评职称，又加上搞武术专业的人群普遍文化水平较低，对古文和太极拳知识难以有深入的理解，有的教师本身就不是练武术的，只是其他学科考了武术研究生，转身成了武术教师。这两类人对太极拳内涵理解不够深刻，再到高一层次就有些困难了。院校专职教师层面打分参见表 11-2 和图 11-3。

表 11-2　　院校专职教师太极拳分值评估举例

名称	编号	内容分值	得分分值	备注
理论	1	对过去拳论的理解:5	3	几乎沿袭神话臆说，公办学校也是人云亦云
	2	对流行拳论验证:5	0	
	3	传授正确理论:5	0	
	4	提出可行的理论:5	0	
技击	1	摔法:4	2	院校追求表演比赛，民间吹嘘神化鬼怪
	2	打法:4	0	
	3	腿法:4	0	
	4	拿法:4	2	
	5	遁走:4	0	
套路	1	全面拳路:5。表演套路:传统 5，新编 3	4	院校、民间均没有完整体现
	2	全面推手:5。仅健身或技击:2.5	2.5	院校重表演，民间重比赛标准
	3	全面器械:5。只会表演或技击:2.5	2.5	院校、民间的套路基本只重表演；两者几乎完全丧失技击
	4	有益健康的为 5，对身体造成伤害的为－5	3	民间和院校都有出现伤害的
养生	1	朦胧锻炼:5	5	学院、民间基本上都是朦胧锻炼调理，没上升到有针对性的练习调理上
	2	有目的锻炼:5	0	
	3	朦胧锻炼调理练习:5	5	
	4	有针对性调理练习:5	0	
思想境界	1	良好的心态:5	4	这个层面多为谋生，心态、事物判断、社会融入性都不理想
	2	健康的卫生:5	2	
	3	事物的判断:5	2	
	4	社会融入性:5	2	
合计得分			39	

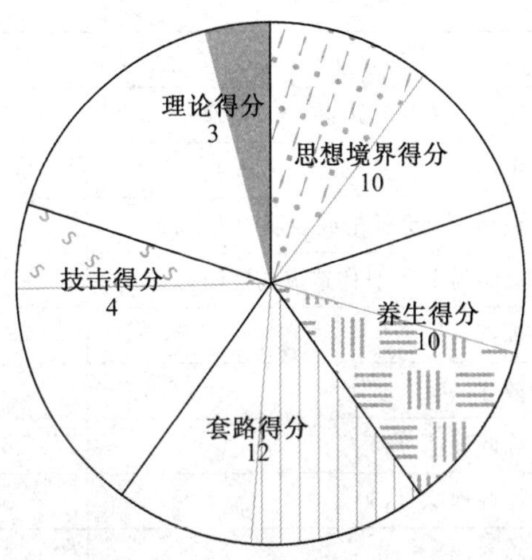

图 11-3　院校专职教师太极拳水平得分示意图

(三)专职教师以上层面(大师、名家等)太极拳水平分值评估举例

①理论方面:一部分人能达到对过去拳论的理解,但很少去验证;提出自己可行性的理论的更少。

②在技击方面:打法、腿法和遁走是弱项,基本能摔、能拿。

③套路方面基本能体现出太极拳的基本含义,器械方面差一点。

④养生方面:有些能提出一定的调理或针对性锻炼,但好多人还是朦胧练习,还处于茫然阶段,需要上升到有针对性的主动锻炼调养层次。不过一些人已经习惯自己的思维模式,很难改变自己的认识。因为他们是名人,起的引导作用和误导作用都很大。如果这些人能谦虚潜心合作研究,对太极拳的提高有巨大作用。

所谓太极拳大师或名家层面打分见表 11-3 和图 11-4。

表 11-3　　专职教师以上(大师、名家等)层面分值评估举例

名称	编号	内容分值	得分分值	备注
理论	1	对过去拳论的理解:5	3	
	2	对流行拳论验证:5	0	
	3	传授正确理论:5	3	
	4	提出可行的理论:5	0	
技击	1	摔法:4	3	
	2	打法:4	2	
	3	腿法:4	2	
	4	拿法:4	3	
	5	遁走:4	0	

续表

名称	编号	内容分值	得分分值	备注
套路	1	全面拳路:5。表演套路:传统 5,新编 3	5	目前的所谓大师,套路基本可以,推手也能体现出基本技法,器械还是多体现为表演
	2	全面推手:5。仅健身或技击:2.5	5	
	3	全面器械:5。只会技击或表演的为:2.5	4	
	4	有益健康的为 5,对身体造成伤害的为−5	4	
养生	1	朦胧锻炼:5	5	有部分知道针对性锻炼,一部分不知道,处于朦胧状态
	2	有目的锻炼:5	4	
	3	朦胧锻炼调理练习:5	5	
	4	有针对性调理练习:5	3	
思想境界	1	良好的心态:5	5	心态可以,事物判断,社会融入性基本勉强
	2	健康的卫生:5	3	
	3	事物的判断:5	3	
	5	社会融入性:5	3	
合计得分			65	

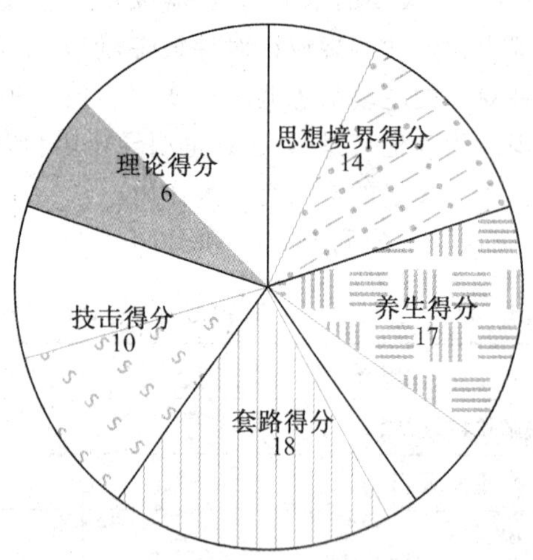

图 11-4　专职教师以上层面(大师、名家等)太极拳水平得分示意图

（四）媒体宣传层面太极拳水平分值评估举例（表 11-4、图 11-5）

表 11-4　　媒体宣传层面太极拳水平分值评估举例

名称	编号	内容分值	得分分值	备注
理论	1	对过去拳论作用的揭示:5	2	
	2	对流行拳论验证:5	0	
	3	传授正确理论:5	0	
	4	提出可行的理论:5	0	
技击	1	摔法:4	3	报道技击少,报道华丽表演多
	2	打法:4	4	
	3	腿法:4	0	
	4	拿法:4	0	
	5	遁走:4	0	
套路	1	全面拳路:5。表演套路:传统 5,新编 3	3	多播出新套路
	2	全面推手:5。仅健身或技击:2.5	2	健身推手也很少介绍
	3	全面器械:5。只会技击或表演的为:2.5	2.5	多注重表演
	4	有益健康的为 5,对身体造成伤害的为－5	3	利弊都有
养生	1	朦胧锻炼:5	5	只介绍有利于健康,很少分析原理
	2	有目的锻炼:5	0	
	3	朦胧锻炼调理练习:5	5	
	4	有针对性调理练习:5	0	
思想境界	1	良好的心态:5	3	对这方面很少提及
	2	健康的卫生:5	0	
	3	事物的判断:5	0	
	5	社会融入性:5	0	
合计得分			32.5	

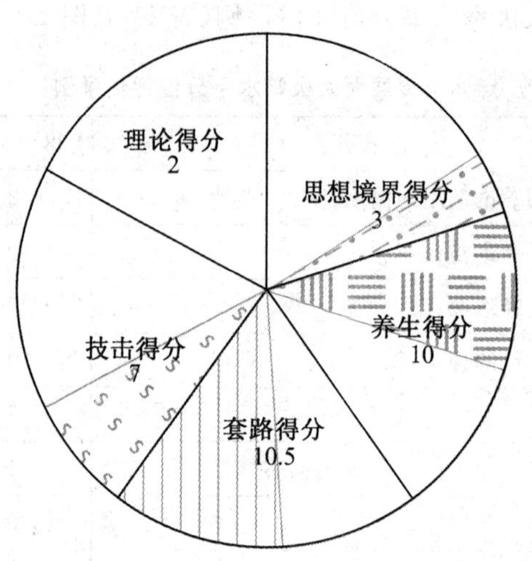

图 11-5　媒体层面太极拳水平得分示意图

通过图表我们可以看出，媒体宣传是很不够的，需要做些实际的工作，通过协调各方人士，提出高水平的太极锻炼内容，对太极拳的提高有着引导作用。

第十二章　太极动作衍变与太极拳的形成

一、《马王堆〈导引图〉》与太极拳的联系

《马王堆导引图》出土于长沙市东郊浏阳河西岸的马王堆汉墓，时间为西汉初期，马王堆墓于1972～1974年进行发掘，1974年出土了现今最早的帛画导引图谱，原帛画长约100厘米，与前段40厘米帛书相连。画宽40厘米。《导引图》是现存最早的一卷保健运动的工笔彩色帛画，为西汉早期作品。《导引图》出土时残缺严重，经过拼复共有44幅小型全身导引图，从上到下分四层排列，每层各有11幅小图。

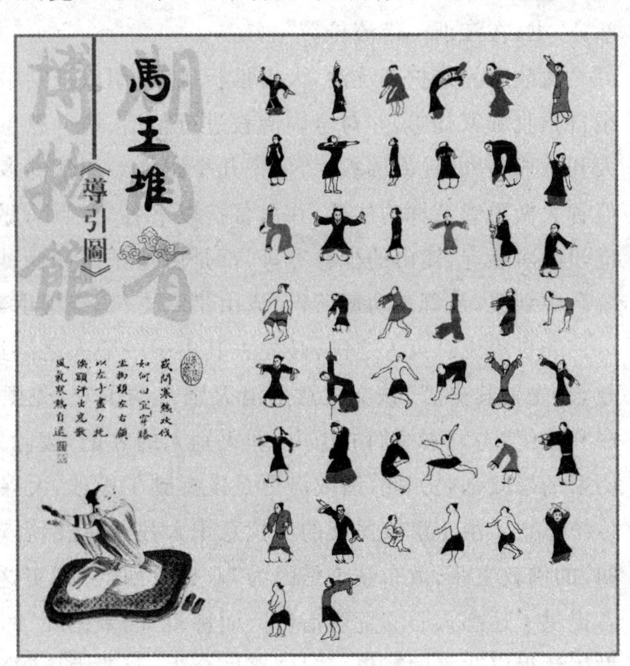

图12-1　马王堆《导引图》

《导引图》不仅年代早，而且内容非常丰富，它使古代文献中散失不全的多种导引与健身运动找到了最早的图形资料，为导引的发展、变化研究提供了可贵的线索。中国养身之道源远流长，从《导引图》我们可以追溯到太极源流，太极拳与它有一定的历史渊源关系，两者都是把呼吸运动与躯体运动相结合，用于养生和体育疗法的运动，并且一些发声、动作也与太极拳的发声、动作极为相似，大家可进行对照、比较。详见图12-1。

二、戚继光《纪效新书》中的三十二式拳法与太极拳

戚继光(1528～1588),字元敬,号南塘,晚号孟诸,生于山东登州(今蓬莱市),明代著名爱国将领。

明嘉靖年间,倭寇猖獗,戚继光率兵抗倭。为了训练士卒,增强战斗力,戚继光从当时民间流传的著名的十六家拳法中,吸取了三十二个姿势编成拳套,称作"《拳经》三十二势",编入《纪效新书》卷之十四,即《拳经捷要第十四》,作为士兵练习刀枪剑棍等兵器的"武艺之源"。

据温岭新闻网报道:"明末清初,浙江余姚有一位著名的大学者黄宗羲,明亡以后,他招募义兵,成立'世忠营',进行反清复明的斗争,失败以后,隐居从事著述,屡拒清廷征召,为浙东学派的创始人物。黄宗羲的儿子黄百家,字主一,是一位文武全才,学问浩博的学者。黄宗羲编撰《宋元学案》未成而卒,百家继续编成。百家又擅长数学,从学于大数学家梅文鼎。明清变革,百家追随父亲参加抗清'世忠营',并师从抗清将领王来咸学习拳法,尽得其传。王来咸的拳法,就是当时流行的戚氏长拳。黄百家又将所学的戚氏长拳与当时的各派拳经相糅合,以戚氏长拳为基础,经优化创制,演化成为'内家拳',并著有《内家拳》一书,在江浙一带流传。"①

清政府为维护其统治,大力推行佛教,用以抵制中原正统的儒教、道教思想,雍正皇帝亲自招收佛家徒弟,并对全国佛教进行整治、统一思想,推行的是他自认为的佛教,他一面大开杀戒,一面提倡佛教。"他把几个跟他参禅学佛多年的和尚徒弟,分别派到江、浙及其他省去做禅寺丛林的住持,并命督抚以下各官照应,做为佛门的护法。如扬州的高旻寺、杭州的净慈寺、嵩山的少林寺等,都是由他派出和尚徒弟,住持整顿。经费由地方财政的盈余中划拨,及募集功德所得,或由皇室支付,统报由雍正自行核定。"②

龚自珍说:"灭人之国,必先去其史……败人之纲纪,必先去其史;绝人之才,湮塞人之教,必先去其史。"③该文大意是消灭别人的国家,先毁去他们的历史;败坏别人的社会秩序和法纪,先毁去他们的历史;埋灭别人的才能,废除别人的教化,必先毁去他们的历史。历来的暴政都是如此,清政府更是发挥到了极致,大兴"文字狱",手段凶残,试图消灭中原传统思想。由于汉族民众的反抗意识太强,清统治者难以应付,为此,统治者借用"业报轮回"的佛教主张,散布被杀是因为"业报轮回"。其实这是个荒谬逻辑,但在理论上为杀人者提供了迷惑人心的荒唐借口。而佛教"因果循环"的说法也符合今生为苦的人们冀望来世生活得以改善的梦想,并且"普度众生,慈悲为怀"给受苦而绝望的汉族百姓提供了心理冀盼和向往。在清统治者的强力推行下,佛教慢慢被一些人接受,清朝统治者的预期目的部分得以实现。

---

① 温岭新闻网,http://wlnews.zjol.com.cn/wlrb/system/2008/02/03/010332870.shtml。

② 南怀瑾:《原本大学微言》,复旦大学出版社 2003 年版,第 61 页。

③ (清)龚自珍:《定庵续集》卷二《古史钩沉二》。

清朝强力推行佛教，使儒、道二教地位迅速跌落，明朝的遗老们及反抗义士们，必不迎合清政府的政策，不满外来思想的推行，反对暴政，从而编制内家拳，并把内家拳归属武当道教，利用土生土长的道教默默对抗清政府推行的奴化思想，也是有可能的。

清政府为维护其野蛮统治，对武术进行了残酷的镇压，看看雍正皇帝对清剿武术所下手谕：

雍正五年冬十一月上谕

……着各省督抚，转饬地方官：将拳棒一事，严行禁止。如有仍前自号教师及投师学习者，即行拿究。

一些反清复明的秘密团体如洪门，信奉道教与民间信仰，指天地立誓，祭关帝君；对抗清政府佛教思想的推行，八卦拳、太极、形意拳则直接引用易经思想和术语在指导思想上与清政府强行推广的思想划清界限。大家比较一下可看出，所谓的内家拳大都是以“易经”的太极思想作为指导思想，与清朝统治者的“佛”思想根本不搭边。一些受清朝统治者排挤打压的佛教流派，也纷纷不甘受压，通过各种形式，对清朝统治者兜售的思想进行抵制；一些拳家，对此持欢迎态度，好多武术门派出于各自目的也都与神仙或清朝以前的禅宗有了关联，但在拳理上依旧是中原传统思想，明确与清朝统治者推行的思想理念撇清关系。

由于雍正的残暴，又突然暴死，人们为宣泄对朝廷的仇恨，鼓舞反抗士气，杜撰了一些抗暴传说。民间传说当时有一位侠女叫吕四娘，她的父亲和爷爷都因为文字狱被雍正杀了。为了报仇，吕四娘把雍正砍了头，也有说雍正被宫女用绳子勒死。一些反清复明的虚拟“大侠”也在人们的臆想加工下应时出现了，虽然荒诞不经，但当时对反抗暴政有着鼓舞作用。现代的《火烧少林》《木棉袈裟》等文艺作品的素材也是来源于此时人们对清政府进行抵制的民间故事传说。《木棉袈裟》影片中有假僧人、假住持争夺木棉袈裟的一段场景，这段场景就是再现了当年清政府强行推行的佛教与原有佛教的争斗，以及官府为推行的佛教进行护法的景象。

这个时期，拳家附会内家拳、鬼神的出笼，是反抗清政府的需要，但也为后来的鬼怪神乱的编写提供了依附的便利。其实这个特殊的鬼怪神乱现象，则是更深刻地揭示了清政府的残暴血腥以及对中原传统文化的摧残。

戚继光生于 1528 年，逝于 1588 年，这个时期没有武当拳派和少林拳派之说。清军入关在 1644 年，1645 年灭掉南明弘光帝朱由崧，此时距离戚继光时代仅为 57 年，从时间上看，所谓的内家、外家拳说法似乎应该出现在清代。

戚继光在军旅推行三十二拳法，作为练兵之用。军队是铁打的营盘流水的兵，许许多多退役的士兵也把三十二拳法带到了各自的家乡，并且戚继光曾亲率戚家军活动在广东、福建、江苏、浙江、山东、河北、辽东、北京等地，而戚家军转战南北，南方抗倭、北方守疆，甚至曾到朝鲜抗击日军，屡立战功，三十二式拳法也在各地军队中传播蔓延开来。因此，三十二拳法传播之广也是非常罕见的，这套拳法对中国各地的武术发展有着重大贡献。

有文章指出：在远征朝鲜抗倭拒寇的“戚家军”中，最著名的将领是来自浙江义乌的吴惟忠(1533～1613)。他曾是戚继光的左膀右臂,前后两次参加东征,初为游击,后为总兵。他所率领的南兵,可称为东征军的一面旗帜,被誉为“功最廉操”的天将。其行军作战所过之处,“岭南一路皆立碑颂之”,朝鲜各地民众共给他立了 5 块碑,如“天将吴公惟忠清勇之碑”战后两百年尚存……

在远征朝鲜的“戚家军”中,还有一位年近古稀的老将胡大受(1528～1603),其在朝鲜有三大建树:一是以戚继光的《纪效新书》为标准教科书,帮助朝鲜训练了一支具有新式“三手”技的军队,这是一支尤具精良火炮技术的新式陆军。朝鲜为此专门成立了一个练兵机构“训练都监”,启动了一套新的赋税征收体系“三手粮”制度,这个军事财政相互配合的系统,一直运行到 1910 年日本吞并朝鲜为止。二是为训练朝鲜军队的教师争取合法权益。三是数次派心腹幕僚同乡余希元前往女真腹地,与建州酋长努尔哈赤谈判,帮助解决朝鲜与女真的边境纠纷,结果因违背祖制而入狱。[①] 从这我们可以得出,戚家军到过朝鲜,帮助朝鲜训练军队的同时,也把三十二式拳法传播到朝鲜,朝鲜的武术极有可能与戚家拳三十二式拳法有着传承关系。

据戚少保年谱载,戚继光编著《纪效新书》在明代嘉靖三十九年(1560);有人考证,《纪效新书》的初印是在嘉靖四十一年(1562)。万历十一年(1583),戚继光在被调往广东的当年曾经再次编辑校正《纪效新书》,并“梓于军幕中”。该本目前未见于国内,明代人汪道昆是戚继光同在福建御寇的知己同僚,曾捎给王世贞《纪效新书》书稿,求其为该书作序,作序的时间是嘉靖四十五年(1566)。后李邦珍根据这个书稿,于隆庆三年(1569)在河南翻刻。此版为十八卷本,亦称“隆庆本”,是现在所知道的最早的版本,可惜国内唯一的隆庆本早已流失域外,现藏于美国国会图书馆。[②]

李邦珍在河南刊印的《纪效新书》,势必在河南影响甚大,对太极拳在河南温县的形成提供了良好条件。

河南温县陈王廷(1600～1680),明末清初人。文武兼优,精于拳械,功夫深厚,在河南、山东一带很有声望。他的生活年代正值 1569 年在河南刊印的《纪效新书》“隆庆本”的流行、传播时期,这本风行的《纪效新书》肯定会对陈王廷或附近的少林寺的拳术发展有启迪、参照作用。

陈王廷有一首词写道:“叹当年,披坚执锐,扫荡群氛,几次颠险!蒙恩赐,枉徒然,到而今年老残喘。只落得(黄庭)一卷随身伴,闲来时造拳,忙来时耕田,趁余闲,教下些弟子儿孙,成龙成虎任方便……”

陈王廷享年 80 岁,他的晚年应该为 1650～1670 年,此时距隆庆本的《纪效新书》发行有 50 年左右,这段时间也符合他学习、参悟《黄庭经》和三十二拳法及各拳家精华,并经过沉淀、思索,从而创造出把导引、吐纳之术与武术技击完美结合的一套具有阴阳相合、刚柔相济的陈式太极拳。

---

① 参见杨海英《远征朝鲜抗倭拒寇的“戚家军”》,载 2014 年 7 月 23 日《中国社会科学报》。

② 参见马明达为《纪效新书》作的前言,人民体育出版社 1988 年版。

我的学生时晓东认为，如果太极拳只是在民间或者民团出现过，只会“执锐”不会“披坚”，因为明代铠甲是统一管制和调配的。他推测，陈王廷所言“叹当年，披坚执锐”，说明他曾在军伍之中呆过，很有可能他在军中接触到过戚继光三十二式拳法。

其实无论有没有从过军都无碍陈王廷借鉴三十二式拳法，从时代年限和拳式动作来看，陈王廷接触了戚继光的三十二式拳法并以其为蓝本编创陈式太极拳是确定无疑的，这从两者拳式动作和名称可以看得出。

而我国许多著名的武术理论家通过考证，认为中国最古老的陈式太极拳套路，正是源于戚继光的拳经三十二式。两者拳的姿势和名称基本一致，无论从拳式名称还是内容上看，相承关系极为明显。

从戚继光《纪效新书》三十二式拳法中我们可以明显看到太极拳演变的痕迹。它揭示了太极拳的形成轨迹，记录了时代的变迁。三十二拳式的影印本附在下面供大家参考、比较。

拳
茅子曰、陳思王、豪于文者也、而其自敘手搏、旨哉
津津乎、令之介弁、反耻而不言、嗟哉、末之難已、知
點畫而後可以教八法、知據鞍而後可以教馳驟、
拳之謂也、次其說于左、
拳法盡此二語
紀效新書曰、拳法似無預於大戰之技、然活動手
足、慣勤肢體、此為初學入藝之門也、故存之、以備
一家、學拳要身法活便、手法便利、脚法輕固、進退
得宜、腿可飛騰、而其妙也顛番倒插、而其猛也披

劈橫拳、而其快也活捉朝天、而其柔也知當斜閃、
故擇其拳之善者三十二勢、勢勢相承、遇敵制勝、
變化無窮、微妙莫測、窈焉冥焉、人不得而窺者謂
之神、俗云、拳打不知、是迅雷不及掩耳、所謂不招
不架、只是一下、犯了招架、就有十下、博記廣學、多
算而勝、古今拳家、宋太祖有三十二勢長拳、又有
六步拳、猴拳、囮拳、名勢各有所稱、而實大同小異、
至今之溫家七十二行拳、三十六合鎖、二十四棄
探馬、八閃番、十二短、此亦善之善者也、呂紅八下

雖剛未及錦張短打、山東李半天之腿、鷹爪王之拿、千跌張之跌、張伯敬之打、少林寺之棍、與青田棍法相兼、楊氏鎗法、與巴子拳棍、皆今之有名者、雖各有所長、各傳有上而無下、有下而無上、就可取勝於人、此不過偏於一隅、若以各家拳法、兼而習之、正如常山蛇陣法、擊首則尾應、擊尾則首應、擊其身則首尾相應、此謂上下周全、無有不勝、大抵拳棍刀鎗釵鈀劍戟弓矢鉤鐮挨牌之類、莫不先由拳法活動身手、今繪之以勢、註之以訣焉、

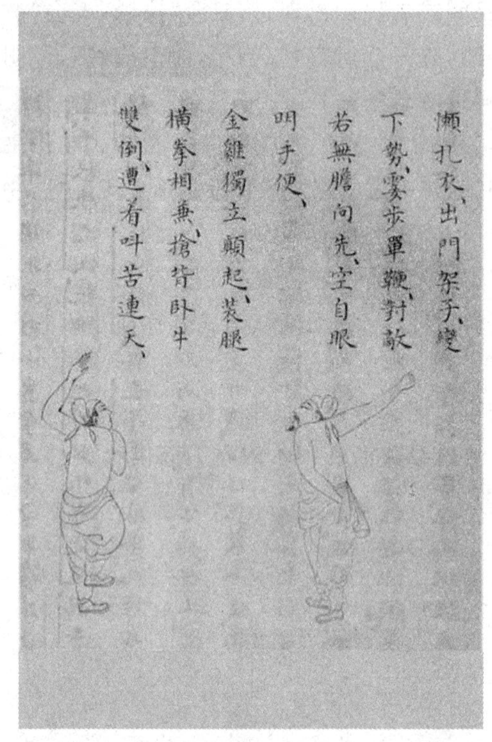
懶扎衣出門架子、變下勢、霎步單鞭、對敵若無膽向先、空自眼明手便、

金雞獨立顛起、裝腿横拳相兼、搶背卧牛雙倒、遭着叫苦連天、

探馬傳自太祖、諸勢可降可變、進攻退閃、弱生强、接短拳之至善、

拗單鞭、黄花緊進、披挑腿、左右難防、搶步上、拳連劈揭、沉香勢、推倒太山、

七星拳、手足相顧、挨步逼上下隄籠、饒君手快脚如風、我自有攪衝劈重、

倒騎龍、詐輸詳走、誘追入、遂我回衝、恁伊力猛使來攻、怎當我連珠砲動、

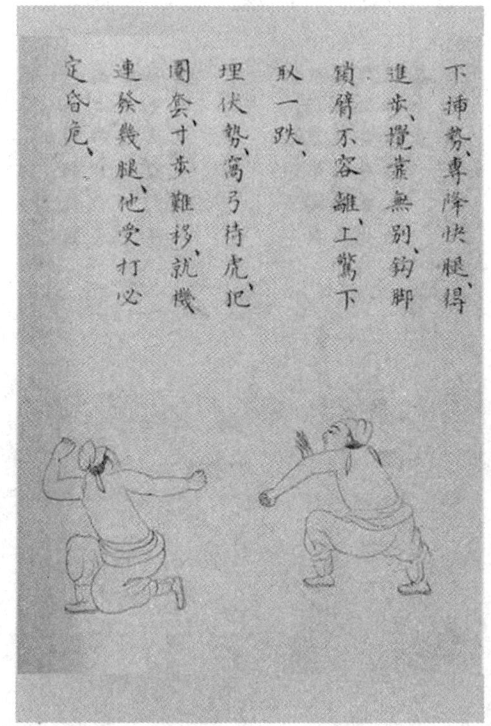

下插勢、專降快腿、得進步、攪靠無別、鈎脚鎖臂不容離、上驚下取一跌、

埋伏勢、窩弓待虎、把圈套、寸步難移、就機連發幾腿、他受打必定昏危、

懸脚虛、餌彼輕進、二換腿、決不饒、輕、趕上一掌滿天星、誰敢再來比並、

丘劉勢、左搬右掌、劈來脚入步連心、挪更拳法探馬均、打人一着命盡、

一霎步隨機應變、左右腿衝敵連珠、恁伊勢固手風雷、怎當我閃驚巧取、

擒拿勢、封脚套子、左右壓、一如四平、直來拳逢我投活、恁快腿不得通融、

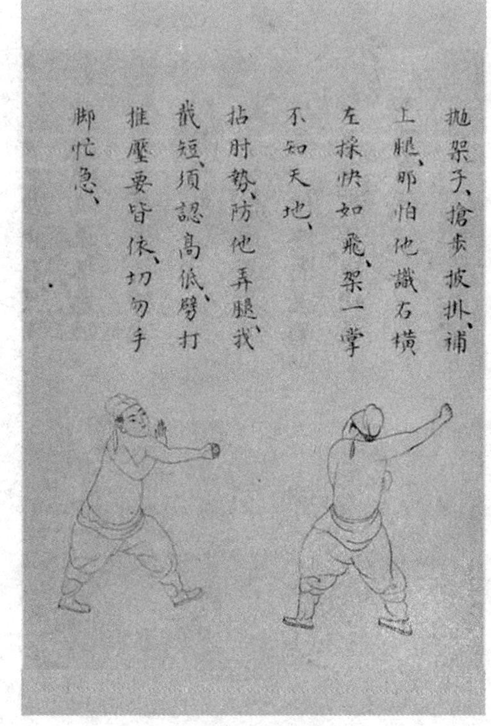

拋架子、搶步披掛、補上腿、那怕他識右橫左採快如飛、架一掌不知天地、

拈肘勢、防他弄腿、我截短、須認高低、劈打推壓要皆依、切勿手脚忙急、

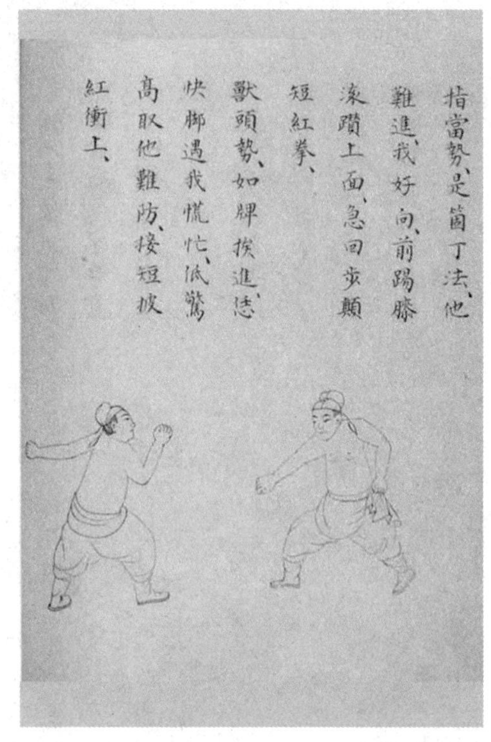
指當勢，是箇丁法，他
難進，我好向，前踢膝
滚躦上面，急回步顛
短紅拳。
獸頭勢，如牌挨進，恁
快脚遇我慌忙，低驚
高耿他難防，接短披
紅衝上。

井欄四平直進，剪臁
踢膝當頭，滚穿劈靠
抹一鉤，鐵樣將軍也
走。
鬼蹴脚搶人，先着補
前掃轉，上紅拳背弓
顛披揭起，穿心肘靠，
妙難傳。

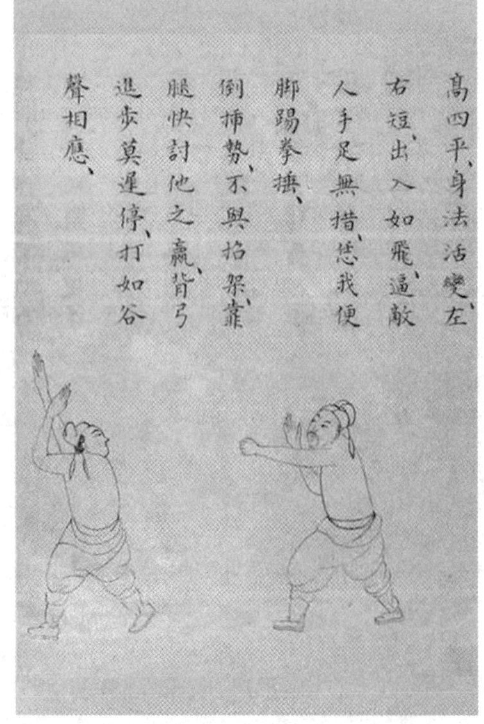
高四平，身法活變，左
右短出入如飛，逼敵
人手足無措，恁我便
脚踢拳捶。
倒插勢，不與招架，靠
腿快討他之贏，背弓
進步莫遲停，打如谷
聲相應。

中四平，勢實推固硬
攻進快腿難來，雙手
逼他單手，短打以熟
為乖。
伏虎勢側身弄腿，但
來湊我前撑，看他立
站不穩，後掃一跌分
明。

雀地龍下盤腿法前
揭起後進紅拳他退
我雖顛補衝來短當
休延、
朝陽手、偏身防腿無
縫鎖逼退豪英、倒陣
勢彈他一脚、好教師
也喪聲名、

神拳當面插下、進步
火燄攢心、遇巧就拿
就跌、舉手不得留情、
一條鞭橫直披砍、兩
進腿當面傷人不怕
他力粗膽大、我巧好
打通神、

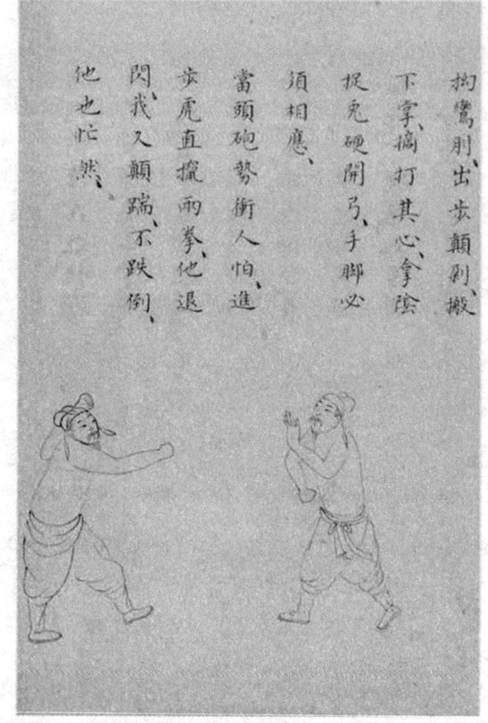
拗鸞肘出步顛剁搬
下掌、摘打其心、拿陰
捉兔硬開弓、手脚必
須相應、
當頭砲勢衝人怕、進
步虎直攛兩拳他退
閃我又顛踹不跌倒、
他也忙然、

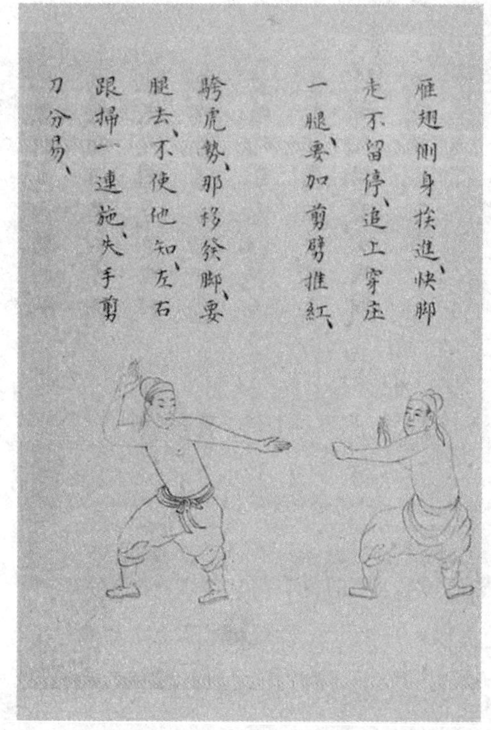
雁翅側身挨進、快脚
走不留停、追上穿庄
一腿要加剪劈推紅、
騎虎勢、那移發脚、要
腿去不使他知左右
跟掃一連施失手剪
刀分易、

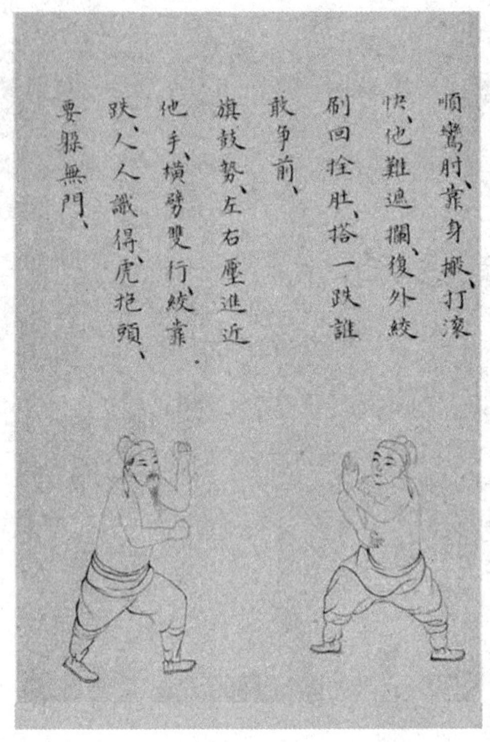
順鸞肘、靠身搬、打滚
快、他難遏攔、復外絞
刷回拴肚、搭一跌誰
敢爭前、
旗鼓勢、左右壓進近
他手、橫劈雙行絞靠
跌、人人識得、虎抱頭、
要躲無門、

附录　弟子文章选登

按:弟子们在长期跟随我练习太极拳过程中,对太极拳有着各自的体会,或多或少地体现了我的教学思想和理念,我把认为有见地的文章附在本书后面,作为一个完整体系的体现。这些文章多发表在武术杂志或在网络上流传,窃以为有突破、有见地,能为练习者提供某些帮助和指导。当然,这些文章有些地方值得商榷,请大家指出不足以便改正,也给他人提供借鉴,使大家少走弯路。

刘勇大枪

太极拳能不能登上散打擂台

刘　勇

陈长兴、杨露禅、杨班侯、陈发科是尽人皆知的太极拳搏击高手,这样的太极高手已鲜见于世。这虽然与社会大环境有一定关系,但从内因来讲,恐怕与太极拳习练者对太极拳的一些误解有关。现将社会上经常听到的几种说法略加分析，供读者参考。

误解一：推手就是搏击，单式拆开就是散手。

许多太极拳习练者认为推手就是太极拳的搏击功夫。其实推手只是达到太极功夫最高境界的一种练习方法，它所要达到的目的是培养练习者大脑的反应速度和触觉的灵敏度，即王宗岳所说的“由着熟而渐悟懂劲”的功夫，为“由懂劲而阶及神明”打下坚实的基础。太极大师洪均生先生在其论著《陈式太极拳实用拳法》中明确指出：“推手原是练架子到一定水平之后通过推手检验动作正确与否的一种功夫。”“我们学练陈式太极拳用功的次序有三个，即练架、推手、散手，这三个阶段应循序而进。”马虹先生在回忆陈照奎先生时说：“他把太极拳的推手看作一种锻炼方式，是一个锻炼阶段，最后还是散手。”

将太极拳传统套路中某一个单式拆开讲解、练习，我们习惯称之为“说手”和单式训练，是对某拳式实用法的讲解和体验，也是对太极拳套路创编思想的讲解和体验。老师在讲解中假设对手“这样”或“那样”，然后指导习练者“这样”“那样”化解和进攻，是一种试验性的练习，是洪均生先生所说的“练架”的一部分。其目的是让学习者在这种练习中了解拳架中的每一个动作的用法，体会太极拳套路的创编思想，同时可用来检验练习者的拳架达到何等水平。

推手和说手都是太极拳固定招式的练习法，是散手实战的模拟，就像战斗演习不是战争一样，它们与散手搏击是两个不同的概念，是两个不同层次的功夫。“独知体育之文，不知武事而成者，即小成也。”(杨氏老谱《太极文武解》)要想达到太极功夫的最高境界，还需跳出推手、说手的圈子，下一番苦功，循序而进到太极拳用功的第三个阶段——散手。

误解二：太极拳是近战的拳术。

太极拳因其独特的理论体系和训练方法，其近战功夫相对于其他拳种具有一定优势。因此包括太极拳习练者在内的很多人都认为太极拳就是近战的拳术，不宜远战，因为太极八法(掤、捋、挤、按、采、挒、肘、靠)都是在“粘连黏随，不丢不顶”的基础上实施的，既然要“粘连黏随”，那么必定是两人接触时才能应用。其实不然。

一位散打运动员，腿功颇好，听说王成老师擅长太极散手，多次登门比试皆未碰面，有一天他得知王老师在医院看护病人，便追至医院要求一试。王老师一再称自己并无其所说的功夫，练拳只是健身而已。此人心亦极诚，不试不走，看推托不过，王老师就站在医院院中，离对方两米开外请他出招，此人自恃腿功不错，左脚向前一迈，右脚一个“内摆莲脚”横扫到王老师肩颈部，观者皆大惊。可是他的右脚在即将击到王老师时却迅速抽回，再细看，此时王老师的右脚尖已指在他的右腿内侧，只要稍微一点便能使其身体失去平衡，如果他的右脚执意击出，摔倒的将是他自己。如果王成老师的右脚蹬踹其裆部，则会严重地伤害他。这使他大吃一惊，极快地收回右腿。接着他多次欲用各种腿法，发现王老师都早他一拍将其控制住。俗话说：行家一伸手，便知有没有。这次“比试”不到一分钟便以挑战者的叹服而告结束。王老师事后告诉我说：“我用的是粘法，在两米之外已用步法将他粘住了。”王老师说的“粘”主要是指与人交手时，掌握对手出击的方向、角度、距离、速度的能力，可使对方陷入欲进不能、欲退不甘的被动局面，达到“人不知我，我独知人”的境界。“粘连黏随”的目的无非是揣度和控制对手，又何必一定要接触对手呢？

在太极拳论著中，关于套路、基本功法和推手的文章颇多，而关于太极散手搏击的论述甚少，这里边有“秘而不宣”的原因，也有因不知其所以然而无从著述者。遍览群书，只有清道光年间陈氏太极拳十四世传人陈长兴(1771～1853 年)所著的《太极拳用武要言》中语之甚详。曰：“远便上手，近便用肘；远便足踢，近便加膝。”曰：“前打一丈不为远，近打只在一寸间。”可见太极拳不仅仅限于近战，是多层次的搏击术。

误解三：太极拳是后发制人的拳术。

从普遍的拳理来讲，交手以先发制人为上，后发将陷入被动。太极先贤们针对这一弱点进行了深入的研究和实践，掌握了许多能够后发制人的要诀，如：“任他巨力来打我，牵动四两拨千斤”，“舍己从人，引进落空，借力打力”，“后发先致”，“动急则急应，动缓则缓应”，“仰之则弥高，俯之则弥深；进之则愈长，退之则愈促。”可谓后发制人之宝库。但是，太极拳是最讲究阴阳平衡的，有近战就有远战，有后发就有先发。请看：“彼不动，己不动；彼微动，己先动。”(武禹襄《太极拳论要解》)“彼动方触我皮毛，我之意已入彼骨肉。”“于彼动将发未发之际，我动已接入彼动。”(李亦畬《五字诀》)这是讲意在人先的。“借法容易上法难，还是上法最为先”，“抢上抢下势如虎，类似鹰鹞下鸡场”，“先动为师，后动为弟”(陈长兴《用武要言》)。这都是抢先上手的。陈长兴还说：“胆战心寒者必不能取胜；不察形势者，必不能防人……胆欲大而心欲小。”可见太极拳的搏击出手时机不在先后，而在于察清形势，知己知彼。只要察清形势，于得机、得势之时，便可用最恰当的招法，“起手如闪电，击敌如迅雷”，干净利落地取胜对方。

太极拳理精法密，深不可测，以上乃一家之言，以期抛砖引玉，请方家斧正。望有志于太极拳散手搏击者解放思想、科学训练、直追先贤，振太极拳雄风。

(作者说明：1999 年夏，王成老师应《精武》杂志编辑部之邀，为《精武》杂志新千年第一期《陈式太极拳专辑》组稿，我亦参与组稿工作。此文是我 1999 年 10 月所写，原标题是《太极拳散手技击之误区》，后《精武》杂志编辑部改名为《太极拳能不能登上散打擂台》刊登在 2000 年第 1 期《精武》上。由于多种原因，本文刊出时出现了较多的错别字。本文刊出后有一些网站也相继转贴，为减少误解，特将原作刊出，请方家指正。)

太极拳实战王氏法则

刘　勇

王成先生自幼习武，后随武术名家张晨光先生学习陈式太极老架，又经张师引荐，师从陈氏太极拳宗师洪均生先生，得到二位武学大师的悉心教导。由于其住的地方离张老师家很近，有机会经常接触到与张老师交往的武林前辈，仔细聆听前辈们的习武心得，认真观察前辈间的交流，体验研究前辈的技艺。因其敏而好学，深受武术前辈的青睐，得到诸多武坛巨擘的指点，加之勤于练习、勇于实践，三十岁已成大器。在当今太极拳散手技击日渐式微之时独树一帜，除全面继承太极拳松、沉、圆、活的技击特点之外，更将世人知之甚少的“放长击远”发挥到极致。经王成先生指导，同学们对两三米以内的目标抬手就到，对三五米以外的目标转瞬即至。

1999年8月，在一次国际武术节上，某大学的一位武术研究生慕名找到王老师下榻处，专门请教关于太极拳散手技击的一些问题。谈话中，他对太极拳能够远战的说法表示不理解。王老师笑着对我说："你跟他试试。"于是在房间（宾馆标准间）的床和电视机之间狭长的空地上，我靠近窗台站立，他退到房间进口处，距我两米五左右。他站定后刚说了一声"好了"，我一个"野马奔槽"，人已经"飞"到他眼前，双拳借身体下落之势猛击其胸腹部，拳刚要接触到他时，我立即收招，将快被我冲倒的他一把抱住。此时，他还没回过味来，说："怎么回事儿？我没看见。"并要求再来一次，他又向后退了近半米，靠近卫生间门口站好。他一说完"好了"，正想跳开，我已经将他"擒"住。他连声说想不到、想不到。

任何精深技艺的背后必有高深的理论作指导。王成先生在认真研读古典拳经、拳论的基础上，运用哲学、运动力学、运动生物学等现代科学，结合自己的习武体会，经过二十余年反复钻研和实践，总结出一套完整的武学理论体系。经过十几年的教学实践，不断丰富完善，已成为我们练拳习武时不可或缺的理论指导。因篇幅关系，本文只能提纲挈领地介绍一下王成先生武学思想的概要。

根据王成先生各种文章著作之记载，特别是王成先生在教学过程中的讲解，我认为王成先生武学思想的核心可以归纳为五大法则，称之为"太极拳实战王氏法则"（简称"王氏法则"）。

所谓法则，即规律。"王氏法则"是将王成先生在散手实战过程中的各种技击动作加以概括和分类，以图在更深的层面上反映太极拳实战时双方攻防动作发生变化的规律性，便于太极拳爱好者练习和掌握，也可供广大武术和散打爱好者参考。

王氏第一法则——手、肘、肩法则。

王成先生有一句口头禅："手肘肩，往前钻；肩肘手，往后走。"这是手、肘、肩法则的核心。

在手臂三节中，手是梢节，肘是中节，肩是根节。手肘肩法则是手臂三节在技击中运动顺序的明确化，具体内容是：

(1)在进攻时，是手领肘，肘领肩。即：手指、手掌先发力，然后肘发力，最后肩发力，各关节按顺序打开、伸直、放长、发力，此为手、肘、肩。

(2)后撤防守时，是肩领肘、肘领手。即：肩先放松向后撤，然后肘，最后手，各关节按顺序放松、弯曲、后退，此为肩、肘、手。

(3)当前一个关节的动作未做充分时，后面的关节保持相对静止；当前一个关节动作做充分时，下一关节立即行动，要保持动作连贯，不能有丝毫停顿。

(4)发力时，手、肘、肩、心意之力全部集中于对方身体重心线上的一点，节节贯通，不断向前，直至击倒对手。正如郝月如先生所言："以手指敌人中心，手不能用，肩肘指之，肩肘不能用，心意指之。"

(5)手肘肩发力时，要做到"手起膊炸"。发力前，大臂（即"膊"）是垂直向下，贴于肋侧的。手领起发力后，肘掀起，肩放长，大臂此时与肋的夹角大于90°，与胸的夹角在90°～180°。

(6)这一法则同样适用于腿三节，在腿三节中，脚是梢节，膝是中节，胯是根节。踢、蹬、铲、摆、撩、勾等等进攻动作是用"脚、膝、胯"；"腿来提膝"等防守动作则用"胯、膝、脚"，具体要求也可参照以上各条。

王氏第二法则——螺旋缠丝法则。

“太极是掤劲，动作走螺旋。”太极拳要求身体各部位都做螺旋运动（自转），与公转相叠加，则组成螺旋缠丝运动。为便于理解，以手臂为例进行说明。具体要求是：

(1)手臂无论是做圆周、弧线还是直线运动，无论是上下还是进退，在其纵轴上都要有螺旋运动。

(2)螺旋运动不是整个手臂同时旋转或翻转，而是一头先转，其余依次旋转。“手、肘、肩”是手先转，然后肘肩依次转；“肩、肘、手”则是肩先转，然后肘手依次转。

(3)以大拇指为标志，大拇指向手背方向转为正转，向手心方向转为反转。

(4)根据实战的需要来选择旋转的正反和角度的大小，一个动作可正反旋转一次或多次，但衔接要连贯，不可停顿。

(5)缠丝时，臂柔似绳，要使对方丝毫感觉不到顶抗，丝毫感觉不到危险，也用不上丝毫力气。我一旦得机发力，对方则从生理上到心理上都已失去反抗的可能，故称“温柔的陷阱”。

王氏第三法则——步法法则。

散手实战时的步法应符合球体运动的特点，力争做到随遇平衡。球体运动时有以下特点：①只有一个支撑点；②重心的高度不变；③无论球体移到哪一位置，重垂线都通过支撑点，支撑力也通过重心，球体受的合外力和合外力矩均为零，也就是说球体在每一位置上都能获得平衡；④具备上述特点后，球体可随外力作用在平面上向任何方向平稳滚动。

在散手实战中，运动的步法应达到以下要求：

(1)两腿虚实分明，重心尽量落在一只脚上。

(2)重心随攻防需要在两腿之间灵活转换。

(3)立身中正，百会穴、重心、支撑点三点在一条垂直线上。

(4)支撑腿膝盖微屈，使自己身体重垂线略微超出支撑脚，使人体的重力在水平方向产生一个分力。

(5)人体的重力在水平方向的分力、身体所承受的对手的作用力以及自身运动的惯性，三者在人体上产生的合力，即可作为运动的动力，无需过多地用脚蹬地使自己运动。

(6)重心尽量不起伏。

王氏第四法则——大臂不动小臂动，小臂不动大臂动法则。

具体用法：

(1)“大臂不动小臂动”是指小臂以肘关节为轴向里、向外抡转，而肩关节放松，大臂贴于肋侧基本不动。

(2)“小臂不动大臂动”是指整条手臂以肩关节为轴向里、向外抡转，而肘关节基本保持伸直。

(3)大臂不动小臂动多适用于近战，小臂不动大臂动多适用于远战。

(4)为轴的关节要松，抡转要快。拳谚曰：“肘动肩不动，肩动肘不动；手转如飞轮，能防又能攻。”

王氏第五法则——遇力走圆法则。

分局部和全身两种情况。

(1)局部的遇力走圆:身体某一部位被对方抓、拿、搂、抱,其力大,我在此局部自转,将对方拨动,然后进攻。

(2)全身的遇力走圆:手与对方一接触,其力大势猛,推不走,进不去,引不动,我手即在第一接触点掤住,脚步迅速走圆,绕至其背势方向而发之。

本法则是第一、三、四法则的综合运用:初一接触是肩肘手或手肘肩,最后发人是手肘肩;在脚步走圆时,步法是第三法则,臂是第四法则的“小臂不动大臂动”。

“太极拳实战王氏法则”就像给大家提供“多、来、米、发、索”等音符一样,几个简单的音符可以谱写出无数美妙的旋律,也可以记录无数复杂的旋律。如能熟练掌握这五个法则,就能组成无数的技击动作组合,也能用来记录和分析各种技击动作组合,将大大地方便散手技击的教学和训练。

因文字表达能力和文章篇幅所限,不尽言处实属难免,如有机会,各条“法则”将一一写成专论。“王氏第三法则——步法法则”之专论《虚实随机变,妙在圆中求》已发表于《武林》2004 年第 2 期。

“太极拳实战王氏法则”之内容欢迎广大武术爱好者引用、应用、验证并提出意见。“王氏法则”全部内容的最终解释权和修正权属于王成先生本人。

(本文发表于《武林》2004 第 5 期)

虚实随机变　妙在圆中求

——从球体运动悟散手步法

刘　勇

随王成老师习太极拳十几年来,经常随他外出参加各种活动,每到一处,都会有一些武术爱好者找他比试。不论对方是什么门派,什么国籍,功夫高低,身体强弱,也不论对方是强攻还是快打,王老师来者不拒,应对自如。防守像云雾一样,全身不着一丝力;进攻时则如薅草一般,对手瞬间即腾空而起。起初,对王老师发人之轻松随意,我百思不得其解。于是在他与人试手时,我都会仔细观察,通过长期观察揣摩和反复请教,发现他在试手时身体始终中正平衡,而且步法变化很快,前后左右灵活转换,进如追风赶月,退如流水行云,毫无僵滞。我逐步认识到这里面除了大家平时最注意的手上功夫之外另有奥秘,那就是王老师的步法。

陈鑫说:“上虽凭手,下尤凭足,足快尤显手快之能。”《九要论》中说:“随机应变在于手,而所以为手之转移者,亦在步。”“活与不活,在于步;灵与不灵,亦在于步。步之为用大矣哉!”中华武术关于步法的拳谚极为丰富:“技击步为先。”“走为百练之祖。”“步不稳则拳乱,步不快则拳慢。”“近人先进身,手脚齐到方为真。”“打拳容易走步难。”“活步做战马,脚手是刀兵。”“闪即是进,进即是闪。”武术各门派之有造诣者在论及实战时,不约而同地强调实战之步法,可见,实战步法为武术各门派所重。步法灵活,进退自如,重心平衡,随遇而安，这是习武者最想达到的境界。至于如何才能达到这种境界，我们可以先来了解一下物理力学的有关常识。

一、从平衡理论角度分析

从物体平衡理论角度来说，物体的平衡状态有四种：①不稳定平衡；②有限度的稳定平衡；③稳定平衡；④随遇平衡。普通物体的平衡与人体平衡是有一定区别的，下面我就物体的上述几种平衡状态，结合武术实战的运动特点逐一进行分析。

1. 不稳定平衡状态

物体稍偏离平衡位置后，当去掉破坏平衡的力时，不能再恢复到原来的平衡位置。其特点是当物体偏离平衡位置时，重心降低，这时出现的重力矩将加大物体的偏离程度，不能恢复平衡。如图 1，倒立的圆锥体，这是习武者最忌讳出现的，本文不作过多的讨论。

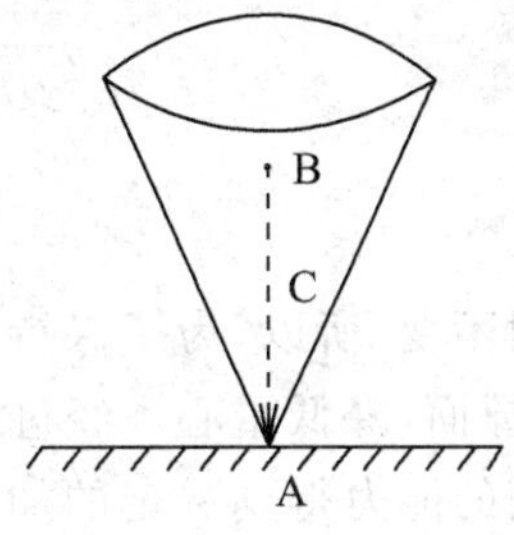

图 1

2. 稳定平衡状态

物体的平衡位置无论有多大偏离，当去掉破坏平衡的力后，物体能恢复到原来的平衡状态。其特点是当物体偏离平衡位置时，则重心升高，产生使物体恢复到原来状态的重力矩(稳定力矩)。如拳击吊袋、单杠的悬垂动作等，多为悬挂之物体，在实战中很少出现，本文也不作过多的讨论。

3. 有限度的稳定平衡状态

物体平衡位置的偏离只要不超过一定限度，则可恢复原有的平衡状态，否则将失去平衡。如图 2，圆锥体置于平面，如不受外力，其重垂线 C 永远不会超出底面 A，那么圆锥体可永远不倒。图 3，力 F 使圆锥体倾斜，重垂线 C 只要不超出支撑面的边界，其重心升高，势能增大，这时重力对翻转支点产生的力矩为恢复力矩(稳定力矩)，当力 F 消失，可使圆锥体恢复图 2 状态。图 4，如果圆锥体继续倾斜，重垂线越过支撑面的边界时，倾斜将使重心降低，重力对翻转支点的力矩变为倾倒力矩(或称翻转力矩)，加大物体的倾斜，圆锥体倾倒。处于有限稳定平衡状态的物体，重量越大、重心越低、底面积越大，其平衡状态越难破坏。如图 5 中的圆锥体比图 2 中的圆锥体重心低，底面积大，也就更稳固。

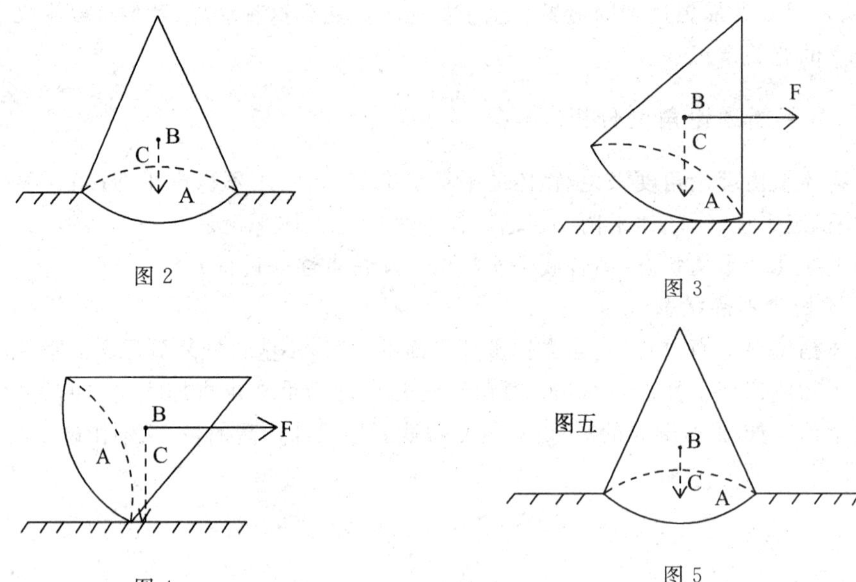

图 2 图 3

图 4 图 5

作为一个习武者，其体重相对不变，所以，为了保持自己的平衡，大都习练站桩功夫。两脚分开，身体下蹲，试图扩大支撑面，降低重心。经过这些训练，可增加腿部力量，人承受压缩负荷的能力、调节控制平衡的能力得到一定的加强。但人只有两条腿、两只脚，存在着很明显的缺陷。两只脚只能给人一个窄长的支撑面，左右分开则前后窄，前后分开则左右窄。如图 6 中的长方体，若受到力 F，重垂线 C 很容易超出支撑面 A。所以，一个人若想维持这种平衡状态困难较大。

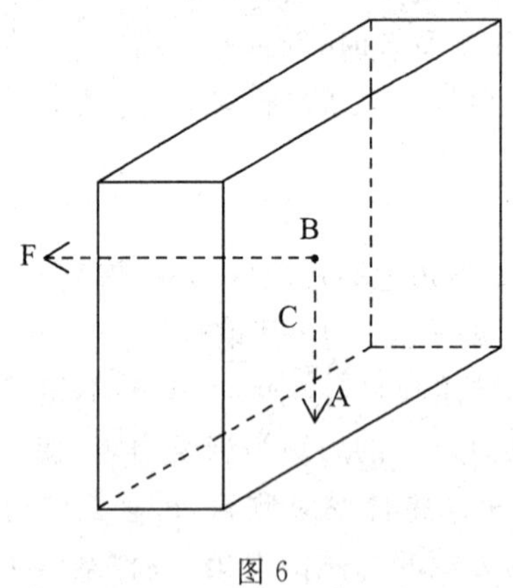

图 6

于是，习武者想尽办法来弥补其不足。如用腰裆膝胯的转动配合上肢动作化解来力，或是在必要时挪动一只脚来支撑身体。靠身体配合化解来力，如太极拳的定步推手，这种功夫再高也只是一种练习方法，与实战有较大距离。不难想象，交战中你扎稳马步或弓步等敌来攻是个什么结果。而在两腿都承重的状态下想挪动一只脚来支撑也是较困难的，最起码不够灵活。即便你挪动了一只脚，重新支撑住了身体，也只是变成了另一个有限度的稳定平衡状态，还是留有同样的缺陷。如果总是在这种自顾不暇的状态下应战，战斗力会大大下降,危险性和体能消耗则大大增加。有人会说,我可以以攻为守,不用全力维持自己的平衡。其实,人处于两脚着力的有限度稳定平衡状态,进攻时步伐也不会灵活。因为人欲快速进退,只能两只脚交替用力,两脚都着地支撑则不可能快速移动。由此看来,双脚着力制造的有限度的稳定平衡,对于需要快速移动的散手技击来说,无论是用于进攻还是用于防守,都存在明显的不足。

4. 随遇平衡状态

我们再看图 7,一个置于平面的球体,它能否给我们一些启示呢?球体运动有以下特点:①只有一个支撑点;②重心的高度(即球的半径)不变;③无论球体移到哪一位置,重垂线都落在支撑点上,支撑力也通过重心,球体受的合外力和合外力矩均为零,也就是说球体在每一位置上都能获得平衡;④具备上述特点后,球体可随外力作用在平面上向任何方向平稳滚动。这就是典型的随遇平衡。

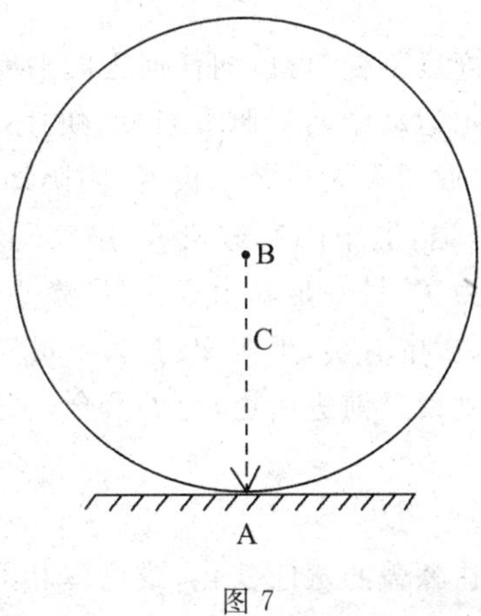

图 7

这种在运动中能随遇平衡,在平衡中能灵活运动的状态,是所有习武者穷毕生精力上下求索的理想境界。正如王壮弘先生在《陈氏太极拳图说·重印序》中所说:“太极推手,应以不丢不顶为根本,而今推手之人大都以拙力相待,意欲牢固其根,如牛之相抵,与太极以柔克刚之理相悖。岂知己根愈固,彼攻愈烈,自然之理也。粘连黏随四功,粘黏在手,连随在步,根不去则步不灵活,人有攻击目标,连随无从,难免有跌倒之虞。故推手欲不跌倒,先应去己之根。无根者,无固定之根也,如物漂于水,如球滚于地。”果真能如此,则可达到《无极歌》所描述的境界:“无形无象无纷拿(注:纷拿,即纷争),一片神行至道夸。参透虚无根蒂固,混混沌沌乐无涯。”

人怎样才能像一只球一样能随遇平衡呢?单从理论上讲,随遇平衡在人体运动中是很少见的,但人与普通物体不同,人拥有完善的神经、肌肉、骨骼系统,双耳内有灵敏的平衡感觉器官,因此人体具有自我控制、调节、补偿和恢复平衡的能力。当人体重心发生偏移,有失去平衡的倾向时,人能借助补偿动作在一定范围内中和或抵消重心的不适宜移动,也可通过改变支撑面,使重力作用线进入新的支撑面,获得新的平衡。人的平衡能力还可以通过训练不断加强,训练有素的人能够完成一些非常困难的动作。可见,人模仿球体运动,完成随遇平衡是有可能的。

前面讲过，球的前两个特点是：它只有一个支撑点，且重垂线就落在这个支撑点上。这就是说，人要做到这一点只能由一只脚来支撑身体（更准确地说，应该是一只脚的前掌或脚跟来支撑身体，不是全脚踏实。总之，用于支撑着力的面积越小，越接近于“点”越好，以利于必要时进退和拧转。但为了便于叙述和理解，本文还是笼统地用支撑脚来表述）。而且人的重垂线不能盲目地超出这只脚，只有在重垂线超出这只脚时，另一只脚才接替支撑身体的任务，双脚交替支撑身体，保证运动中的平衡（随遇平衡）。也就是说，在一只脚支撑身体时，另一只脚不能支撑身体，否则就变成了有限度的稳定平衡状态。

上述说法用太极的理论表述就是阴阳，就是虚实。支撑足为实，另一足即为虚。太极拳前辈们已反复阐述过这一道理，如孙剑云说：“足能载身之重，静如山岳，有磐石之稳；动如舟楫、车轮，无倾覆之患。左虚右实，左实右虚。不实则不稳，不虚则不灵。”王宗岳《太极拳论》中说：“立如平准，活似车轮，偏沉则随，双重则滞。”郝月如说：“双重行不通，单重倒成功。”

球还有两个特点：重心的高度不变；可以向任何方向平稳运动。前者要求我们重心不能起伏，以保持平稳。后者要求运动中两只脚要自然、快速地实现虚实转换。武汝清说：“虚实明，然后知进退。”李亦畬说：“夫太极名太极者，阴阳即虚实，虚实明然后知进退，进固是进，进中留有退步，退仍是退，退中隐有进机。”“虚实随机变，妙在圆中求。”拳谚云：“暗换裆劲人不知。”一足支撑为实，另一足即为虚，因形势变化实足瞬间变为虚足，虚足瞬间变为实足，所以说实中含虚，虚中有实，虚实变幻，人不可知。武禹襄说：“一处有一处虚实，处处总此一虚实。”武汝清则说：“前进后退，处处恰合，工弥久而技弥精矣。”

二、从力学角度分析

实腿支撑身体时，随着实腿膝盖的弯曲变化，或虚腿相对于实腿的位置变化，会造成重心的移动。重心一旦向任何方向超出实脚的支撑面，人体的重力在这个水平方向产生一个分力。人体的重力在水平方向的分力与运动惯性和对手作用在自己身体上的力，三者产生的合力，即可作为人体运动的动力，虚脚顺着此合力的方向落下支撑即变成实脚，而无须过多地用实脚蹬地使自己运动。这样既省力，又能达到随遇平衡的效果和粘连黏随的目的。

从以上还可得出一个结论：人必须立身中正。因为身体不中正，前俯后仰，左倾右斜，就会使重力在水平方向产生一些连自己都无法控制的分力，而造成重心失控，容易被对手利用。陈鑫说：“身法正者，身桩端正，无所偏倚，虚灵内含，故不俱他人推倒。”

综上所述，散手实战时的步法应达到以下要求：①两腿虚实分明，重心只能落在一只脚上。②重心随攻防需要在两腿之间灵活转换。③立身中正，百会穴、重心、支撑点在垂直方向形成三点一线，只有在需要重力在某个方向的分力时，重心才有目的地向这一方向超出支撑点。④人体的重力在水平方向的分力、运动惯性和对手作用在自己身体上的力，三者产生的合力，即可作为人体运动的动力，无须过多地用实脚蹬地使自己运动。⑤重心尽量不起伏。以上正是“太极拳王氏（王氏指王成先生）第三法则——步法法则”的全部内容。关于“太极拳王氏法则”其他各条的内容我们将另文介绍。

因为这种步法是实战中最基本的步法，所以我们可以称之为“实战步法”。又因为它符合球体运动的特点，我们也可称之为“球形步法”。

三、实战应用

球形步法在实战中有以下优点：

1. 有利于加长发力距离，使发力更充分

人发力时一般是两脚前后站立，假设两脚心间距 60 厘米。前脚实者重心大致落在距前脚心 20 厘米处，后脚实者重心大致落在距后脚心 20 厘米处；而“实战步法”之重心则是落在前脚心附近。在身体和上肢动作完全一样的条件下，比较三者手能达到的位置，“实战步法”比前脚实者远 20 厘米左右，比后脚实者远 40 厘米左右。拳理云：“一寸长，一寸强。”三者比较，“实战步法”放得更长，击得更远，发力也更充分。

2. 有利于迅速移动

因为实战步法重心落在一只脚上，遇到对手牵引、横拨、还击之力较大时，另一只脚即可向受力方向落下变实，两脚可如此无限循环，以顺其势，化其力，达到《太极拳论》所言“仰之则弥高，俯之则弥深；进之则愈长，退之则愈促”的效果。据说过去练习夜行术的人就是采用类似的步法，大概是因为这种步法即快速又省力的缘故吧。

3. 有利于转关

技击术中所谓“转关”，是指交手时随着我的战术需要或对方的劲路变化而转换劲路的关节处。“转关”灵活，即可掌握主动。拳谚曰：“得势争来脉，出奇在转关。”《九要论》说：“步乃一身之根基，运动之枢纽也。”“所谓机关者在眼，变化者在心，而转弯抹角、千变万化而不至于窘迫者何？莫非步之司命欤。”上肢与身体的转关都需要步法的配合，步法灵则转关灵。实战步法能以实脚的脚跟或脚掌为轴向任何方向旋转，虚脚则可用进步、退步、侧步、盖步、偷步等各种步法，落在实脚周围一定范围内的的任何地方，以配合身体旋转。旋转时，两脚只能一虚一实。就像一扇门，只能一边安轴，两边都安轴就等于给这扇门插上了插销，它就不能旋转了。

4. 有利于平衡

实战步法是随遇平衡的，是保持身体平衡的最佳方式。

四、训练方法

经过多年的教学实践，王成老师总结了一套实战步法的训练方法，这套方法不仅能让练习者循序渐进地学习掌握实战步法，同时能使练习者周身的配合能力得到充分训练，现详述于此，供爱好者参考，如能熟练掌握，会使您的太极拳推手达到较高水平。

1. 立圆进退步单推手

①甲、乙对面站立，相距 1 米左右（见图 8）；②右脚各向前迈 0.5 米左右，各伸右臂，手与眼齐，用手背接对方手背（熟练后可用手臂任何部位接对方手臂任何部位）（见图 9）；③甲右手向下向前画弧线，进攻乙身体中心线，身体前进，右脚踏实，左腿微屈，放松，贴在右腿内侧；乙松肩收臂掤住甲劲，身体后退，左脚踏实，右腿微屈，放松，贴在左腿内侧（见图 10、图 11）。然后乙进甲退，循环训练（见图 12、图 13）。

图 8

图 9

图 10

图 11

图 12

图 13

此为右式，左式反之即可。左右式要平衡训练。

动作要求：身体中正，重心落在实腿；膝盖前不可出脚尖，后不可出脚跟；进攻时手肘肩，防守时肩肘手。

立圆进退步单推手练习较熟练后，进一步练习立圆活步单推手。

2. 立圆活步单推手

手法与立圆进退步单推手基本相同。在步法上，一次进攻和一次防守可进退多步。进步以踏对方中门，配合上肢进攻对方身体中线为要；退步以配合躯干和上肢避敌锋芒，以图化被动为主动为要。（见图 14～图 18）

图 14

图 15

图 16

图 17

图 18

3. 进退步双推手

①甲、乙对面站立，相距 1 米左右(如图 8)；②右脚各向前迈 0.5 米左右，乙双手按甲双臂(如图 9)；③甲双臂向上向后掤起，同时重心移至左脚，来力被化解；④甲转而按乙双臂；⑤乙重复甲③④中的动作，如此循环。(如图 19～图 25)

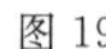

图 19

图 20

图 21

图 22

图 23

图 24

图 25

4. 活步双推手(即乱采花)

步法与立圆活步单推手基本相同,基本手法是双方左手粘彼右手,右手粘彼左手,划正圈反圈皆可,以保持自身平衡,使对方失重为要(如图 26～图 29)。

图 26

图 27

图 28

图 29

以上几种练法不必拘泥,可根据个人经验增减和改动,其目的是模拟实战,体会随遇平衡的步法,训练周身协调的能力。熟练掌握后,便会感觉自己神情安逸,肢体放松,动作优美,步态轻盈,如圆球滚于地,似扁舟漂于水,收放自如,随遇而安。在此基础上再进一步练习散手实战,则如顺水推舟,事半功倍。

本文的主要内容是王成老师和德州市太极拳研究会的同学们在教学中的一点体会,因为文字、图像是固定的、单一的,再加上作者文字表达能力的局限,本文并不能把要说的内容准确、全面地表达出来,毕竟太极拳的传播主要还是需要通过言传身教,“入门引路须口授,工夫无息法自修”,希望今后有机会与广大爱好者进行面对面的交流。

在散手技击中,步法是十分丰富的,绝不止上述的这一种。本文旨在启发大家解放思想,特别是练过太极拳定步推手的爱好者,一定要将定步推手的步法与实战步法区分开来。拳谚云:“学拳不习打,临阵少方法。”“既得艺,必试敌。”有志于太极拳运动的人,必须敢于实践,并且在实践中不断总结经验。我们必须经过从实践到理论,再从理论到实践的无数次反复,才能得武术之真谛,登太极之堂奥。文中有不合拳理之处,请方家指正。(图 8～图 18 演练者为王成、刘勇,图 19～图 29 演练者为王成、杨磊)

太极拳的接手训练与实际应用

时晓东

时晓东、周化勇、要学良、袁玉新练习太极刀

一、接手训练的重要性

为什么有些人练了多年的武术却不管用？因为武术套路的训练，大部分着重于双方接手之后的打法、用法，而较少训练接手时的技术。所有的格斗技术，都可以简单分析为接手—近身—发力三阶段。近身是发力的前提，不近身无以发力，接手又是近身的前提，好的接手有利于近身和发力。接手的一刹那，即已得机得势，占尽先机，控制住对方的重心，达到“我顺人背”的效果，此时对方已尽在我掌握，我可以随意踢之、打之、摔之、拿之，借力发力，在室外可以发人于丈外，室内则打人如挂画。这一切手段的成功，都是从接手中来。所谓“一生二，二生三，三生万物”，接手即临敌应战之一。因此，接手是习武者必须认真研究的关键性技法。正因如此，它也成为各派的不传之秘，导致传统武术流传到现在，接手逐渐成为缺失的一环。

二、接手的含义

接手，有广义与狭义两个概念。

广义的接手，指的是格斗双方从达到一定格斗距离到近身发力之前的一段时间的技术。它包括了手法、身法、步法和眼法的内容。手的接触相当多，也是最主要的方式，但是接手不一定要由手去接触。

狭义的接手，则单指以手去接触对方，伺机控制对方和进攻。因为狭义接手是练习接手的基础，本文所指的接手，主要指狭义的接手。

三、接手与格挡的关系

格挡是一种接手的方式,但它是低档次的接手方式,因为它是横向直线式的。例如对方一直拳打来时,我以手臂去格挡,我的手臂运动轨迹是直线,与对方的手臂在运动方向上约呈直角,属于硬碰硬。对方力量如果非常大,或者用摆击的方式,则不但不易挡住,还可能伤及防守的手臂。散打比赛中出现过这样一幕:当对方侧踢防守运动员的头部时,防守方以手臂格挡,手臂骨骼竟被踢断。

王成老师传授的太极拳接手与普通横向直线格挡不同,它要求手的接触是以螺旋缠绕为基本规律的,从而避免了硬碰硬,不易承力受伤,提高了防守的效能,同时还能控制对方来力,通过对敌人肢体的控制,将防守与进攻融为一体,在双方接触的瞬间造成我顺人背的效果,达到四种目的:

1.感知交手距离;

2.增加敌人连续进攻的难度;

3.降低敌方攻击的力度;

4.使敌人露出破绽或失去重心。

虽然世界各国的武术离不开接手技术,但对接手最为重视、研究得最深入最透彻的,当属中国的传统武术。太极拳作为中国传统代表拳种之一,其接手技术是非常科学和先进的。

四、接手技术的要点

1.手、肘、肩三节依次递进。在手臂上,以肩为根节,肘为中节,手为梢节。手起时,要以手领起,按照手、肘、肩的顺序依次运动,当前一个关节的动作未做充分时,后面的关节保持相对静止;前一个关节动作做充分的瞬间,下一关节立即行动,要保持动作连贯,不能有丝毫停顿。手落时,要以肩领,按照肩、肘、手的顺序依次落下,要点同上。但要注意手不能空落,应黏住对方的手臂,随时听着对方手上的劲力。

2.接手要松柔,最好以手腕接住对方手臂,接触时不发生顶抗和硬性碰撞,使对方既感觉不到受力和危险,也对我加不上任何力量,即拳谚所谓"接手要飘"。

3.螺旋缠绕,手臂动作轨迹以弧线为主。

4.欲接手先动步。王成老师说:"欲动先动步,出手必动步。"当发现敌人有进攻意向时,敌人一动,则我方必先动步闪身,同时以手迎接敌方进攻的肢体。

5.接手时身体要略前探,两只手护住自己的头、胸,重心转换至前脚,初练时以手臂接至敌方上臂近根节处为佳。

五、接手的基本功训练

(一)手、肘、肩三节训练

1.定步直线单推手。双方以定步右手单推手的方式站定。

甲方(浅色衣者,下同)以手—肘—肩的次序直线推向乙方(深色衣者,下同)右肩,乙方随着甲方的力,先撤肩,再撤肘,再撤手,将甲方的劲直线化掉(见图 1～图 3)。

图 1

图 2

图 3

然后,乙再以手—肘—肩的次序直线用力推向甲方右肩外侧,甲方再按上法化掉(见图 4～图 6)。

如此双方反复练习。这种推手方法与传统的定步单推手不同之处在于,双方手臂不是划圈,而是做直线往复运动。通过这种练习,建立三节依次递进的程序。

2.活塞连杆式推手。双方站定,两手手背相接。

乙方右手向前,直击对方。手臂运动次序为手、肘、肩依次运动。

甲方右手粘住对方,手保持不动,先转肩,从而带动肘、手的后撤,形成一个后撤顺时针弧线化解来力,引导其力偏向自己右外侧(图 7～图 9),然后右手向乙方直线打击。

双方如此循环往复。

图 4

图 5

图 6

图 7

图 8

图 9

（二）单人模拟接手练习

1. 按照手—肘—肩的次序，将双手向上向前举起，一手在前为主，举高伸直，手指伸直微并拢，掌缘向下，掌心向侧面，肘尖不得外撇；另一手为辅在后，与前手同时运动，手掌护于前手的前臂内侧，掌心向侧下。注意身略前探，重心在前。（见图 10～图 12）

图 10

图 11

图 12

2. 接上式，两手位置不变，按照肩—肘—手的顺序，手臂松垂，自然下落，至体前双手分置身体两侧，身体姿势不变。(见图 13、图 14)

图 13

图 14

依以上方式，双手交替作为主辅，反复练习。

注意：此式分左右式，为接手训练的基本练习式，尤为重要。可在平时散步时配合练习，脚步自然前进即可。要求左右式每天共练习 1000 次，连续练习 1 个月可明显见效。

3. 一边后退，一边双手放松，依次自心窝处向前向上甩出，虚接想象中敌人的进攻手。注重后手必须在前手的手臂上方而非下方甩出。所谓“手自心内发，落向前面落”。(见图

15～图 17)

图 15

图 16

图 17

六、双人接手训练

1. 定步单手接。双方对面开步站定。乙出右直拳击向甲胸部,甲以右手自下而上、自内而外挑化对方的右臂。练成此式,至接触不发生磕碰后,再换另一只手练习。(见图 18～图 20)

图 18

图 19

图 20

当练习到无论乙出左手或右手，甲可随意由左手或右手接，都不发生碰撞时，再练习由上而下、由外而内拨接对方的手臂。同时亦可以攻击对方面部。（见图 21、图 22）

图 21

图 22

2. 定步双手接。乙进步以双拳连续冲击乙胸部，甲双手向上挑化甲方的双小臂，使对方的出拳即偏于身体外侧。（见图 23～图 25）

图 23

图 24

图 25

3. 动步单手接。手部动作要领与定步单接手相同，但在接手的同时向一侧迈步，例如右手在前则向左迈步、左手在前则向右迈步，如此形成活步接手。（见图 26、图 27）

图 26

图 27

七、接手的实战应用举例

1. 落肩缠手摔。甲方右手接对方右手，迅速落肩，缠住对方右手使之无法迅速收回，左手同时搓击对方面部。（见图 28、图 29）

图 28

图 29

2.身侧双推掌。当乙方右手向甲击出时，甲以右手黏接，迅速向左前方进步，转至乙方身侧，双手按住对方右肩，向其左肩方向发力，将其击出。（见图 30～图 32）

图 30

图 31

图 32

3.膝打擒摔。乙方左手向甲方击出，甲方左手黏接，缠住其左手向我左下方引动乙方重心，向左前进左步，右手拍击乙方左肩，同时左膝猝然发力击乙方左膝内侧，使其跌出。（见图 33～图 35）

图 33

图 34

图 35

4. 缠丝勾踢。接手并非一定要等对方出掌击我时才能被动接手，也可以主动接手，一种是先攻击对方，引诱对方出手防御，然后我迅速将攻击手放松，像软绳一样缠绕对方手臂，取得主动，这种诱敌出手的技术称为“要手”。另一种是乘敌不备，快速近身去擒拿、控制住对方手臂，从而为下一步有效攻击创造条件，称为“抢手”。“要手”和“抢手”都是接手的高级内容之一。此处以缠丝勾踢为例说明抢手的用法。甲方乘乙方不备，突然上步进身，以右手腕抄起乙方右手，左手按住乙方右手背，右手迅速沿顺时针划圈，以小缠丝手法拿住乙方右腕，然后甲方身体左转，以左腿勾踢乙方右脚踝，使其失去重心，同时两手发力牵拉或推送乙方右臂，将其跌出。(见图 36～图 38)

图 36

图 37

图 38

太极拳的接手法内涵丰富，种类很多，个人水平有限，非一时所能尽述。种种接手方法，关键在于勤于训练，做到烂熟于心，临敌时自然能够灵活应用，克敌制胜易如反掌。这种“神而明之”的境界，正是我辈的不懈追求。

陈式太极拳的意境

张少忠

陈式太极源自祖先对自然的理解和领悟。陈式太极拳蕴含着人们对劳动、生活的创造和对自然境界的融合，并以此体现出陈式太极拳的意境。“太极者，无极而生。动静之机，阴阳之母也。”“无极”是产生太极的意境。而动静与阴阳是太极拳千变万化的源宗。“静如山岳，动如江河”，则以自然的境界描绘出太极拳动静相生的意境。

习练陈式太极拳，应时刻注意体会太极拳的意境。包括体察名家意境，感受自然意境，提高自身修养意境。

一、体察名家意境

历代太极名家，穷毕生精力，使功夫达到很高境界。他们在长期的练习过程中，以身心的体会，提炼出太极功夫的意境，对于后学者是极其宝贵的财富。“立如秤准，活似车轮”；“蓄劲如开弓，发劲如放箭”；“形如搏兔之鹄，神如捕鼠之猫”；“一羽不能加，蝇虫不能落”。这些意境的描绘，不仅令我们神往，也是我们习练太极功夫的准则。

陈式太极十八代宗师洪均生，品味太极的轻灵如“回风燕子，点水蜻蜓”，超逸如“流水潺缓，行云飘飘”，雍容如“沧海旭日，泰山苍松”。当代太极名家王成在练拳时形容“卷藏芥子阔，放开天地窄”，充分显现了太极的“卷之则退藏于密，放之则弥六合”的精髓。而太极则以掤劲最为神奇，王成老师在解释掤劲时指出“你发力我掌舵的劲为掤劲”，浅显易懂，言简意赅。

要想真正体察到名家的高深意境，首先要按照名家的要求，一丝不苟地勤加练习，而更为重要的是虚心求教，多与高手交流，悉心感受名家的言传身教。由此才能不断进步，进入更高境界，正所谓“一层又一层，层层妙无穷”。

二、感受自然意境

陈式太极拳体现了自然规律和古老的哲学思想。从练习太极中感受自然意境，从自然意境中品味太极蕴含。人作为自然的一部分，必须适应自然，融于自然。同样，太极也必须适应自然，融于自然。把高山大川的壮伟融入太极，使太极呈现出雄浑气象；把长江大河的汹涌融入太极，则产生太极劲力滔滔不绝的意境；把蓝天白云融入太极，在习练中尽情感受太极的隽永、雍容和飘逸。历代名家辈出，而太极风格不同，甚至由陈式而逐渐演化出杨式、吴式、武式、孙式等，这就是缘于各人境遇不同，身体素质不同，对太极的理解、对自然意境的感受不同。当然，感受自然意境，并不是练太极时强制性的意念，更绝非练习太极时所追求的幻觉。它是我们在太极拳中体现自然的气象，从心灵上得到大自然的熏陶，从技术上得到自然意境的启发。例如："起手如闪电，电闪不及合眸。袭敌如迅雷，雷发不及掩耳"，就是自然与太极拳术的融合；"行云流水，淳朴自然"，其本身就是人们所追求的一种人生境界。而太极拳源于自然，在练习中也应该感受自然，体现自然，以大自然作为太极拳的源泉，从而不断提高太极境界。

三、提高自身修养意境

古人崇尚"行千里路，读万卷书"。走遍千山万水，感受山河壮丽；踏遍大江南北，体察风物人情。又说："读书破万卷，下笔如有神。"这都是历练，这都是人生的修为。同样，太极功夫也讲究千锤百炼。古人常说"拳打万遍，其义自现"，要想达到极高的境界，一流的水平，必须历经艰苦，长练不懈。而太极拳博大精深，蕴含着中国千年的哲学思想，是中国古人文武双修的智慧的体现。所以太极拳不仅仅是"武练"还有"文练"，文以养性，武以修身。太极作为一种功夫，更体现为一种境界。提高自身修养意境，是练好太极功夫的必要条件。如何提高自身修养，我想主要应从四个方面着手：

一是读史读经，以明精髓。多读一些经史子集、历史书籍、我国古代哲学专著、文学经典作品，深入领会古代儒家、法家，尤其是道家思想。中国古人独创阴阳概念，《黄帝内经》对阴阳宇宙理论有系统的描述。《易经》阐释阴阳的相正相反，相生相克，相辅相成，相互转化。道家从"水"的意境中悟出哲理。老子说："上善若水，居善地，心善渊，事善能，动善时。居善地者得机得势，心善渊者敛气敛神，事善能者随转随接，动善时者不后不先。"这些古代的哲学思想有助于我们深入探究太极精髓。

二是了解有关医学科学知识，以解其理。太极拳的技术原理符合生理规律，符合医学原理，符合物理学原理。太极是科学不是迷信。只有掌握了有关科学知识，掌握科学的训练方法，才能提高技术水平，练习起来达到事半功倍的效果。

三是注重品德修为，以养正气。历代太极名家都把品德修为放在首要位置。养浩然正气，立爱国民族大义，敬老爱幼，扶危济困，为后人所敬仰。太极拳如今已成为中华民族的瑰宝，在世界各地广为传播。作为太极爱好者，我们不仅要继承太极功夫，而且要继承太极名家的品德风范；不仅要发扬太极功夫，更要传播民族精神，向世人展示优秀的民族素质。把习练太极作为陶冶性情、立身、立品、立德的途径。

四是勤学苦练，提高境界。太极也有一个由量变到质变的过程，勤学苦练是提高境界的必由之路，在经历了强身健体、充沛精力的阶段之后，渐至圆转如意、从容不迫、挥洒自如的境界。太极的精妙之处，也正是在勤学苦练中得以体味，一层深一层，练习日久，自然感觉神舒体静，飘然若仙，荡涤心胸，怡然自得。在勤学苦练中，我们可以领略太极的自然意境，可以感受太极本身的奥妙精髓。

（写于2003年11月25）

太极掤劲最神奇

蔡文晓

太极名家洪均生先生有句名言:"太极是掤劲,动作走螺旋。"这两句看似平淡无奇的话,却精辟地说明了太极拳的本质及锻炼方法。这里仅就这句话,特别是其中的"掤劲"问题,谈谈自己的粗浅认识,以期抛砖引玉。

蔡文晓与刘光廷转太极圈

一、什么是掤劲

陈氏太极拳所说的掤劲,就是一般拳家所说的内劲。洪均生先生认为:太极拳的内劲,是指螺旋运动的顺、逆互变,持久锻炼自然产生的,能在内里变化的缠丝劲。陈发科先生称这种劲为"掤劲"。

王成先生进一步指出:推手过程中,全凭听劲。无论什么着法,接触点上,必须加给对方一个掤劲。掤劲不是抵抗,而是掌握对方劲路的劲,你用力、我掌舵的劲。

根据以上的论述,我们有以下的认识:太极拳锻炼时以松、圆、慢为主,重在内在功夫的修炼,逐步形成了一种内在的劲力,形式上又有"形不外露,劲蕴于内"的特点,不令人知,因而称这个劲为"内劲"。内劲主要是通过螺旋运动的顺、逆互变的锻炼得来,螺旋运动本身也是化解来力的方法,因而称内劲为"缠丝劲"。我们以为,把缠丝劲称为"掤劲"更合适。从字面意义理解,掤(通"棚"),意为把席、布等搭架支张起来,遮蔽风雨或日光,如天棚、帐篷等;从太极内劲的作用考虑,它既有借用"掤"字,作为以手搭棚掩护身体的作用,更有将对方"掤起"的意思,应尽量使对方脚不得力,使"其根自断",方易控制对方劲路,使其进退不能、处处被动,利于我根据需要,用最小的力调动或击倒对手。

二、如何练习掤劲

1. 放松。太极拳讲求“由松入手,化僵为柔”。在各个阶段,都要求放松。放松有两方面的含义:一是指肢体要放松。要使全身的肌肉、骨骼、筋腱、皮肤都舒展开,做到最大限度地松开、放长,把自身有机地联系起来,形成一个整体。二是指思想、情绪要放松。排除一切杂念,情绪稳定。意念中要有放松才是对的、才能出真功夫的想法。这两方面紧密相连。肢体上不放松,意念就很难放松;意念上不放松,就不可能有真正的放松。要做到“神舒体静”,以“内松”促“外松”,最后达到“内外皆松”。

2. 练好拳架,达到着熟。太极拳重意不重形,重内不重外。但其中的“意”“内”,不能凭空而来,而是通过合适的途径、通过一定的方法得来。方法之一就是练好拳架。拳架是用来模拟劲路的,练拳架既可以增加练拳的兴趣,又能检查劲路是否正确。练习拳架时,要按照阴阳平衡理论,在立身中正的前提下,做到虚领顶劲、气沉丹田,含胸拔背、松肩沉肘,松腰圆裆、开胯屈膝,旋踝转腿、舒指坐腕。拳架练对了以后,还要做到着熟。“着熟而渐悟懂劲”,劲是内里的变化,通过“着”这个有形的动作表现。没有“着”,不可能表现出劲,练到着熟并知其变化,才能产生掤劲,进而懂劲。

3. 螺旋转动。陈氏太极拳通过螺旋转动产生掤劲,是区别于其他拳种运动形式的独特之处。这种螺旋运动,贯穿全身。“通过反复持久地锻炼,体内自然产生一种似松非松而富有弹性的缠丝劲。”开始练习时,可先从手的缠丝开始,即所谓的“划圈”。“要想练好拳,先把圈划圆”,要尽量使圈无凹凸处、无间断处。“要想拳法好,要把圈化小。”要从大圈开始,逐步化至中圈,最后化成小圈。需要说明的是,我们所说的螺旋运动,仅有手上的缠丝劲不行,还要有身上的螺旋劲。“练拳不练腰,到老艺不高”,既要有手的自转,也要有围绕腰的公转,使身体围绕腰脊运动,形成立体螺旋。身肢的运动,要上下相随、节节贯穿,缠丝劲贯穿于身法之中,达到意、气、身相统一,内气和劲力相协调。长久练习,掤劲自生。

三、松与掤的关系

1. 正确理解放松。放松不是放软。松是指意识、形体放开,舒松自然、不紧张的意思,但绝不是精神松懈。而软是肌肉松散、毫无力气、虚无、瘫倒的意思。必须把两者严格区分开来。人们讲柔中寓刚,从未讲软中寓刚,软也不可能寓刚。放松能产生有韧性的柔劲,而软了,就无劲了。现在练太极拳的人群中,不乏有误解了松而出现“软”的现象。

2. 放松是为了产生掤劲。放松是手段,是方法,产生掤劲才是其直接目的(但不是其最终目的)。松是为了“通”,放松了,才能逐步打通任督二脉,进而使十二经脉也相继打通。经脉打通了,身体不适之处,可进行检查。通了之后,有了内气运行,劲可起于脚、行于腿,主宰于腰,到达身体任何一点。在练拳之初,不可过分追求掤,应以松、圆、慢为主。

3. 松与掤是统一的。没有松,就不可能有掤;要真有掤劲,放松是前提。松不了,无掤劲,应用上就困难。王宗岳讲“仰之则弥高,俯之则弥深;进之而愈长,退之则愈促”。如不会放松,一味用僵劲,很难做到“俯之弥深,退之愈促”;反过来,如无掤劲,不会螺旋转动,则不可能达到“仰之弥高,进之愈长”。太极拳在战略上要求舍己从人、以静制动,但如无松与掤这个条件,做不到粘连黏随,取胜也是困难的。

四、几个应注意的问题

1. 练好基本功。太极拳既然是拳，需要时就要有速度和力量，因而要练好基本功。比如，要把腿踢开。“练拳不练腿，到老冒失鬼。”如腿踢不好，则腰沉不下、胯松不开、裆撑不圆、膝活不了，步就上不去。拳架都难打好，掤劲自然难以产生，就更谈不到应用了。还要练好太极功法。“练拳不练功，到老一场空。”功法既是增强体质耐力的手段，也是产生掤劲的重要方法。开始时，最好选择某一功法练习，不必各种功法一起练。我们体会，在众多功法中，还是以王成老师在其著作《太极健身实用对练》中披露的“晃桩”效果最为显著，该功法原是太极门中练习掤劲和按劲的专习方法，各位不妨一试。

2. 不可把掤劲神秘化。掤劲本质上是力，必然符合力学原理，不必被一些玄虚说法和表面现象所迷惑。如把它神秘化，反而不易练出真正的掤劲。

3. 掤劲不等于掤法。掤法是太极八法中的一种，而掤劲则贯穿于掤、捋、挤、按、采、挒、肘、靠八法之中。不可把两者混为一谈。有人认为“太极是掤劲”的说法不全面，实际上混淆了掤劲与掤法两个不同的概念。

4. 要有整劲。放松了，气通了之后，身体的劲力可集中于身体任何一点，即可产生所谓的“整劲”。所以练拳架时，应在放松的前提下，时时注意意、气、架三者合一，做到周身一家，最后则可“意到气到，气到劲到”。如遇强敌，内劲猝发，有“如迅雷烈风之摧枯拉朽”之效果。

（原载《精武》杂志 2000 年第 1 期）

太极拳的搓摔法

郭道雨

在中国的传统武术中，摔法是最常见的一种技击方法。摔法，由于历史、不同拳种、不同体育项目划分、不同地域方言等多种原因，称谓有所不同，但都是摔跌的法，简单说就是自己站立使对手倒地的技法。

在武术中常见的摔法有：夹脖摔、把腰摔、过背摔、抓臂别腿摔、穿扛前摔、穿扛后摔（俗称“倒口袋”）、抱双腿前摔、抱双腿后摔、捋臂抱单腿摔、反抱腿摔、抱单腿手别摔、抄腿绊摔、抄腿抹脖踢、由后抱双腿摔、由后掏裆摔、由后抱腰摔、抓后发摔、抓前发摔、扣腮外掰摔、穿裆等。还有破脚、别子、挑勾子、跪腿等，在这些摔法中虽有一定的技巧，但它们更注重快摔、猛打的效果。

我随王成老师学习太极拳，王老师传授给我的太极摔法，与以上摔法有所不同（见《东西南北太极人》之太极王成录像），太极拳搓摔法，王老师形象地把它的用劲比喻为擀面皮、推碌碡，它要求习练者的手顺着对方的肢体表面像擀面皮一样搓着运动，手、肘、肩三节节节贯通，达到最大的技击效果。它的最大特点就是搓动对方的重心，让对手有一种连根拔起的的感觉，它达到的效果是可控制的，想摔重则重，想摔轻则轻，让对手服服帖帖地挨打。

这种搓摔法如何训练呢？

第一步：甲乙两人相对自然站立，相距约 3 米远。（见图 1）

第二步：甲上左步，上左步的同时出左手推乙的右上臂（靠近肘关节）。（见图 2）

图 1

图 2

第三步：甲上右步贴近乙的右腿，上步的同时出右手搓击乙的左肩（略靠下）。（见图 3）

图 3

如果对方上架我手臂，我沿对方对方的招架手臂向前搓击，并顺势爬坡绕乙肩颈走螺旋；然后甲身体向左转，同时右手向左下方向运行，对手便可摔倒。（见图 4、图 5）

图 4

图 5

这里只是讲摔法，如果是作为技击，直接向对方胸部搓击，对方可应声向后跌出，对头部的震动很大，使用时应留意为要。

练习的几个误区：

1. 搓击对方肩部，变为撞击。这就是纯凭力量取胜，违背了太极遇力走圆的原则。遇到力大体重者，未必奏效。

2. 绕对方肩颈走螺旋，变为夹颈摔。这同上面犯的错误是一样的，并且时间长，容易出现空挡。

3. 上步贴住对方，变为弓步顶住对方。这样会使自己的重心上不去，致使技击效果又会变为夹脖摔。因为你的重心上不去，必然使自己的手臂长度不够，手臂长度不够，必然导致手臂螺旋不充分，手臂螺旋不充分必然导致勾对方的脖子硬摔。

练习中需注意的几个关键环节：

1. 手法上

第一，甲左手一定要起作用，也就是说左手一定要推动对方，使对方的重心发生动摇。只有这样右步才能顺利地上去贴住对方。

第二，甲右手搓击的时机一定要把握好，一定要在左手完成动作的同时，出右手搓击。

第三，甲右手一定要按照手、肘、肩的法则螺旋运行，特别是手，从手指头肚接触对手的一刹那就开始搓，如果遇力就顺势爬坡。

2. 步法上

第一，上步要迅速，不可拖泥带水。上步如流星赶月，退步责无半点迟疑。

第二，上步要自然，不能变成弓步、马步或其他步法。王老师常说："手是两扇门，全凭步打人。"步上重心上，对手很难防。

3. 身法上

近代著名太极拳大师陈长兴说："夫发手击敌，全赖身法之助。"王老师在练拳中一直强调立身中正。立身中正则重心稳、步法稳，步法、身法稳健才能立于不败之地。

此外，还要特别强调，手法、步法和身法三者必须相互配合，有机地成为一个整体。拳谚云："发步进入须进身，身手齐到是为真；法中有诀从何取，解开其理妙如神。"

以上介绍了太极拳搓摔的定式练法，搓摔还有运动中的练法，关于后一种练法会在以后的文章中再给大家介绍。如有不足之处，还请方家指教。

（写于 2009 年 12 月 4 日）

陈式二十七式太极拳与实战技击

刘　勇

太极拳创始之初，没有人会怀疑它的实战能力而对它另眼相看，因为在冷兵器时代，太极拳是中华武术中的实战技法之一，其实战能力是毋庸置疑的。清朝末期以后，太极拳发生了微妙的变化，它与实战技击之间出现了分离，而后渐去渐远，越来越远，以至于今，太极拳几乎沦为“老翁之戏”。悲夫，王庭公！悲夫，长兴公！悲夫，露禅公！

尽管如此，近代太极拳仍盛行于世，究其缘由，主要得益于其文化内涵和健身功能的挖掘；而太极拳从“猛士之技”沦为“老翁之戏”恐亦是发端于此。试看，随着太极拳“文气”渐盛，孔武之夫因不知力大手快之外另有化打之法而不屑于此；文弱之士则片面地理解进而陶醉于“用意不用力”之说，一厢情愿地试图构建“用意打人”的空中楼阁，却不知实战技击并无捷径，太极拳虽“不用”拙“力”，但却要“用”经过艰苦训练才能得到的“太极劲儿”，岂是纸上谈兵能够达到的？基于以上的社会“共识”，太极拳在大部分人的眼中变成了“老年健身操”，青壮年都是趁年轻先练摔跤、拳击、柔道、跆拳道，等老了再练太极拳。

诚然，太极拳与其他拳种相比，更强调文武双修、刚柔并济。但它终究是一门武技，“文”与“柔”是为“武”与“刚”服务的，其最终目标是能够杀敌制胜。因此，我们应该更突出其“武”与“刚”的一面，而不应片面追求其“文”与“柔”的一面。不然，太极拳之名虽存，而实已亡矣。

所幸者，在太极拳实战技法日渐式微之时，仍有一批有志之士不为世风所扰，寂寂于人海，默默耕耘，脉承古法，使后学者尚存拨云见日之希望。生长于齐鲁武术之乡的王成老师即是其中之杰出者。

王老师少年习武，初习弹腿、少林拳等，后随武术名家张晨光先生学习陈式太极老架，又经张师引荐，师从陈氏太极拳宗师洪均生先生，得到二位武学大师的悉心教导。在二位恩师关心下，又有机会经常接触到许多武林前辈，仔细聆听前辈们的习武心得，亲身体验前辈的技艺，并深受武术前辈们的青睐，得到诸多武坛巨擘的指点，30岁时已成大器。王成老师除全面继承传统太极拳松、沉、圆、活的技击特点之外，更将世人知之甚少的“接手”和“放长击远”等技法发挥到极致。经过20年的探索与实践，王成已形成了自己一整套的理论和功法训练体系，以陈发科先生所传的陈式一、二路和洪均生先生所传的陈式一、二路为基础，创编了“陈式二十七式太极拳”及“陈式二十七式太极拳对练”，特别是“陈式二十七式太极拳对练”为全国首创，受到武术界和太极拳界的高度重视。

理论方面，王老师在强调太极拳特点的同时，更加注重太极拳的全面性，如套路与实战并重、健身与技击并重、近战与远战并重、主动进攻与后发制人并重等；还将太极拳散手技击的攻防动作加以概括、分类，总结成“手肘肩”、“步法”、“螺旋缠丝”、“遇力走圆”和“大臂不动小臂动小臂不动大臂动”等五大法则，统称“王氏法则”，在武术界是一种创新。

功法训练方面，主张以桩功、套路练习固本健身，以单式练习、对练、推手、散打训练强身技击，辅以刀、剑、枪、鞭杆等器械练习，使习练者得以全面继承和掌握传统太极拳的精髓。

王成老师创编的“陈式二十七式太极拳”和“陈式二十七式太极拳对练”实为一体，对练以二十七式套路为基础，两个套路拳式完全吻合，初学者在熟练掌握二十七式拳架后，通过练习对练可以深刻地体会每个拳式的用法。对练时二人采用掤、捋、挤、按、采、挒、肘、靠等手段，互相进攻和化解，能够使习练者更快地熟悉太极拳的实用招法和劲路，加深对太极拳的理解，从而迅速“由着熟渐悟懂劲”。

王成老师经过深入的分析和探讨，认为太极拳实战功能减弱，除了上述片面追求“文”

与“柔”的原因外，从技法上说，主要是丢掉了传统太极拳中“接手法”和“打法”两个重要环节。

所谓“接手法”，就是实战技击开始身体第一次接触以及交战中每一次分开又再次接触时所包含的技击技术。因为实战技击开始前，以及交战过程中每一次分开后，交战双方一般是处在安全距离以外的，那么从安全距离到零距离的身体接触之间的这一段时间内所包含的技击技术，包括身体接触前双方的观察、移动、虚晃、实击和接手后的手法都是“接手法”的内容。太极拳所说的“接手法”不是简单的格挡招架，它的主要任务首先是进攻；其次是控制、揣度、牵动、诱骗对手，为进攻和防守做准备；第三是防守。接手任务完成得好，便得机得势，取得主动；反之，便失机失势，陷入被动。

一般来说，实战技击中至少有一次接手。换句话说，如果将接手这一环节省略，先将手或身体其他部位接触好以后再进行的较量，一般只是推手、试手、说手或喂招训练，不是真正的实战技击。了解的人才知道，接手这一关是很难通过的。既需要名师指点，又需要刻苦训练，还需要有人给你搭架陪练。但是不过这一关，你练的就不叫武术。

过了“接手法”这一关，就该过“打法”关了。所谓“打法”，就是实战技击法的俗称。用“行百里者半九十”来形容打法再恰当不过了，练了几年、十几年甚至几十年太极拳，“打法”没过关，最多只能算练了一半。不光太极拳，所有武术都是如此。

王老师经常说老前辈经常谈起的一个故事，在民国时，著名太乙门技击家高凤岭有两个徒弟，苦练了数年武功，一次奉师命到故城县政府给冯玉祥的一位军官送信，站岗的士兵不放行，两个年轻人血气方刚，又仗着老师与军官的交情和自己一身的“武功”，便与哨兵动了手，结果让哨兵打得鼻青脸肿。回来后，高师傅气得大骂徒弟笨。转念一想，师傅又说：“这也不能怪你们，怪我没教你们打法啊。”苦练了数年“武功”的人因为没学打法，结果输给了就练了那几下打法的当兵的。接受这次教训，这年冬天高师傅专门给弟子们传授打法，后来出了不少实战高手，如高守悟、秘道纯、林祥斋等人。

因此，王老师十分注重“接手法”和“打法”两个重要环节。“陈式二十七式太极拳”及“对练”中，每一式都包含一至多种“接手法”和“打法”。

总之，“陈式二十七式太极拳”是王老师太极拳训练体系的总纲。套路精练以后，降低了初学者入门的门槛，但完整保留了传统太极拳的精髓。它并不是人们习惯思维中的“简化太极拳”，而是内涵更加丰富、拳理更加深刻的太极拳，包含了传统太极拳从桩功、套路、对练、接手直到打法的所有内容和训练步骤。在“陈式二十七式太极拳”的引导下，桩功、套路有一定基础以后，按古法细化套路训练的要求，提高练拳质量，然后逐步增加练拳内容，层层深入，渐入妙境，直达散手技击之境界。

太极拳经过300余年的传承，特别是近100年的变革，其文化内涵和健身功能得到较充分的挖掘，但实用性的“基因”丢失殆尽，能真正传递古法基因者已是凤毛麟角。王成老师和他的“陈式二十七式太极拳”能够如此鲜活地保留古法，兼具传统性和时代性、科学性和趣味性，实为宝贵，世人怎能不珍之、惜之，有志于研习太极拳者，又怎能不追之、求之！

为太极修炼立一门户

朱成广

太极拳自明末清初创立至今，已有300余年历史，期间名手辈出，递相传成，各有心得，繁衍生息出诸家太极，丰富着中华武林。太极拳传至今日，更是枝繁叶茂，习者众多，各派太极修炼方法不一，但不外乎套路、推手。推手是太极拳奉献给世人的一道独特风景，今已为较多门派借鉴为锻炼手段。但对太极拳来讲，套路与推手并不是其全部，会太极推手者众，但真正悟得太极真谛者，实属凤毛麟角。这期间有练习时间不如前人充裕之原因，更多的恐怕是不得其门而入，枉费工夫徒叹息。太极拳是一门高深的功夫，太极拳的练习群体多是业余这一事实，决定着仅依靠学一学套路、学一学推手恐怕很难在太极拳训练上有所突破。时代呼唤着太极拳训练的科学化、系统化，呼唤着太极拳训练的新思维、新途径。由王成先生创编的实用太极对练正在国内外声誉鹊起，吸引着越来越多的练习者。

我们知道，各家武术基本都有自己的对练套路，以作为拳套纯熟时进一步训练实战之用，如形意拳安身炮、五行对练等，"形意一年打死人"恐怕与其既善于借鉴（如推手），又注重实战训练（如对练）分不开，练习太极拳的人最多，但有着悠久传统的太极拳却缺乏真正的对练套路，不能说不是一件憾事。太极拳的推手已为各家武术借鉴，为什么太极拳不去借鉴其他门派之有效的训练手段呢？特别是当代，众多的太极拳练习者是多么渴望有一个套路与对练相结合、理论与实践相统一，真正体现太极拳特点的对练啊！太极拳发展历史上除太极推手外，真正的太极对练只有陈炎林先生在《太极拳刀剑杆散手合编》中披露的太极散手，后程健先生编有《太极拳》，内容与此大同小异，然亦仅仅是单纯的散手对练。此外，山西陈盛甫先生编有三十二式太极对打，以杨式为基础，主要侧重于健身。王成先生编著的《太极健身实用对练》则迥异于上述各家，在国内外尚属首创。其主要特点有：

1. 它是一个多元的、完整的训练体系，基本功、拳套、对练、散手各自对立又相互联系，由浅到深，层层递进，使学者步步登高，直入太极之门，充分体现了系统性的特点。

2. 套路的编排以最古朴的陈式老架一路、二路为基础，无一牵强处，无一分离处，螺旋缠绕，对立统一，处处契合太极拳理，无一空架子，大朴不雕，演练时"放开天地窄，卷藏芥子阔"，体现了太极拳的古朴风韵。它虽只有27个动作，但绝不同于各家的简化套路。社会上流行的简化套路，简则简矣，并不见高明。王成先生的套路，并不是简单的简化，而是融入了自己对太极的彻悟理解，不是简单而是朴素，更贴近太极的本来面目。演练时分正、反、快三种架子先后练习，这便有了81个动作，使身体各部位都得到完整全面的练习。太极拳慢练、快练都有，但反架练习并不多见，王成先生于此可为独创。演练时，先正架慢练，练完后接反架慢练，最后正架发力快练，此为一趟，用时与练一趟陈式老架一路差不多，如练完三趟，则周身通泰，气遍四肢，心悦体松，神采奕奕。集体演练效果更佳。

1999年济南国际武术节上，该套路获得集体表演一等奖，则证明了该拳受到武术界的欣赏和赞许。

3. 最精彩的当属对练，此对练并不是简单地为对练而对练，而是充分考虑了套路的练习效果，它与拳架是一而二、二而一的关系。对练时，一方进攻，一方利用太极八法化解，做的动作恰恰是拳架的动作。这样，练拳架时，"无人若有人"，防止了空练；对练时"有人若无人"，复习了拳架，此是高明处。有些武术的对练，为衔接，有时会加上一些空动作，而王老师的此太极对练却绝无一个空动作，绝无断续处、牵强处。前一个动作的发出预示着下一个动作的发展，进攻的一方往往是逼迫着对方不得不化解，而不是排练好的双方配合，充分体现了太极拳"出势争来脉，出奇在转关"的特点。进攻的一方制造矛盾，防守的一方化解矛盾后又制造着新的矛盾，相互之间螺旋缠绕，进退消长，引化逼发，一环扣一环地推动着拳势的发展。如戏水之游鱼，若隐若现，将往复还；如四季之更替，循环无端，变化有常。演练起来愈演愈妙，常生"山重水复疑无路，柳暗花明又一村"之感。习练者练一层，深一层，悟一层，逐渐由着熟渐悟懂劲，由懂劲渐及技击，达到犯我立仆、击尔必跌之境界，太极至此，则思过半矣。

余何幸哉，得随王成先生习练此拳，愈学愈觉此拳之妙，真如陈鑫先生所说，"一层又一层，层层妙无穷"。余习拳之余，喜欢翻览各家武术尤其是太极著作，恕我浅陋，尚未发现编排如此科学合理之太极对练体系，此拳之问世，必将填补太极拳界之空白，其开创性意义借用篆刻界的一句话来说，可谓是三百年太极修炼立一门户。此拳之传播，必将使众多的太极拳练习者从迷信困惑中醒悟过来，从闭门造车中解放出来，直指本源，见佛成性，使古老的太极拳艺在新的时代重放光芒；也必将打破"太极十年不出门"的成见，促使太极拳训练早出人才、快出人才。事实证明，随王成先生习练此拳者，短时间内都有了长足的提高。

（1996 年于山东临沂）

太极神奇有"晃桩"

朱成广

晃桩是王成老师所传的一种太极锻炼桩功之一，也是王成老师实用太极对练拳法中的一个重要的基本功法。晃桩是一种培养内气、强壮身体、简便易学的健身好方法，同时对太极拳练习八法的挪、按方法能起到事半功倍的作用。晃桩动作虽然简单，作用的神奇却不容小觑。

一切太极都重桩法，王成老师尤其注重晃桩。晃桩，某种程度上是王成老师太极拳法锻炼的一个枢纽所在。随王老师习拳者都会坚持锻炼这个功法，随着锻炼的深入，里面的奥秘也会一层层揭开。初学者练晃桩感觉趣味无穷，越练越想练；练功多年者练习依然会乐在其中。

笔者 1995 年拜见老师时，我想象中老师会让我站无极桩，谁知一开始老师即示以此功法。老师松松地站在那里，为了让我体会劲路，他让我的双手放在他的双臂或身体的任何部位，但一搭手，自己马上就感到失重，而王老师几乎不用一点力。我那时才真正体会到太极拳的魅力，虽然以前也练过不少太极拳套路，但经此一试，才感觉以前几乎都是走的弯路。老师当时没交代多少要领，只让我注意放松，并且试着像脱毛衣一样找找劲路。他让元强师兄陪着在老师家狭窄的卧室里练习，元强已经练得很熟练了，我在元强那里一点便宜也赚不到，还总是被他轻松地发放到床上。后来我就不断地向老师和师兄弟们请教，每次练习，都总是有新的收获，至今十几年过去了，晃桩的奥秘依然吸引着我去探求，每次总是乐此不疲。

晃桩对身体康健的作用也很神奇。师弟焦金生刚开始学拳时勤练晃桩，每天在办公室练四五百个，越练越轻松，原先有的肩周的疼痛也好了。张家港一位青年，身体弱得不行，不能坚持上班，后来与王老师书信联系，练晃桩，月余身体转健，正常上班了。

晃桩为什么有这样“神奇”的效果呢？这与晃桩的设计是分不开的。

据王老师说，晃桩原是太极拳训练掤劲与按劲的一种方法，但王老师借用来作为他所创立的“陈氏太极实用对练”（这在全国也是首创，详见刘勇师兄所写本书跋文《王成先生对中国太极拳的贡献》）的基本功法，却给它赋予了全新的内涵。

首先，练习晃桩是对太极拳运动规律的不断强化。晃桩动作虽简，但要领一样也不少，处处符合“王氏太极法则”（“王氏太极法则”是王老师教授太极拳所提出的动作规律的概括，与一般的太极拳练习者不同，故冠以“法则”之名，以示其运动与练习规律）的要求。练习晃桩，其实也是在巩固太极拳的一些要领，而且因为动作简单，锻炼效果更加突出，初次练习晃桩的人按要领练习后，马上都感觉到两手的得气感特别强，这是很多练习者对它着迷的一个原因。练习晃桩时，两手前行、上行走的是“手、肘、肩”的顺序，后行、下行走的是“肩、肘、手”的顺序，符合“王氏太极法则”中“劲走三节”法则，即：出时手肘肩，收时肩肘手。下肢依然也是在走三节，即：踝、膝、胯，胯、膝、踝。如此，晃桩练习时上肢与下肢的六个关节都得到了锻炼，而且依序前后晃动，又符合“王氏法则”中“遇力走圆”法则，可以说与练习太极拳的效果是一样的。又因动作简单、重复次数多，得功也快。大道至简，一个晃桩几乎就蕴含了太极的所有。

其次，练习晃桩也是在练习太极技击特有的步法。“王氏法则”的步法原则要求散手实战时的步法应符合球体运动的特点，力争做到随遇平衡。球体运动时有以下特点：只有一个支撑点；重心的高度不变；无论球体移到哪一位置，重垂线都通过支撑点，支撑力也通过重心，球体受的合外力和合外力矩均为零，也就是说球体在每一位置上都能获得平衡；具备上述特点后，球体可随外力作用在平面上向任何方向平稳滚动（参见刘勇师兄文章《太极拳实战王氏法则》）。王老师所传授的太极拳步法与一般的不同，这种步法在散手中重心可以快速冲上前去，而且保持随遇平衡。晃桩时重心在前后腿之间不断倒换，时间长了就可练出这种步法来。我功夫练得不好，但自己感觉在与同学推手或散手时，步法上得还是比较快的，可能也是从晃桩中找到的感觉。

晃桩练习时可以配合呼吸，吸气时腹腔充满，呼气时可根据需要发声，这里面对于养生和技击都很有帮助。一个是有助于肺活量的提高和腹式呼吸的锻炼，有助于增加内力。呼气时根据需要发声，比如发“嘘”声，可有疏肝作用。据我的体会，一吸一呼间可以发出类似“哼哈”的声音，这恰恰是太极拳练习的高级境界，“哼哈”二字妙无穷也（这是我的臆测，没跟老师请教过)。与晃桩动作类似的是“独立开合桩”，对肺的锻炼作用更大。

王老师所创的陈氏太极实用拳法比较重视桩功，桩功中的一字桩、独立开合桩都与晃桩有联系，晃桩实是其中的一个重要枢纽。王老师拳法中的接手、立圆推手、直线推手等，都可在晃桩中找到锻炼的方法与要领。晃桩动作简单，得气得劲快，锻炼不受时间、地点限制，行住坐卧都可练习，可以使人经常在太极的状态中，练好晃桩，进入太极之门也就有了一个很好的“通行证”。特别是练习王老师创编的陈氏太极二十七式及对练，可以说处处如意。

晃桩练好之后，对于技击的帮助也是很大的。对方双手进攻时，可化可发，化能令对方失重跌倒，往上发能将对方打成“挂画”之势，下发则威力更大。据刘勇师兄讲，某次电视台来为王老师拍专题片，电视台的人都说让王老师来个“真的”(其实里面所拍都是真的，没有配合的，只不过在外人看来，那么轻巧地把人发出去，好像是事先排练好似的。当然在具体演练时，老师都留着劲，让大家体会出劲路即可)。王老师与一位师兄试手，轻轻地打了一个双撞，那位师兄一下子坐到草地上往后滑了两米多，脸都吓青了。周围的师兄弟都说：“老师你还真打啊！”同学们常说，王老师拳中的一些动作不好真试，在电视中看着像“假的”，其实真正经历过的人才知有多么惊心动魄。用晃桩的动作单手接手，就可走肘底捶等势，配合上步法能较快地逼近对手，令对手失重。2010 年我与金生、李云二位师弟到德州王老师处，王老师与我练习接手，感觉他突然间一晃，像起了一阵旋风，在我的视野中消失了，等反应过来他的右手已经点到我的右肋，并且使我重心拔起，摇摇欲坠，把我惊出一身冷汗，我说：“太吓人了，一下子找不到老师了。”这个场景被李云师弟用手机录了下来，我后来仔细观看，王老师是用了一个比较快的肩肘手加上步法身法的变化。我回头再看王老师 2000 年发表在《精武》杂志上的《太极提纵术》一文，说太极拳中利用视觉暂留现象能达到“遁身”目的，这时才明白训练得法“遁身”是能做到的。又忆起很早以前在德州老师教我对练，其中练到“风扫梅花”时老师一下子就到了我的背后，抚着我的后背，把我惊得不轻。

晃桩功法较为简单，练习时两脚前后站立，距一脚远。两手心相对，肩下垂。坠肘，两臂如抱一大圆球，前后晃动。吸气时，身后仰，前脚掌离地。呼气时，身前俯，后脚跟离地。也可以前后行走，左右脚交替。熟练后行住坐处几乎都可练习，比如散步时可以单臂走晃桩的动作。

晃桩可以一人单练，也可两人对练。个人单练有助于培养内气，对强壮身体，治疗身体虚弱、肠胃不调、神怠气虚等症状效果非常明显(晃桩里面有导引的东西，有时其感觉就像人累了之后伸个懒腰似的)。两人对练对体会太极拳练习八法的掤、按方法能起到事半功倍的效果。晃桩的奥妙实难说尽，作用的神奇也使人惊诧，唯在学者用心体会，细细品味，不断发现其精彩。王老师曾写有一首《晃桩》的小诗，值得细细揣摩：

晚朝月，晨向阳，阴阳和合精神爽；
内气足，百病祛，松圆恬淡保健康；
腰胯膝，手肘膀，节节递进功自长；
练掤按，习晃桩，日久天长心自详。

二十七式太极拳与养生保健

高 淼

高淼、王志勇、马新华传授法国学生太极拳的合影

太极拳的养生保健作用人所共知，王成老师创编的二十七式太极拳的养生保健作用尤为显著。

医学研究表明，人体存在四大保健特区——背部、脊柱、腋窝和肚脐。实践证明，二十七式太极拳对这四大保健特区给予了充分的重视和锻炼。

一、背 部

现代医学发现，人的背部皮下蕴藏着大量免疫细胞，经常锻炼背部，能有效激活这些细胞，增强人体的免疫力，中医也很注重背部在人体医疗保健中的重大作用，如"刮痧"疗法等。对背部的锻炼一般而言是靠外部力量的捶打、按摩等手法。在陈式太极拳中靠转动缠绕来达到这一目的，二十七式太极拳在此基础上又结合了古代导引之术，用转和拔相配合的方式使背部肌肉、脊柱得到有效锻炼，靠身体外部的伸缩导引达到疏通内部经络、调和气血的效果。

"转"字可以说是太极拳的精要所在，各式太极拳对此都给予充分重视。二十七式太极拳对"转"的要求和其他太极拳有很大的区别，别式太极拳谈论"转腰"，二十七式太极拳具体为"转胯"，在此不做叙述。对"拔"字而言，虽然各式太极拳都有"含胸拔背"的要求，但往往流于意念，而二十七式太极拳将"拔"明朗化具体化，这集中体现在"起势""双撞""掩手肱捶"和"收功"等动作中。以"起势"动作为例，双手由左向上、向右、向下在胸前划一圈后，再由腹前手领肘、肘领肩、肩领背尽量向上拔起(注意不是重心上移)，拔劲直达脚踵，整个背部筋肉自然被调动起来，再加上胯的作用，使拔中有"旋"，仍然符合"缠丝"原理，继而调正身形，节节放松，由原来的拔势变为自然的落势，这样，背部在左右旋转的过程中又加上上下方向的运动，便不再是一种平面运动，而是立体化的球的运动，一起一落，使体内被调动起来的真气自然贯通。长此练习，可打通任督二脉。

笔者在开始接触二十七式太极拳，练起式这个动作的时候，在“拔”“落”的过程中，便觉一股电流似的东西由背及肩，经肩至手，指肚发麻、发胀，这就是紧、松、牵、拉、缠、绞达到的效果。

二、脊　柱

再谈脊柱。脊柱和背部紧密连为一个整体，锻炼背部和锻炼脊柱是分不开的。新医学研究证明，人老首先是脊柱老，日本一家杂志报道，锻炼脊柱可防治100多种疾病，足见其在整个养生保健中的重要地位，

不过由于脊柱的特殊结构和部位，使它不能像手脚那样灵活运动，然而它却是手脚运动的中枢，不可须臾离之。二十七式太极拳的旋转解决了这一难题；劲起于脚踝，旋转过膝至胯，由两胯带动腰，由腰带动脊柱拧转，节节贯穿，直达颈椎，如此交替进行，即可达到锻炼脊柱的目的。

医学研究同样证明，脊柱做拧转时，能产生强大的生物能，向各脏腑和脑部以至全身输送，补充能量，对病毒的侵袭有很强的抵抗作用。对脑血栓、老年痴呆症、中风偏瘫等疾病有一定的防治作用。

三、腋　窝

腋窝蕴藏着丰富的血管、神经和淋巴，经常用手按摩刺激，可促进体液循环，使全身脏器得到更多的氧气和养分。

二十七式太极拳对腋窝的锻炼是靠手肘肩的牵引缠绕进行自我按摩来实现的，这在前文提到的几个式子中均有体现，在此再举“金鸡独立”式子为例说明。做第一个“金鸡独立”时，手经胸前向上旋转而出，转至最高处时小指外侧斜向上，形成一牵引劲，小指是手少阴心经之末，手少阴心经的起点是腋下的极泉穴。这样一旋转一牵引，必带动腋窝进行运动。

再往下接第二个“金鸡独立”式子的过渡中，肩一松，腋下原来相对的“紧”陡然松下，肘贴肋走，又产生一轻轻的摩擦力，一紧，一松，一摩擦，使腋窝得到比较充分的锻炼。

四、肚　脐

人在母腹中，所有营养皆靠脐带输送，脐带可称为生命通道，出生后断脐，生命由先天的营养状态转入到后天的营养状态，而脐带的断痕——肚脐部位仍然是修性养生之本，是人体真气的宅府。医生用药物敷贴或针灸热敷此处，可以疗疾治病，注意肚脐的保养锻炼可以起到培元固本、安神定心、调和气血、舒肝利胆等作用。

在二十七式太极拳中，有很多式子要求手摩脐走，起到按摩、沟通、安气的效果。王成先生时常叮嘱：“肚脐是养性修命之处，手要贴着肚脐走。”道理即在于此。

二十七式太极拳的养生保健作用远不止这些，诸如它的正架、反架、快架的独特锻炼

方法,他的发声同动作配合与调理三焦的微妙关系,也是片言难尽其妙,限于篇幅不作展述。

文武之道,一张一弛,养生保健作用是二十七式太极拳文的一面,其武之一面即其技击之术,另有文章叙述。

二十七式太极拳是太极拳苑中的一朵奇葩。

一入太极妙无穷

——习拳有感

要学良

2009 年 10 月份,因机缘巧合,我和朋友有幸一起得以追随陈式太极拳的王成老师习练太极拳。从开始至今,虽然尚不足一个月的时间,却可谓收获颇丰,尤其在思想认识上的感悟,使我这个有过习武经历的人大有"自从一见黄龙后,始觉从前错用心"的感觉。下面结合本人的习武经历以及对中华传统武术复杂的心路历程,谈一下我对太极拳的粗浅认识。

和很多武术爱好者一样,我也是在八九岁时,在电影《少林寺》引发的武术热中走上练武之路的。当时加入了德州黎明小学姜丁文老师的武术队。从四年级开始,每天早晚压腿、踢腿、涮腰、练习国家规定套路(应是长拳的路子)。当然,私下里和伙伴免不了偷练电影传授的"神功"。虽然我当时觉得我练的东西和电影中的"高深武功"没法比,但是通过锻炼使我比同龄的孩子灵活得多,在和同学们瞎打胡闹、窜高蹦低中很有优势,就一直坚持了下来,到小学毕业时,我已是姜老师教的那茬学生中少数几个拳、刀、枪、剑、棍套路都学了的人之一。

要学良演习左右擦脚

本人的中学时代，因为师资、武伴、环境、家长等原因，我练武的条件失去了。好在那些年“武术热”还没有过去，各类武术著作、杂志不少，给我留了一条按图索骥的路子。通过广泛阅读武术书籍，我彻底否定了一切“电影神功”，并且对我以前的套路训练也发生了疑问。但真功夫是什么样子？我困惑了。那个时期的武术书籍大力褒扬中华传统武术门派众多、博大精深、源远流长，太极、形意、八卦、少林……各类玄功神技层出不穷，似乎真功遍地、高手云集，却又“秘传”无数，好像无迹可寻，那时的武术宣传可用“怪力乱神”形容。那几年，我一度放弃了练习，专心搜集各类武术书籍，企图沙里淘金，从书本中找出真人、真功。最终，我否定了一切有套路的武功，觉得截拳道、大成拳才符合实战设计。

1993年，我到石家庄读书，身处大城市，觉得可以找到好的武术老师，练武的心思又蠢蠢欲动。在长安公园，当时有马虹老师教陈式太极拳，于是跟学了一段时间。但二十几天后放弃了，原因有以下几个方面：一则路远；二则学校管得严，出入不便；三则被同寝室的同学嘲笑：练啥不行，练太极，才几岁呀，别那么神道了；四则学的终归还是套路。后来知道就近有教大成拳的高手，我听了大喜过望，于是虔诚拜见，得以允许。入门先站桩，站浑圆桩，形如抱树、肩撑肘横、头顶臀坐，借此抻筋拔骨、易筋洗髓。期间我体验过一次推手，觉得师傅还是有功夫的，但也有些疑问，从宣传上讲，桩功是大成拳求劲的根本功夫，可师傅父子只要求我们一站40分钟，他们从来不练习。我们私下里嘀咕，师傅如果为指导我们没练，功夫岂有保证；可如果不练功夫仍有，和宣传的桩功的重要程度又不一样。因为抱桩要用力抻拔筋骨，我有时感觉无名指、小指发麻，下桩后好一阵才能恢复，于是询问师傅，答曰：这两根手指有陈伤，是排病反应，等不麻了就是治好了。我对此回答不很满意，因为这两根手指确实从未受过伤。站桩一直坚持了半年多，后来发生了两件事使我决定不练了。

一件事是有个学轨迹拳的来拜师，师兄不知是不喜欢这个人还是出于什么考虑，上来就让他站低架子的大式桩法，这个桩很累，没有一定功夫就站很伤人。但是师兄却要求那人站40分钟。不到20分钟，那位就汗流满面、全身颤抖、面部扭曲，仿佛受了大刑一般，我们一班人看了都不大忍心，那人就来了一天，就再也不照面了。另外一件事是师兄说功夫深了，胸骨剑突会再长四指，如护心镜保护内脏。我们觉得不大可能，我硬着头皮说感觉一下，师兄让摸了一下，说实话我没异常感觉，但碍于情面说了有，其他人也和我体会了一下，都说有，皆大欢喜。但我自此觉得江湖水深，提不起再练下去的精神，慢慢就不再去了。

临毕业的时候，我在校图书馆见过一本王成老师著的《实用太极健身对练》，虽然练武的兴趣已经不大，但那时已经知道王老师是德州人，且是名师之徒，就翻了几页，但没有细看。

工作后，生活发生较大变化，不大想习武的事了，只是偶尔看看武术杂志。大约在2000年，发现《精武》有一期太极专辑，封面为王成老师的照片，觉得好奇，德州人也能上杂志了?！买回读了读，感觉文章的路子和别人风格不大一样，比较平实地讲练法、技术，没有什么玄虚的东西，在当时那些年的武术文章里，属于异类了。后来，也看过王老师其他的文章，风格一直如此。那时也没听说王老师的事迹，觉得德州也不会出多高水平的高手，故也没有很上心。

本来不想在习武上费脑子了，但 2009 年命运偏偏又安排我练起了太极拳。说实话，学艺之初，我自以为有练武经历，相关知识很广，猜测王老师教的不会有什么出奇之处，开始不是踢腿，就是站桩，或者盘架子，但我来后上的第一课却大大出乎我的意料。我和朋友到时，只见王老师正左右转身，双臂随意摆动，似乎在做热身活动。寒暄过后，王老师说："先跟着我活动活动。"于是我们也转身摆臂活动了一阵儿。原以为下面该教拳架了，不想过了一会儿，王老师要我们面对面站好，要一人手推对方前胸，另一人在刚接触到衣服时以上述动作化解，不得动步。朋友不知所以然，我也很诧异，这是练什么？但练了一会儿，王老师讲了要领，并稍作解释，我们发现了其中的妙处，身体的旋转，手臂的自然摇摆，可以很轻松改变对手的来力方向，对方推力越大，越易失重心，起到了所谓"四两拨千斤"之效。第一天的课我们虽然理解得还不是很到位，但都练得很兴奋，觉得非常有意思。王老师也很高兴，一再提醒我们放松、放松，不要累着、伤着，说："这叫定步化力，是基本功，你们先练上一阵子，先给你们改变一下思想，洗洗脑。"接下来几天，我们一直练习定步化力，由于以前练过其他武术，有些用力习惯一时不好改，王老师就不时给我们示范、纠正、点拨，让我们有感性的认识。示范过程中，我感觉王老师身体极其松柔，力量根本无处落脚，无论使多大力气推，都被化得无影无踪。

为了加强我们对基本功重要性的认识，王老师给我们讲了一个由此演化出的一个摔法。老师示范的时候，仍是这个动作，我感觉他很轻松地一转身，就有失重、要被甩出的感觉，但我们实在资质愚钝，王老师示范了几次，还是理解不了，做得很僵硬。于是王老师叫过一旁练习的小郭，要我试试他，再体会一下。小郭刚刚练了一年多，和我胖瘦相当，稍矮于我，我几次冲上去想抱住他的腰，都在将抱未抱住时，被他一转而失去重心。我以为是速度不够快，就加速突然猛冲了过去，但这次失重更厉害，感觉要重重摔倒在地，瞬间有如临深渊之感，幸亏小郭及时抓住了我，虚惊一场，这次切实体验了一把太极拳的厉害之处。后来我们不断琢磨，发现才对手抱你的瞬间，只要你身体时机、角度调整合适，顺着对方的力，对方基本就已失去重心，只要再稍微转动，人就会被轻易摔出。这大概就是太极理论所说的"舍己从人，我顺人背"的具体体现之一吧！通过这次练习，我们深刻体会到了太极拳圆活自然的特点，对其实用性和科学性有了进一步的认识。

王老师和他的其他学生每天在打拳、推手时都做这个练习，由此可见这个基本功的重要。后来有几次王老师对拳架招式的应用做些讲解，我们惊讶地发现这些应用几乎都可以从此一生二、二生三地演化派生而出，圆变之道体现得淋漓尽致。不到一个月，我和同伴都觉得太极拳千变万化却又万变不离其宗，妙趣无穷，就像老师常引前人陈鑫语"一层又一层，层层妙无穷"。

王老师的拳场子比较有意思，有七十多岁的老翁，有四十来岁的女士，有二三十岁的小伙子，不像其他练太极拳的场地，多是白发老人居多。大家练一会儿，聊一会儿，都很轻松愉快。而这个拳场太极推手、散手、拳架、器械、基本功夫每天都有人在练习，没有玄虚神秘之感，但太极拳里那些仰之弥高的高深理论和传奇功夫，却时时很自然体现在这些练习中。而王老师的学生中也是藏龙卧虎，有不少在全国太极拳比赛中拿过名次，这对于德州这座小城算是难能可贵了。

通过跟随王成老师学习，并通过和我以往练武过程的比较，我将对王老师太极修为的粗浅体会大约总结了以下几点：

1．王老师的太极拳练法科学。王老师尊重科学，反对玄虚，其教练法没有不着边际的神功、摧残身心的苦功，脚踏实地，讲究巧练，符合力学、生理学、训练学等科学原则，切实可行并有实效，为修习者认可。

2．实用性强。王老师的教练内容以太极思想指导，直接利用人体现有结构、功能，配合科学法则、练法，具有很强的操作性，直指实质，见效快捷。远非多年站桩、练气等奇功所能够比拟，也打破了“太极十年不出门”的讹传。

3．实践性、健身性、趣味性全面体现。王老师的教练法不尚空谈，注重实践，常常亲自示范、演示，外面难得一见的神奇太极功夫，在王老师这里经常信手拈来，完全是真正的“名师”做派。王老师强调太极拳是高级的性命双修运动，注重养生，不提倡超越人极限的苦练，而现实中，不少王老师的学生也因习拳改善了身体，10月份适逢安徽七十多岁的太极名家丁大宏老师专程造访王老师，亲耳听到他老评价王老师的拳法“既养人，又管用”。王老师搞过教育工作，教学方法趣味性强，往往谈笑间就把道理讲明了，拳场里气氛轻松、惬意。

4．理法、技术体系完整。王老师善于研究、总结，其“王氏法则”，可谓提纲挈领，为广大太极拳爱好者指出了明路；技术体系理根太极，二十七式正架、反架、发力、对练为爱好者们铺就捷径；王成太极论也在网上流传。目前，国内外太极拳的传播多以套路、推手为主，有的则空谈理论，像王老师这样能全面体现太极拳并建立完整理法、技术体系的难得一见。

本人由于随王老师练习太极拳时日尚短，且悟性欠佳，还没有能力阐述更深层次的理解，仅能凭个人一点体会，以个人学艺的经历为鉴，反照出王成老师太极拳体系及教学方法的优势所在，如有不当之处，敬请行家批评指正。

太极剑感悟

高　峰

结束了3天到德州拜访老师之行，受益很多，无法用言语表达。此绝对不是夸张之言，感受到的东西太多了，总之是让我储备了最起码半年的功课，要好好地去练习所学和感悟到的东西！这次也感到老师的状态非常好，所以教我时的动作也让我深深地感受到了太极剑的无穷魅力和非常深厚的功力，那种美妙的感受如同欣赏一段段精美的太极图画，深深地印在我的记忆中，会对我回昆山后的练习和提高极具价值。我也知道，学好太极剑并达到老师的要求是需要花费大量的心血和努力练习来实现的，因为这里的内涵和精妙是需要长期的积累和不断的学习才能感悟到的，我早已有了决心要将所学这真正的太极剑练到家的要求，不辜负老师的期望！

短短的3天之行很快就过去了，虽然每天至少6小时的学习，但还是如同眨眼之间，老师的身影和林姐的引导使我的学习记忆非常的深刻，到临别老师送我到车站时心中还

没有要走的感觉。脑海里不断地浮现着老师送我的情景，虽然言语不多，但我已经理解了其中的期待和要求，尽在不言中……我只能在心里默默地告诉老师：您放心吧，You won't be disappointed！

在临行前，因为不想打扰太多的师兄弟们，所以我同老师和光廷师兄在老师家一起过端午节，阿姨准备的特色饭菜，让我心中非常地快乐和有在家的感觉。可惜没有同林姐还有王坤师弟一起会个面，总感到一些过意不去。让我非常感动的是他们在我临上车前打来电话为我送行！在此我非常地想对您们说声“谢谢”！下次会面我一定要好好感谢一下了！

每次光廷兄的努力陪伴，使我感到非常的方便和亲切，总会安排得很好，深深的情谊早已在心中！还是要再次说声“谢谢”！

开车已经2小时多了，还是一直在独自回味学习的经过，有很多的感受想记下来，所以还是打开电脑随笔写写吧，把美好的记忆留在此处……

高峰演习太极拳

我为什么学太极拳

牛　子

山东特训营暑期班授课结束，我转道德州，终于见到了我仰慕已久的王成老师。

九年前，从朋友那里听说了王成老师很多神话般的传说，这次见面果真名不虚传。我之所以对太极拳感兴趣，并不是仅仅为了强身健体，而是我觉得太极拳里有很多神妙的东西，留有很深的中国文化的印记。在当代书法界，一些位高权重掌握话语权的所谓“名家”，混淆概念，树帮立派，以所谓“今”，愚弄书法，愚弄文化，愚弄中国百姓。而于武术，无论你是“今太极”，还是“唐太极”，无论你的名词编缀得再冠冕，再时代，只需要一招比试，则高下出矣。在武术界想通过概念把水搅混，那是做梦。虽然太极拳也分很多门派，但是原理的东西是不变的。武术并不只限于套路，而检验套路准确与否则在于实战，也就是技击。

有人问我为什么学太极，我说是为了技击。某人笑谓我目的不高尚，而我也笑而不答。技击并非在于争胜负，而只有技击，才能检验你学的技巧对不对，合不合道。所以太极无所谓新旧，原理在于懂不懂得控制和协调各个部位的肌肉，放松和发力能操控自如，学到几层便有几层的功力，来不得半点虚假，相对于书法圈，标准明晰得多。在很多方面，太极的原理和笔墨技巧的原理是一致的，在中国文化这个大背景下，书法和太极的“道”是一致的，终点相同，过程不同，在具体的技法上有其相异之处，而在道与技之间，各个层次的功夫都有相对应的可以互相印证的“点”。这样，在学书法的过程中，可以获得另一种参照，以便作为相互印证和检验。

主要参考文献

1.(唐)王冰:《黄帝内经》,中医古籍出版社 2003 年版。

2.《道德经》,陕西人民出版社 1999 年版。

3.《论语》,山东友谊出版社 1992 年版。

4.(东汉)魏伯阳:《周易参同契》,西北大学出版社 1993 年版。

5.《黄庭经》,上海古籍出版社 1990 年版。

6.杜琮、张超中注译:《黄庭经注译·太乙金华宗旨注译》,中国社会科学出版社 2004 年版。

7.(宋)周敦颐:《太极图说》,中国文史出版社 1999 年版。

8.(明)戚继光:《纪效新书》,人民体育出版社 1988 年版。

9.(明)张介宾:《类经图翼》,人民卫生出版社 1965 年版。

10.(明)王阳明著,吴光等编校:《王阳明全集》,上海古籍出版社 1992 年版。

11.陈鑫:《陈氏太极拳图说》,上海书店 1986 年影印版。

12.《太极拳全书》,人民体育出版社 1988 年版。

13.唐豪、顾留馨:《太极拳研究》,人民体育出版社 1964 年版。

14.(清)王宗岳等著,沈寿点校考译:《太极拳谱》,人民体育出版社 1991 年版。

15.顾留馨、沈家桢:《陈式太极拳》,人民体育出版社 1963 年版。

16.靳极苍:《周易》,山西古籍出版社 2003 年版。

17.胡昌善:《太极图之谜》,知识出版社 1990 年版。

18.王及:《台州武术和戚继光的戚氏长拳》,2008 年 2 月 5 日《温州日报》。

19.杨海英:《远征朝鲜抗倭拒寇的"戚家军"》,2014 年 7 月 23 日《中国社会科学报》。

20.杨海英:《〈唐将书帖〉揭开明朝东征记忆》,http://sspress.cass.cn/news/17075.htm。

跋:王成先生于中国太极拳之贡献

王成先生,祖籍山东商河。大学本科学历,高级工程师。师从张晨光、洪均生二位老师习练太极拳,陈式太极拳第十一代传人,中国武术七段。现任德州市太极拳研究会主席、中国电力建设集团太极协会会长,兼任中国陈家沟太极拳推广中心副秘书长、威海牛郎鞭协会名誉会长、淄博太极螳螂拳研究会名誉会长、德州市武协名誉主席、德州太极拳联盟名誉主席。王成先生40余年练功不辍、诲人不倦,于中国太极拳贡献颇多。简要而言,可分三个方面:

一、继承传统方面的系统完整和独树一帜

中国传统武术是冷兵器时代的搏击术,实用功能是其价值的主要体现;随着冷兵器时代的远去,武术的实用功能与其他功能已经产生了分离。当今社会,武术的实用功能,除了在军、警等特殊领域尚有一席之地之外,与武术实用功能较接近的主要是散打搏击类的竞技运动;武术的价值绝大部分是体现在其健身和文化、娱乐等功能上。现代社会的人们对于武术实用功能与其他功能的分离并不清楚,而行内有一些人,或是自己不明白,或是自己没有实战能力,都有意无意地将武术的实用功能与其他功能混为一谈,以图浑水摸鱼。因此造成中国武术界许多概念模糊不清,比如:过去几十年,我们普遍称之为"武术"的其实主要是武术套路。因此,将武术套路比赛称之为"武术比赛";将武术套路演练称为"练武术";所以都把会一两趟武术套路称作"会武术",把会一两趟太极拳套路认为是"会太极拳"。另外,散打搏击类运动是最近十来年开始兴盛的,而且现代散打搏击类的教练员、运动员大多是从拳击、现代摔跤或是武术(其实是武术套路)等项目转行过来的,与真正的中国传统武术没有直接的继承关系。由此可见,武术的实用功能已经被大大地弱化甚至被遗忘了。

中国传统武术的实用价值被弱化之后,其传承就出现了诸多问题:首先,因为社会需求的大幅下降,社会投入就大幅减少,随之从业者也大大减少,人才的可选性降低,直接造成从业者的总体素质下降,人才匮乏。其次,由于社会投入减少、人才匮乏,武术传承的内容出现断裂,造成碎片化。第三,因为不能从实践中得到良性的信息反馈,不能从其他领域吸收营养,不能为传统体系补充新鲜血液,传统的武术体系迅速老化。这些问题造成的直接后果就是：整个武术界各个门派之中能够全面系统地掌握本门理论、功法的继承者凤毛麟角。就练习者来说，每个人只能继承本门派全部内容的一部分，甚至将一个门派所有传习者所掌握的内容加在一起，都凑不齐一套完整的体系。就整个武林而言，早已出现一代不如一代的现象，许多门派已经消亡，仅存的一些门派大多也是后继乏人。可想而知，在这种大的形势下，能够完整、全面继承传统武术体系的人物是何其难能可贵。

王成先生少年习武，师从武术名家张晨光先生①，主修陈式太极拳。张先生一辈子潜心研究武学，广交武林名士，是一位有极高传统武术修养，并经过战场考验的武学大师。王成在张晨光先生门下有机会经常接触到与张先生交往的武林前辈，仔细聆听前辈们的习武心得，认真观察前辈间的交流，体验研究前辈的技艺。因其敏而好学，深受武术前辈的青睐，得到诸多武坛巨擘的指点。在此期间，王成先生涉猎广泛，用功颇深，为其今后的成就打下了坚实的基础。

下面简要介绍王成先生所继承和掌握的传统功夫：

(一)主要的太极拳套路

陈式大架一、二路②，又称“陈式老架”。这套太极拳自陈长兴(1771～1853)以来历经陈耕耘、陈延熙、陈发科(1887～1957)至今已200余年，源远流长，传承有序，完整地保留了太极拳的技击、健身、表演等特性，是现传太极拳中最古老、最具价值的套路。张晨光先生于上世纪50年代赴北京时，由陈发科宗师亲授陈式大架一、二路，后由张晨光先生传授给王成先生。王成先生专心习练三十多年，早已融会贯通。上世纪80年代，马虹先生见到王成先生演练之后十分欣赏，盛赞曰：“潇洒泼辣，美观大方。”

陈式太极拳实用拳法一、二路③，又称“陈式济南架”。此套太极拳是洪均生先生60多年太极拳生涯的结晶。1982年，王成经张晨光先生引荐，拜在洪均生先生门下，练习此套路。

---

① 张晨光先生(1911～1987)，原名高芳树，山东无棣人。其父习武多年，曾参加义和团。张先生自幼秉承家学，尚武崇文，练功不辍。抗战早期曾参加西北军高树勋部，任武术大队副队长。1939年参加八路军，1942年任无棣县委书记，解放后任德州地区工会主任。张晨光先生一生潜心研究武学，涉猎各家，广交武林名士，热心授徒，是一位有极高传统武术修养，并经过战场考验的武学大师。

② 陈式大架一、二路，又称“陈式老架八十三、七十一式”。陈发科先生1928年来北京时最初教的陈式大架一路原为七十四式。其早期弟子，侄陈照丕、子陈照旭及杨易晨、洪均生等皆习此。陈发科在长时间教学中逐步增加“三换掌”、“退步压肘”和“中盘”三个式子，此三式在整套拳中分别重复一次就成了六式。另外，“背折靠”与“双震脚”原套路有动作而未单列成式，在1963年《陈式太极拳》(沈家桢、顾留馨著)一书出版时均单列成式，并且增加了“收式”，因此七十四式就演变为八十三式。此套太极拳源远流长，传承有序，完整地保留了太极拳的技击、健身、表演等特性，是现传太极拳中最古老、最具价值的套路。

③ 陈式太极拳实用拳法一、二路，又称“济南架”，此套太极拳是洪均生先生60多年太极拳生涯的结晶。洪均生先生(1907～1996)，河南禹县人。1930～1944年在北京从陈发科宗师习拳15年，后于山东济南习武授拳50余载，是20世纪中后期陈式太极拳的主要传播者之一，弟子众多，再传弟子不可胜数，为继承和发扬太极拳作出了不可磨灭的贡献，著有《陈式太极拳实用拳法》。

（二）太极拳器械

在上述的两套陈式太极拳套路之外，王成先生在太极拳一门中的器械的实用技法和套路演练方面也有高深的造诣。刀、剑、枪、棍、大杆、大枪、若木鞭等器械演练精熟，并对各种器械的特点及使用均有深入研究。

（三）太极推手

王成先生非常注重太极推手，对太极拳的各种推手，诸如定步单推、定步双推、活步单推、活步双推，都掌握得十分纯熟，这是绝大部分太极拳习练者梦寐以求的。跟王先生推过手的学生和朋友都知道，要是想学东西，跟王老师推手你是越推越高兴，越输越乐意，你要是想赢，那就没门儿。另外，王成先生还独创直线推手、活塞拉杆式推手，用于训练推手与散手。

（四）实用技击

太极拳创始之初，没有人会怀疑它的实战能力。清朝末期以后，太极拳与其他传统武术一样，在传播过程中，为了适应更多的人群，发生微妙的变化，与实战技击之间出现了分离，而后渐行渐远，至今，太极拳几乎沦为“老翁之戏”。

王成先生在当今太极拳乃至整个传统武术散手技击日渐式微之时，独树一帜，除全面继承太极拳上述套路、器械、推手等技法之外，还将太极拳“松、沉、圆、活”“弹、抖、惊、炸”的技击特点运用自如，更能将世人知之甚少的“接手法”①和“放长击远”等技法发挥到极致。

王成先生习武以来，经常有武术爱好者找他比试。不论对方是什么门派，什么国籍，功夫高低，身体强弱，也不论对方是强攻还是快打，他来者不拒，应对自如。他在试手时表情温和自然，身体中正平衡，双手轻柔圆转；防守如行云流水，全身像云雾一

① 接手法，就是实战技击开始后身体的第一次接触，以及交战中每一次分开又再次接触时所包含的技击技术。所有的格斗技术，都可以简单分析为接手—近身—发力三阶段。近身是发力的前提，不近身无以发力，接手又是近身的前提，好的接手有利于近身和发力。因为实战技击开始之前，以及交战过程中每一次分开以后，交战双方一般是处在安全距离以外的，那么从安全距离到零距离的身体接触之间的这一段时间内所包含的“手、眼、身、法、步”，都是“接手法”的内容。王成老师传授的接手，不是简单的格挡招架，手的接触是以螺旋缠绕为基本规律的，它不但避免了硬碰硬，不易承力受伤，提高了防守的效能，而且同时还增加了控制对方来力的功能，通过对对手肢体的控制，将防守与进攻融为一体，在双方接触的瞬间造成我顺人背的效果，交手的双方只要有一方具备“接手”的技巧，那么双方在接触时都不会产生由顶、撞、击、打造成的疼痛，因为“接手法”最讲究的就是在对手不知不觉，甚至在对手看都看不见的情况下，完成“接手”的任务。

接手的主要任务：首先是进攻；其次是称量、控制、牵动、诱骗对手，使敌人露出破绽或失去重心，为下一步的攻防做准备；第三是防守。降低敌方攻击的力度，增加敌方连续进攻的难度。接手任务完成得好，便得机得势，在交手中取得主动；反之，便失机失势，陷入被动。一般来说，实战技击中至少有一次接手。如果将“接手”这一环节省略，先将双方的手或身体其他部位接触好以后再进行的较量，一般只是推手、试手、说手或喂招训练，不是真正的实战技击。了解的人才知道，接手这一关是很难通过的。既需要名师指点，又需要刻苦训练，还需要有人搭架陪练。严格地讲，不过“接手”这一关，就不能叫会武术。因此，接手是习武者必须认真研究的关键性技法之一。正因如此，它也成为各派的不传之秘，导致传统武术流传到现在，接手逐渐成为缺失的一环。为什么有些人练了多年的武术却不管用？因为武术套路的训练，大部分着重于双方接手之后的打法、用法，而较少训练接手时的技术。过了“接手法”这一关，还要过“打法”关。所谓“打法”，就是实战技击法的俗称。用“行百里者半九十”来形容打法再恰当不过了，练了几年、十几年甚至几十年太极拳，没过“打法”关，功夫最多只能算练到了一半。不光太极拳，所有的武术都是如此。

样，不着一丝力；进攻如追风赶月，发人则如薅草一般，对手瞬间即腾空而起。手法的轻重，发放的远近早已成竹在胸，对手不会痛，也不会伤，还输得心服口服。旁观者更是大开眼界，大呼过瘾。

（五）健身功法

太极拳的健身功能是太极拳被世界所接受的主要原因，据说太极拳是中国练习人数最多的一项健身运动，而且在五大洲的150多个国家和地区至少有1亿人参与练习太极拳。

王成先生对于太极拳的健身功能非常重视，并且有其独到的见解。他认为，传统武术的核心功能是卫生，"卫生"指的就是抵御来自外界以及自身的各种因素的侵袭，其中包括：①防止人、动物及其他外力对我身体的打击和伤害；②防止疾病、细菌、病毒对我身体的侵袭；③外强筋骨，内通气血，延缓衰老；④受到侵袭、伤害、疾病后的身心调养和康复。

实用技击功能与健身功能是传统武术核心功能的两个方面，是不可分割的。功夫练得越纯正、越精深，"卫生"功能就越强。只不过现在人们的习惯将上述的①与②③④割裂开来，把①单独称作"防身"，而将②③④则称作"健身"。

基于此，王成先生在教学过程中，首先要求弟子功夫的纯正、精深；另外，对于老弱伤病者有针对性地侧重于健身，还专门提炼了用于健身的功法。

1. 太极拳套路练习时，要求放松、放长，可达到身心放松，甚至物我两忘的境界，是调养身心的良方。正如《黄帝内经·素问·上古天真论》所说："恬淡虚无，真气从之；精神内守，病安从来。"

2. 王成先生创编的二十七式太极拳要求的正反架练习，正反架练习不仅健身，而且健脑，能促进左右脑的平衡发展。

3. 王成先生教授的各种站桩、晃桩、活步桩都有疏通气血、导引健身功效。

4. 定步拍打推手，是在定步单推手时，用另一只手互相拍打对方腰背，也是效果极佳的健身法。

在王先生的弟子和拳友、朋友中，通过习练太极拳身体由弱转健者，以及心脏病、胃病、癫痫等病症患者好转的事例不胜枚举；还有许多各种扭伤、挫伤者在王老师的指导下，通过太极拳套路或是有针对性地练习桩功得以治愈。

（六）传统武术的特殊技艺

王成先生还了解当今已鲜为人知的特殊功法，如夜行术、提纵术、调养术等等。

夜行术既是古代习武者夜间快速行进的实用功法，又是增强步法、眼法、身法功力的训练功法。

提纵术是练功者面对三四米的高墙房屋，通过短距离助跑，在墙壁上行进两三步之后，一跃立上墙头。

调养术是习武者在大运动量练功、长途奔走身体疲劳或身有小伤之后，迅速调养恢复的功法。

还有一些走江湖人的各种表演功法、障眼法和把戏，以及各种行规、礼数、暗语

(腥活、唇点)等等,王成先生都有了解,只是这些功法和知识极易被居心不良者用于危害社会,所以极少传播甚至很少提及。

王成先生因其对传统武术情有独钟、勤于钻研、勇于实践,加之天分过人,又得遇良师,种种机缘巧合使之在太极拳领域得天独厚,成为不可多得的、能够系统完整地继承传统武学的武术家。

二、理法研究方面的艰辛探索与开拓创新

任何精深技艺的背后,必然有一整套科学、完整的理论体系作为指导;同样,任何一套科学、完整的理论体系的形成,必然有精湛的技术和长期的实践为基础。

在繁忙的工作和练功授拳之余,王成先生还付出极大的精力对武术理论、训练体系进行了深入的探索和钻研。他在认真研读古典拳经、拳论、拳谱的基础上,运用哲学、物理学、生物学等现代科学,结合自己的习武体会,经过多年研究和反复实践,取得了丰硕的理论成果。在总结中华武术的传统经验和吸收现代科研成果的基础之上,通过40余年探索与实践,已经形成了自己一整套的,从基本功法、拳械套路、单式练习、推手对练,直到散手技击的训练和教学体系。

王成先生以张晨光先生所传陈发科陈式大架一、二路和洪均生先生所传陈式太极拳实用拳法一、二路为基础,创编了"陈式二十七式太极拳"及"陈式二十七式太极拳对练"。1994年,《太极健身实用对练》一书出版,1995年台湾又将该书精装出版,在大陆和港台都有较大影响。2005年9月,北京电视艺术中心音像出版社发行了《名师讲堂系列之七——陈式二十七式太极拳》和《名师讲堂系列之八——陈式二十七式太极拳对练》教学光盘一套,在太极拳爱好者之间和网络上广泛流传。

"陈式二十七式太极拳"在王成先生近30年的太极拳教学实践中,一直作为太极拳训练体系的总纲而存在。之所以能够担此重任,是因为它具备如下特点:

1.陈式二十七式太极拳降低了初学者入门的门槛,适合于更多人群,有利于推广普及。但二十七式太极拳并不是人们习惯思维中的"简化太极拳",而是重点更加突出、拳理更加深刻、内涵更加丰富,仍然完整保留了传统陈式太极拳精髓的套路。它包含了传统陈式太极拳从桩功、套路、推手、对练、接手直到打法的所有内容和训练步骤。习练者在"陈式二十七式太极拳"的引导下,桩功、套路有一定基础以后,按古法细化套路训练的要求,提高练拳质量,然后逐步增加练拳内容,层层深入,渐入妙境,直达散手技击之境界。

2."陈式二十七式太极拳对练"为全国首创。与其他太极拳对练的不同处在于:现有的几套太极拳对练,实际上就是规定步法的活步推手,跟太极拳套路完全没有关系。而"陈式二十七式太极拳对练"和"陈式二十七式太极拳"两个套路的拳式完全吻合。对练时一人进攻,一人走拳架,二人采用掤、捋、挤、按、采、挒、肘、靠等基本技法,以及踢打摔拿、闪展跳跃等实战技法,互相进攻和化解,使习练者能够更快地熟悉每个拳式的实用法和劲路,加深对太极拳的理解,从而迅速"由招熟渐悟懂劲"。初学者可在熟练掌握二十七式拳架后练习对练。"陈式二十七式太极拳对练"受到武术界和

太极拳界的高度重视,很多大型武术、太极拳比赛都特别邀请王成先生及弟子登台表演此套对练,有不少爱好者专程前来观摩、学习此套对练。

3. 陈式二十七式太极拳的演练编排有其独到之处。一套完整的二十七式太极拳练习包括正架、反架和发力三趟,共八十一式。其中正架、反架是慢练,注重"松、沉、圆、活";发力是快练,注重"弹、抖、惊、炸"。快慢相间,刚柔相济,技击和健身效果俱佳,而且极具观赏性和趣味性。

4. 正架、反架的练习方式也是太极拳练习的首创,这在其他太极拳架中是很少见的。这种练习可以使大脑左右半球得到全面的锻炼,促进身体的协调性。从技击角度讲,可以使人左右肢体的攻防技能更趋平衡,能够有效避免练一辈子"半边儿拳"的尴尬。

5. 王成先生认为太极拳实战功能减弱,主要是因为一般的太极拳爱好者都认为"推手就是太极拳的最高境界","会推手就是会技击",从而丢掉了传统太极拳中"接手法"和"打法"两个重要环节。因此王成先生十分注重"接手法"和"打法"这两个环节,在"陈式二十七式太极拳"及"对练"中,每一式都包含一至多种"接手法"和"打法",使练习者不易"忘本"。

因"陈式二十七式太极拳"和"陈式二十七式太极拳对练"已经包含了传统太极拳从桩功、套路、推手、对练、接手直到打法的所有内容和训练步骤,经过一段时间的训练,再辅以刀、剑、枪、杆等器械练习和理论学习,使习练者得以全面继承和掌握传统太极拳的精髓,从而铺就其练习的光明大道。太极拳经过 300 余年的传承,特别是最近 100 多年的变革,其文化内涵和健身功能得到较充分的挖掘,但实用性的"基因"丢失殆尽,能真正传递古法基因者已是凤毛麟角。王成先生和他的"陈式二十七式太极拳"能够如此鲜活地保留古法,兼具传统性、时代性、科学性和趣味性,实为难得。

值得一提的是,王成先生将太极拳散手技击的攻防动作加以概括、分类,总结成"手肘肩"、"步法"、"螺旋缠丝"、"遇力走圆"和"大臂不动小臂动、小臂不动大臂动"等五大法则,统称"太极拳实战王氏法则"。大家知道,音乐利用"多、来、米、发、索"等几个简单的音符可以谱写出无穷无尽美妙的旋律,也可以记录无穷无尽复杂的旋律。如同音乐家掌握音符一样,习武者如能熟练掌握"王氏法则",同样既可任意组成无数的技击组合而不逾拳理,也可用来记录和分析各种技击组合动作,这将大大地方便散手技击的教学和训练,在武术界是一大创举。

20 多年来,王成先生及其弟子在全国各类武术杂志上发表论文数十篇。《精武》杂志社将 2000 年第 1 期定为"陈式太极拳专辑",特邀王成先生为主要撰稿人和封面人物,刊登发表王成及弟子拳照 80 余幅,在全国引起很大反响。

近几年,王成先生又著成《王成太极论》一书。此书收录了王成先生 40 余年的武术实践和理论探索的全部成果,是中华武术集大成之作。

王成先生通过艰辛探索与开拓创新,自成一套科学完整的武学理论体系。其武学理论体系在强调太极拳特点的同时,更加注重太极拳的全面性,如力巧结合、刚柔相济、性命双修,套路练习与实战训练并重,近战与远战并重,主动进攻与后发制人并

重等。经过在近30年的教学实践中不断丰富和提高，王成先生的武学理论体系日臻完善，已经成为其追随者们练拳习武时不可或缺的指导思想。

三、武术传播方面的与时俱进和无私奉献

20世纪80年代中期，还不满30岁的王成先生因其推手、散手技艺出类拔萃，受聘传授陈式太极拳。1992年，“德州地区太极拳研究会”成立，由王成先生任主席。近30年来，王成先生不论走到哪里，甚至是到国外工作期间，都不忘传播太极拳。到现在，王成先生弟子遍及山东、浙江、北京、上海、江苏、河南、河北、辽宁等省市；在美国、韩国、日本、加拿大、德国、捷克、澳大利亚、巴基斯坦、菲律宾、也门等国都有传人。

为了便于同更多太极拳爱好者交流，王成先生于1997年开通的“中国太极”(www.china-taiji.com)网站，是全国最早的武术网站之一。网站设武学心法、功夫精粹、太极养生、太极探究和武林快讯、江湖论坛等栏目，使得王成先生的新文章、新思想、新动态能够更快、更广地传达出去；而且，不论王成先生或弟子、爱好者身在何处，都能够即时在线交流，吸引了更多的太极拳爱好者，特别是年轻人参与。

2006年11月，山东电视台“中华武术”栏目组拍摄王成先生专题片和“陈式二十七式太极拳对练实用法”教学讲座，在山东电视台“中华武术”栏目分几期播放，受到广大传统武术爱好者的喜爱。

2008年10月31日，山东省临沂市第四中学成立“国术(太极拳)教育临沂四中教学基地”，正式聘请王成先生担任总教练，聘请王成先生弟子刘勇和朱成广担任专职教练，并在临沂四中新校区隆重举行揭牌仪式。“陈式二十七式太极拳”和“陈式二十七式太极拳对练”已经成为临沂四中计算学分的校本课程，这在全国也是属于先行试验者。

德州第二中学自2010年6月开始，把太极拳列为校本课程必修课，由王成先生弟子任教，至今受众几千人，并接待过法国汉办学校学生访问团。

2009年6月12日，河南温县电视台和太极网《东南西北太极人》摄制组专程来德州拍摄《太极王成》专辑。

2010年10月，山东电视台“唐三彩”栏目，拍摄《太极探索者——王成》，从哲学和传统文化层面阐述、解析太极拳。

2011年9月，王成先生被《中国太极百科大全》收录，该书由人民体育出版社出版，是世界上迄今为止最全的太极书籍。2012年，王成先生被收录《中华太极人物》。

2012年4月10日，王成先生当选中国电力建设集团太极拳协会会长。至今，已在中国电建集团以及所属的北京、天津、青岛、郑州、三门峡等集团公司开办太极拳讲座、培训班。

数十年来，王成先生放弃了自己大量的业余时间，执着于武学探索，为太极拳技法得以完整系统地继承和发扬而默默耕耘，无私奉献，取得了丰硕的成果。由于对武术的深刻理解和突出贡献，王成先生受到武术界的普遍赞赏和认可。山东电视台《中华武术》栏目组梁世平主任在给王成先生拍摄专题片之后曾深有感触地说：“世界应

该感谢你们这些为了中国传统武术的继承和发展不计名利、独自坚持的人。”

在祖国的传统文化被“砸烂”、“打倒”的年代，王成先生等一批有志之士不为世风所扰，寂寂于人海，脉承古法，使后学者尚存拨云见日之希望。在中国传统武术迎来新的春天之际，王成先生必将乘势而动，使古老的传统武术焕发青春，发扬光大。

刘　勇

2014年10月于德州